编委会

名誉主编　聂震宁

主　　编　庞国伟

副 主 编　杜小军　曾元祥　张建全

编　　委　陈　薇　邓　薇　陈华明

　　　　　赵　露　蒲诗璐　李　韵

2023

阅读理解中国

名誉主编 聂震宁

主编 庞国伟

稻奋基金会、四川省普通高等学校图书情报工作指导委员会指导

四川大学出版社、四川大学出版学院、四川大学图书馆等联合组织编写

四川大学出版社
SICHUAN UNIVERSITY PRESS

图书在版编目（CIP）数据

阅读理解中国 / 庞国伟主编. — 成都 : 四川大学出版社, 2023.4

ISBN 978-7-5690-6088-1

Ⅰ. ①阅… Ⅱ. ①庞… Ⅲ. ①书评—中国—现代—选集 Ⅳ. ①G236

中国国家版本馆 CIP 数据核字 (2023) 第 067974 号

书　　名：阅读理解中国
　　　　　Yuedu Lijie Zhongguo
名誉主编：聂震宁
主　　编：庞国伟

出 版 人：侯宏虹
总 策 划：张宏辉
选题策划：侯宏虹　欧风偃　陈　爽
责任编辑：张艺凡　等
责任校对：周　颖
装帧设计：黄楚钧
责任印制：王　炜

出版发行：四川大学出版社有限责任公司
　　　　　地址：成都市一环路南一段 24 号（610065）
　　　　　电话：（028）85408311（发行部）、85400276（总编室）
　　　　　电子邮箱：scupress@vip.163.com
　　　　　网址：https://press.scu.edu.cn
印前制作：四川胜翔数码印务设计有限公司
印刷装订：四川省平轩印务有限公司

成品尺寸：148mm×210mm
印　　张：11.375
字　　数：243 千字

版　　次：2023 年 4 月 第 1 版
印　　次：2023 年 4 月 第 1 次印刷
定　　价：68.00 元

本社图书如有印装质量问题，请联系发行部调换

扫码获取数字资源

四川大学出版社
微信公众号

序

书籍是人类智慧的结晶，是传承人类文明的重要载体。自从出现书籍以来，读书就成为人们获取知识和文化的重要途径。孔子勤读《易经》才有“韦编三绝”的故事，体现了中国人自古以来对阅读的重视和对知识的追求。

在中国，阅读一直是一种崇高的行为。唐代著名诗人杜甫曾经说过：“读书破万卷，下笔如有神。”他认为，只有通过阅读，才能够获取更广泛的知识，才能够在写作中表现出自己的才华和智慧。唐末五代诗人王贞白则有“读书不觉已春深，一寸光阴一寸金”的名句，他认为，阅读可以让人沉浸于书海之中，忘却时间和空间的束缚，从而达到精神上的充实和升华。宋代文学家黄庭坚甚至宣称：“士大夫三日不读书，则义理不交于胸中，对镜觉面目可憎，向人亦语言无味。”在这里，阅读被视为一种修养，可以提高人的素质和境界。

阅读不仅可以帮助人们获取知识、提升修养，更可以引导人们理解现实、追求梦想。由韬奋基金会、四川省普通高等学校图书情报工作指导委员会指导，四川大学出版社、四川大学图书馆、四川大学出版学院等单位联合主办的“中国式现代化的世界意义”书评大赛，正是以“阅读理解中国，讲述传递梦想”作为主题。这次大赛吸引了全国乃至世界各地的读者积极参与。在这场比赛中，我们读到了许多精彩的书评，感受到了阅读的乐趣和传递梦想的力量。在书评中，有人讲述了自己的阅读经历和感悟，有人分享了对于书籍中人物和故事的理解和思考，有人探讨了书籍与现实生活的互动关系。这些书评不仅有助于我们更好地理解书籍的内涵和价值，也为我们提供了更广阔的视野和思考的空间。

作为本次大赛的获奖作品集，《阅读理解中国》一书集中呈现了数十篇优秀书评。这些获奖作品涵盖了各个领域和主题，不仅具有高度的思想性和文化性，还富有深度和广度，可以帮助我们更好地了解和认识中国的文化和社会。通过这些书评，我们可以看到作者们的阅读成果和思考成果，也可以感受到他们对于阅读和生活的热情。

这是一本充满中国精神和文化魅力的书。它集结了众多阅读爱好者的力量，呈现了一幅幅生动的阅读画卷，能让我们从多个侧面深入了解中国的历史、文化和当代中国人的精神世界。本书的精彩之处，不仅在于每篇文章的独特性和价值，更在于它们的相互呼应和交融。这本书像一条纽带，将不同背景的阅读者连接在了一起，形成了一个阅读的共同体。出自不同阅读者的文字彼此应和，相映生辉，让我们更深入地理解了阅读的意义和价值。

这本书的诞生离不开每一位参与者的努力。他们用自己的语言和文字，以独特的视角和深入的思考，传递了对阅读的热爱和对中国文化的热爱。他们的文字，不仅是对书籍本身的评价，更展现了对阅读的理解，对中国的过去、现在和未来的认识。每一位参与者，通过阅读、思考和写作，都将自己纳入了这样一次思想的碰撞和交流、心灵的碰撞和交流、文化的碰撞和交流。

阅读是一种人生态度，也是一种文化传承。阅读可以帮助我们认识自我、认识世界，更可以启迪我们的人生智慧，帮助我们追求梦想。在现代社会中，阅读的意义愈发重要。我们要珍惜阅读的机会，不断提升自己的阅读能力和文化素养，从中汲取智慧和力量，为祖国的发展和文化的繁荣做贡献。

本书的问世，正是为了弘扬阅读的精神和文化，激发人们的阅读兴趣和阅读欲望，让更多的人爱上阅读，享受阅读的乐趣和价值。

最后，我想向本书的所有参与者表示敬意和感谢。是你们的努力和创造，让这本书充满了生命力。我相信，这本书将会成为阅读爱好者的珍爱之物。让我们一起走进阅读的殿堂，感受阅读的魅力，分享阅读的快乐！

2023月4月

目　录

书写 · 中国

人物 · 缩影

看见·自然

乡土·文明

书写·中国

SHUXIE ZHONGGUO

书写·中国

SHUXIE ZHONGGUO

观念史与思想史的自我实现

——论向以鲜《生命四重奏》的生死奏鸣曲及其精神秩序的建构

◎何光顺

向以鲜教授的诗集《生命四重奏》是一部当代诗歌观念史和思想史建构的典范作品，它在生与死的美学思考及伦理切换中，正视主体精神在其面对现实的否定性而又在召唤更高的否定性中，所展现出的一种强烈的和自觉的精神秩序的建构。这就是精神的魔力，它总是以其怀疑、反思、否定和批判，不断地以人们目之所见的感性材料为媒介和引子，又不断放弃、摧毁、否定和重构，向着更高的思想自身展开辩证运动，从而确立生命的观念史和思想史的自我实现，不再停留于一种历史学或知识论的观念史或思想史，而是一种生命自身的观念史和思想史的道路。一切外在的材料，无论是作为物的感性的材料，还是知识学的观念或历史的材料，都被一种精神的自我运动所吸纳，而呈现出主体精神内在的有机整体的循环。只有从这种精神秩序建构的角度去观照向以鲜的诗歌写作，我们才能发现向以鲜之于当代诗歌史的非凡意义，他的诗歌写作的精神辩证运动，就是从“我”或“我的”开始的。《我的聂家岩》中要确立自己在这个世界生存的感性地基和生活土壤，家乡将他抛到了这个世界，他要从家乡大地挺立而出；《唐诗弥撒曲》中要将作为诗歌历史材料的唐诗化作自己内在精神的历史；《我的孔子》中要在作为思想史材料的圣人那里建构出自己的思想图景；《盛世的侧影：杜甫评传》中要以诗圣杜甫的生活和精神的在世轨迹，召唤自己的精神去应和那样一个至高的诗歌精神秩序。《生命四重奏》就是一种化知识学和历史学的外在观念史和思想史为生命内在的思想和精神图景的写作，正是基于作者这样一种非凡学养和诗学雄心，这部作品才成为一部具有恢宏气象的时代杰作，也是这个精神贫困时代具有召唤性的神圣写作，是物性、人性与神性的交缠，终而让神性脱颖而出的生命黎明之歌。在这里，我们仅将从这部诗集所着力的主体精神的观念史和思想史建构角度展开诠释。

一、诗道在物之肉身中呈露

非凡的文学创造，都有其观念史和思想史的建构，尝试从个体性进入普遍性，并将这种观念和普遍性呈露于具象的、个体化的肉身之中，而这就将构成其内在的物的存在（肉身）、人性世界的复杂纠缠与冲突（人性）、朝向至高的绝对存在的向往（神圣）这样一个诗学三维结构。这也是我曾经在《文学的神性》中指出的：“物-神-人，就是诗歌永恒的主题，而以神性作为其最高渴望。文学的跨界性生存，必将在当代世界重回大人文学的土壤。”[①]人文学不再是一些诗人所醉心的“纯文学”，也不是一般意义上的无所不包的大杂烩式的“大文学”，而是从其内在精神地基上涵纳“物性-人性-神性”之三维并有一个螺旋式上升运动和返回运动的有机生命的文学。文学必在物性的地基上朝着神性攀升，而后可成为真正的居间化的人性的文学，那至高的神性也必下降至那为常人经验所感触的肉身，如此，方可有人性文学之美。向以鲜《生命四重奏》中的精神秩序就不仅仅是“一部现代意义上的‘物性论’”或“一种独具视角的人性论”[②]，而是涵藏着神性之辩证运动于其中的有着非凡抱负的写作。这个神性维度，也是人之所以为人、物之所以为物的超越性尺度，是这部诗集作为观念史和思想史所建构的真正主题。这也就是荷尔德林诗篇所吟诵的：“大地上可有尺度？绝无”“神本是人之尺度”“人乃神性之形象”。《生命四重奏》就隐含着发端于古老世代却仍属于现代社会的伦理主题，有着一种朝向神性尺度的隐秘指向。这个神性尺度，也是诗歌之道，它要在物之肉身中裸露，也就

① 何光顺：《南方诗论——以广东新诗批评为中心》，北京：中国社会科学出版社，2022。

② 耿占春：《秩序的图像：美学的与伦理的——向以鲜<生命四重奏>的一个导读》，《原诗》第4辑，郑州：河南人民出版社，2022。

是被展现为物性和人性，具有可见的美的形式，从而成为美的范式。

舒大刚教授曾着重从人生四重奏、诗歌四重奏、文学四重奏等多维交织的维度分析《生命四重奏》所隐含的丰富意蕴，也即生命可以不断投射出的多维面向。这种多维面向的意蕴或迷宫式的结构，就让向以鲜的写作超出了任何诗歌派别和概念的框定，合奏出了谜一样的生命之歌。向以鲜的诗就具有将诗道或神性尺度寄寓在人之行事和物之自然中并巧妙安排的能力，他就像一位伟大的雕刻家，用没有生命的石头凿出了神的形象，就像一位伟大的诗匠，用语词的精铁元素打造出了自己最纯粹的诗篇。在一组题为《匠人之歌》的作品中，诗人就展示了这种诗匠的能力，“打了干将打莫邪/向无尽的江河淬取繁星”，笼天地于形内，挫万物于笔端，诗的精灵，就由宇宙最本源的力量熔铸而成。向以鲜的写作是具有开创性的，他总是擅长在泛览万物中选取独特视角，从而以他的巧思打造出钻石之诗。那真实的生活和奇幻的想象、历史的图景，都在他的笔下纷纷出场，构造出浩瀚星空的丰富和辽阔，却又自成为如宇宙一样有序运行的整体生命结构。

谈到这部《生命四重奏》，我们当然还会想到英国诗人艾略特的《四个四重奏》。这两部诗集有何关系？向以鲜将自己的这部作品首先看作是向生命的致敬，其次才是向艾略特的致敬，这就意味着这部作品是借着来自他者文化视域的某种思想元素而构建的自我精神秩序，它的本质仍旧是自我完成的，某种外来元素，仅仅是一个参照。比如艾略特的《四个四重奏》由四个相对独立的诗章组成，向以鲜的《生命四重奏》也有四个相对独立的乐章，这都是一种外观上的相似。至于每个乐章的小节，音乐上的复调、对位、和声、变奏等则又各有不同，“诗人（艾略特）真正要探索的恰恰是时间的问题而不是空间的问题，时间才是世界的本质，空间只是一个躯壳。在有限与无限、瞬间与永恒、过去与未来、生与死等二元思想的映照之下，诗人发现了耶稣基督‘道成肉身’（Incarnation）的意义，并企图为人类如何化解二元冲突提供不二准绳。”①

相较于艾略特的《四个四重奏》，向以鲜这样定位自己的《生命四重奏》：“如果说，艾略特的《四个四重奏》是献给时间中的西方问道诗篇；那么，拙作《生命四重奏》则是献给空间中的东方生命之歌。我们能从中听出四种协奏，四重相互分离又相互重叠和映射的生命回响。”②向以鲜道出了自己的诗歌创作所落脚的东方诗学传统及其现代视野，它不同于艾略特破解西方形而上学的焦虑与突围，而是立足于东方诗学和文化传统，实现了现代汉语诗歌的另一次现代突围和再造。艾略特展现的是西方二元论哲学背景下的有限与无限、瞬间与永恒、过去与未来、生与死等多重对立主题，他期望借助耶稣基督“道成肉身”的意义给人类经验和时间提供最高原则，从而

① 向以鲜：《整体性、音乐性及物性论——<生命四重奏>侧记》，《原诗》第4辑，郑州：河南人民出版社，2022。

② 同上。

为拯救人类找到出路。向以鲜却是从中国诗学传统中具有空间性的四声部交响切入，开辟出现代诗学的新向度。化时间为空间，将不可见的内在精神的时间秩序化为具体可感的空间秩序，这就构成了向以鲜的观念史和思想史写作的自觉，并进而确立了其生命四重奏的精神秩序。

这个生命四重奏的精神秩序，就对应于诗人对中外各民族具体世界的感知。在向以鲜看来，一切生命的过程都隐含着四重节奏。佛教有四大（地、水、火、风）、四劫（成、住、坏、空）、四谛（苦、集、灭、道），时间变幻有四季（春、夏、秋、冬），空间有四方（东、南、西、北），瑞兽有四象（青龙、白虎、朱雀、玄武），人生有四苦（生、老、病、死）。古希腊认为人体有四种元液（血液、黏液、黄胆液和黑胆液）。孔子告诫世人认识这个世界先得从四种物象开始：鸟、兽、草、木，如此种种。耿占春说这部诗集是“一部有着观念史与思想史视野的写作”。向以鲜的观念史和思想史写作，就是从世界的基本元素去建构出生命的内在精神秩序，这种精神秩序也具有“四”的结构，较之艾略特的《四个四重奏》，它可能更好地体现了诗歌“道成肉身”的完成。

诗歌“道成肉身”的问题，并非为很多诗人所自觉体认。当前中国有太多诗人是不具有精神秩序建构的能力的，他们常常停留于物质感官的偶然意识之中，沉浸在过于具象化的材料和现象世界。他们写月亮或写花朵，可以从不同角度来写，用尽各种修辞技法，或者将诗歌变成纯粹的造句运动，但那种自觉的，既与历史和时代呼应，也与现实和生活关联的内在精神秩序，总是付之阙如。正如我曾经所指出的："诗有道，诗也有其肉身，这是我们观照一个时代的诗人的两个重要维度""我们要去触摸时间或诗歌能成为肉身的空间性、生命性、当下性，将我们的诗歌物化为事件、生活和最直观的感受，要显现为道成肉身的具体化现实。"[①]近年来，我着重确立起一种超越地域的南方诗学和南方精神的建构，就是渴望一种现代诗学精神的出场。故而，这种南方诗学的建构就不是对西方诗学理论的挪移和征用，而是从华夏诗人的个体及其民族生存地基中开展出其面向现代社会的精神辩证运动。

从这个精神秩序的内在辩证运动来看，我们太多诗人成了"空心人"，当他们失去了自己的大地之后，他们的写作就是不断追踪各种西方新潮理论或仅仅仰望诺贝尔文学奖的急迫感，而失去了在自己所立足的这片大地上建构内在精神秩序的可能。向以鲜的《生命四重奏》反对那些抽空了现实生存感受和体验的徒有概念或虚幻精神图景的写作，反对大多数诗人对于自己民族历史的厌弃，而从孔子、嵇康、阮籍、杜甫等古圣先贤那里，开凿出华夏民族现代性精神的渊源。这部诗集，就随手拈来一切的材料，无论古今或中西，又借助可感触的空间体验，实现了生命本质性的精神秩序，一种纯粹的诗歌精神，

① 何光顺：《等待的焦虑与"70后"诗人的时间之思》，《海南师范大学学报（社会科学版）》，2018年第1期。

在世界的各种基本元素中合奏出了交响的乐章。

这样，我们就看到在这部向生命致敬的作品中，向以鲜汲取了西方现代主义诗歌的精神元素和修辞技法，又从最纯粹的中国思想和艺术中汲取了营养，写出了独属于他的诗艺篇章。从借他山之石来看，那二元论的冲突和神秘的异域元素，都常常出现在他的诗歌文本中。从源自本土文化的历史传统来看，中国文学对于“物性”的深情关注以及融自身于物的写作，都始终贯穿全书。从中西方结合的背景看，这部诗集主要由“金鱼与乌鸦”“犀牛和孩子”“春天的草木”“山中观音”四部分组成，另包括尾声“尾巴之歌”，它恰好与弦乐四重奏中的两把小提琴、一把中提琴、一把大提琴鸣奏出的细腻而又壮丽的复杂音调，构成微妙的呼应关系。这些丰富元素织就的精神秩序图景都将在我们后续的分析中逐步展现。

二、阴阳共生中的生死奏鸣

阴和阳，作为对立的两极，也是共生的两极。这两极很奇妙地呈现出感性的质素，如白昼为阳，黑夜为阴，这都可以进行感性的直接界定，但这种界定又是超越感性的，整个宇宙或人类社会，乃至抽象的伦理法则，都可以从阴阳两极来观察和思考。生为阳，而死为阴；男为阳，而女为阴；天为阳，而地为阴；善为阳，而恶为阴，如是等等。阴阳对立和共生，就是中华美学的内在精神轴线。但要将这种民族或文化的精神图景与诗人内在的精神图景相呼应，或将古老的文化精神结构与现代诗人的生命结构呼应，却非有博学和会通之功者不能为之。我们以为，阴和阳虽然在《生命四重奏》中没有被明确提及，但向以鲜却以其博通古今和会通中西的学问涵养，谱出了这样一曲阴阳共生的生死交响乐。

向以鲜自述其写作，指出了《生命四重奏》与古典四重奏的对应关系：第一乐章“金鱼与乌鸦”，快板，奏鸣曲式中常用的技法——两个主题的对比并置与冲突；第二乐章“犀牛和孩子”，慢板，叙事和抒情的，饱含悲悯之情；第三乐章“春天的草木”，快板，流动欢快的，生机勃勃；第四乐章“山中观音”，冥思的广板，深邃而充满哲思；尾声“尾巴之歌”，小快板，回旋曲式，生命主题周而复始，总结性的再现，不同生命的尾巴如同插部与之呼应。这是非常巧妙的结构安排，其中不仅有美学和伦理主题的探讨，更重要的是在这种阴阳和生死主题交织中所展现的深层精神秩序图景。比如，对于第一乐章，“金鱼”和“乌鸦”这两个物种，不仅具有历史传统的病态审美或审丑，不仅是观念批判和符号重释，而且还引入了一种新的哲学向度，即美与丑、阴与阳、生与死的共生和互转，也即万物的自性和他性相互关联的秘密，万物都成其为自身，但又向他者转化。

第一乐章“金鱼与乌鸦”是奏鸣曲式的快板，两个主题对比并置与冲突。从开端那幅画来看，黑色乌鸦飞行于天空，黑色是阴，而天空属阳，这是阳中有阴；金鱼潜游在水中，金色可以看作阳，而水属阴，这是阴中有阳。这幅画似乎蕴含着中国易学阴阳太极鱼图形的阴阳共生和互转意味。水面与天空的交界线，也是太极图的阴阳分界线和贯通线。最高处有一只乌鸦，是阳极而阴的阴气渐萌，阴气不断向下，乌鸦的黑色不断强化并向黑色水面沉入，当达到阴阳分界线或贯通线之时，乌鸦就与暗黑之水混而为一。同样，当金鱼潜藏在最深的水底时，是一阳初生，它不断向上强化力量，当靠近阴阳分界线时金鱼开始与天空混而为一，转入了相反维度的存在。这也让人想起《庄子・田子方》所说的："至阴肃肃，至阳赫赫。肃肃出乎天，赫赫发乎地。两者交通成和而物生焉。"这种阴阳共生和互转中的力量平衡和变化，形成了诗歌第一辑的紧张节奏，也形成了奏鸣曲式的快板。

在第一乐章的《金鱼笔记》中，诗人写到了美人的沉疴、沧桑的岁月、百孔千疮的岩石，一个叫臻的和尚将散落的秋虫投向放生池，上天恩赐一个新的物种：金鱼。时间从北宋跨越到晚清，晚清的虚谷仍旧是用古拙的笔墨"领养着一大群/浪游的生命"。这确然有耿占春老师所言，如乐章开篇所写的"中国的交叉小径/蜿蜒奔向未来"，以一种具有生活空间或格局的意象投射向历史的隐喻，扭曲的物性指向变形的历史秩序，这几乎就是一个开疆拓土的古老帝国走向封闭衰微的隐喻。人们开始喜欢扭曲的东西，喜欢在局促的空间以小见大的盆景。耿占春老师确实敏锐地察觉了向以鲜教授诗歌的深层历史维度，那指向一种观念史和思想史的批判视角与视野。

但我们再深入阅读，会发现这种思想史和观念史的批判只是向以鲜教授引入的一条线索，其实向以鲜诗歌的丰富性和深邃性，也是让他的诗歌在简洁的语言中却显示出晦涩性和神秘性的重要原因。这种丰富性和深邃性，就在于向以鲜又从古代诗人或高僧的嗜好——那些或健康或病态的生命在与金鱼这个投射了人的美学眼光的物种的关联中，看出了多重意蕴。比如当写到一个叫臻的北宋和尚在西湖念诵《金刚经》，将散落的秋虫投向放生池，池中就陡然出现金色，这金色掀开了崭新的一页。这个意象就不是单维的，不只是展现一个审美符号的固化过程，而是要在这其中投入和映射双重性背反的力量；“情色史诗/苦难的章句/涌于慈悲之海”，情色构成了生命史鲜活的亮色，但在佛教看来，“色即是空，空即是色”，情色也是苦难的根源，金色是生命的颜色，也是苦难的象征，相反对立的维度，都将在“慈悲”的信仰和大爱中得到救赎。

这种出自于生命本身的救赎，是死亡也是新生，从北宋的和尚臻到晚清的和尚虚谷，他们都共同在“领养着一大群/浪游的生命”，这个信仰和救赎的主题超越了历史和时间，而在金鱼这个具体的事物身上得到展开和实现：

虚谷借着英雄的刀锋
要把所有的鱼儿照亮
鱼儿倒是亮了

自己的灯却熄了[①]

这里的鱼儿成为沉溺于苦难和黑暗中的众生的象征，一位大德高僧为黑暗深渊里的鱼儿照亮了光，鱼儿们开始向着有光之处上升，而虚谷却为鱼儿们献祭。这是阴极而阳的新生命萌生的象征。在这水里，也在这人间，有太多的两极角力，“鱼戏的天堂/或地狱”，就意味着两极随时反转的力量。“在更黑的母体中/吐出光的词语”，看见了光的鱼儿开始愈来愈向往光，开始奔向自由。确然，正如耿占春老师所说的，向以鲜在诗中写到了“疾病从来没有如此绚烂”，金鱼是病态美学的象征物，或者是一个指代，它渗透了众生的心理。但这些被豢养的金鱼，其实也是在先知者的死亡中走出了一种依附角色的关系，从北宋就孤独的和尚臻，到晚清仍旧孤独的和尚虚谷，他们岂非看到这些金鱼在黑暗中不得自由而沉陷于依附中的挣扎？臻和虚谷，都是有如耶稣基督那样的救赎者，他们以自己的孤独和不被人理解的经文，启迪着鱼儿们奔向自由和光明。

在这古老的诵经声中，鱼儿们就要从黑暗之渊转入灿烂苍穹了，“黑色的波中仁兽/带着圣贤的意志/只需一转身/就游进另一片/苍穹”。在金鱼的新生中，诗人以各种具有感官体验的语言来表达生命朝向自由和光明的道路，视觉、听觉、嗅觉、触觉都被全面调动了起来，“用内耳倾听世界”“近视者视

---

① 向以鲜：《生命四重奏》，成都：四川文艺出版社，2021。

野广阔”“摇一摇彩旗/相应色彩的鱼儿/即依次上浮觅食”，死亡、欺骗、幻觉，是这个黑暗深渊里的常态，“残忍的趣味”“冷漠的赞美”，在一场“戛然而止”的死亡中，一切都会蜕变，那或许就是阴阳分界线，也是阴阳贯通线的临近。鱼儿将化为飞鸟，进入辽阔天空。黑暗里孕育光明，腐朽里有新生命，死亡里蕴藏着希望，“直到有一天天才的人类/变成车辙中的被观赏者/这场旷日持久的变奏/终于戛然而止”，在毁灭中，将有一个新的开端。

第一乐章的《乌鸦别传》承续《金鱼笔记》而来。耿占春老师认为，在向以鲜的笔下，乌鸦的物性迅速扩展至人性的领域，一种物性的链条将乌鸦与人世联系起来，无辜的乌鸦成为不吉的象征和人类悲伤情感的符号，向以鲜的写作是对这种固化审美符号的纠正。那向以鲜是如何纠正这种固化的审美符号的呢？

在《乌鸦别传》开篇，诗人就写到“弗兰兹并没有死”，这似乎否定了《金鱼笔记》中鱼儿的死亡，也暗含着对乌鸦暗示死亡的固化符号的否定。死就是生，在阴阳转换的界面，将诞生新的自由。诗人向我们指出，他读到卡夫卡的小说其实也是他正在写作的诗披露的“真相的一部分”，而后他开始叙写大洪水中从方舟里飞出去的鸽子和乌鸦。大洪水带来了世界的灭绝和死亡，而乌鸦从方舟飞出去，没有再回来，是因为它看到了“苦难的大地/已出现生机”。乌鸦已先于鸽子发现了生命在洪水灭世后的新生。

“德尔斐神谕：认识/你自己”，这种认识不只是在光明中借助一面镜子，而是要沉入黑暗，“有时候/观察一只乌鸦/比打量一面镜子/来得更加真实”，诗人向人性深处透视自身。乌鸦分别啄开七只纸盒：光、空气、蔬菜、苍穹、鱼、人的影子，直到啄到第七只盒子，他（它）陷入了虚无，“这是智慧的极限/之后，万物都安息”，乌鸦啄取事物，就如上帝创世，记述着宇宙的诞生和死亡。乌鸦是黑色的，它在光明的天宇里飞翔，似乎要表现一种否定的力量。然而，否定就是肯定，死就是生，“黑，黑得发火”“火红的心脏/从巢中腾空而起”“艺术家早就描绘过/‘乌鸦是美丽的’”，人类要借助乌鸦的飞翔来重生，但“乌鸦/已没有能力/为人类承受/如此多的不幸”，在这里，诗人又借助极富形式意味的语言来表明向上和向下的两种不同的力量，这就是《鸦塔》所写的：

我

突然

想到了

凌空乌鸦

以数不清的

成群结队的乌鸦

搭建起一座摩天塔①

---

① 向以鲜：《生命四重奏》，成都：四川文艺出版社，2021。

这是对《旧约·创世记》中人类修建通天塔过程的重写。乌鸦是人的隐喻，也是语词的隐喻，鸦塔的修建，其实就是人类借助语词渴望上升以进入天堂的过程。然而，这种妄图向天堂攀升的僭越，缺少牢固的基础，终将被阻止，或面临失败，诗人由此又开始了一个形式结构的反转：

一座不断生长的塔
一座变幻的巨塔
一座翻滚的塔
比巴比伦塔
还要危险
还要高
还要
美①

这是一种语言试验，也是一种思想试验，它呈现出了现代诗歌在思想的深邃和语言形式的优美方面所可能达致的同一。人类借助乌鸦妄图登天的路，看似美好，却隐藏着坠入地狱和黑暗的反转力量。这样，我们就要领会乌鸦的精神，“在爱和苦之间/乌鸦所能表现的/情感，我们到底/还要学习多久/才能

① 向以鲜：《生命四重奏》，成都：四川文艺出版社，2021。

抵达/自然本身的高度/才能领悟粮食/背后的真谛”。[1]乌鸦，黑色的阴性力量，在光明的苍穹和阳性力量之中，却向着阴性和死亡反转，但这种反转，也是一种生，它“足以抵抗建筑中/散发出来的/另外一种气味/死亡的气味”。一种转变即将发生，也是朝向否定性的新生，“决定的时刻终于到了/乌鸦，乌鸦，乌鸦/把漆黑身体当作最后一颗/滚烫石子，狠狠投进去”，诗人重写了“乌鸦喝水”的寓言，是乌鸦把自己如石子一样投入，却将迎来如此巨大的改变，“从瓶子光芒中心，啼着血/一直扩向全世界”[2]，这是一场献祭，死亡带来新生。

这样，在第一乐章，诗人就借着金鱼和乌鸦这两个相反的意象，还有水和苍穹这两个更具涵容性的相反意象，一起完成了生存与死亡、光明与黑暗、存在与虚无、有限与无限的写作，借助如中国太极阴阳鱼图形的变易、不易、简易之道，实现了艾略特所无法表达的两极性力量的共生和互转。极简的语言写出生死的变化和不变的恒道，这就像易之道，这就是向以鲜诗歌一贯的精神和风格。

三、生死奏鸣中的毁灭与希望

精神总是要走过自在存在、自为存在和为他存在这样一

---

① 向以鲜：《生命四重奏》，成都：四川文艺出版社，2021。
② 同上。

个过程。在自在存在中，它的各个环节和要素在自然的环节上流转变化，递相演进；在自为存在中，不同的环节和要素在相互否定中构成其有机的整体而确立其自我主体，它的本质与现象获得统一；在为他存在中，一个独立自足的主体总是自觉地将其置于与万物或他者关联的环节，为他人或为这个族类而牺牲和献出自我，正是在这种否定自我中，它最终又完成自我。这也是关于生与死、自我与他者的辩证法。相较于“金鱼”与“乌鸦”所象征的生命意象在阴阳共生和互转中的生死轮回的自在存在，“犀牛”与“孩子”走向了精神中自为存在的环节，并也在为他者的牺牲和奉献中又实现自我的完成。在《忧伤的白犀牛》这组诗中，犀牛为自我生存也为族类生存挣扎，终于无可奈何地奏响了死亡的挽歌，作为一个灭绝的种族，毁灭无可阻挡，但它却在诗人的精神秩序建构中实现了为我和为他环节的统一。在《拾孩子》这组诗中，拾荒者为他人生存，抚养被抛弃的孩子，让这些脆弱的生命战胜了死亡，从苦难里走出了希望，这位拾荒者也在为他人的生存中，让自己残破的生命走向了未来和新生。

第二乐章“犀牛和孩子”，同样是两个并置的主题相反相成的合奏，整组诗是叙事和抒情的交织，是浪漫与写实的结合，是死亡与新生的和鸣，是痛苦与欢乐的合奏，并进而形成一个二重奏和复调交响。第一个主题写《忧伤的白犀牛》：

白犀牛名叫苏丹

阿拉伯语中的王者
事实上也是
白犀牛仅次于亚洲象
属陆地上第二大哺乳动物[①]

这是如实的记述，就像一个人的生平介绍，平淡而又隆重。平淡，几乎所有人物的出场介绍都是这样的千篇一律；隆重，意味着这样的介绍将引出一个重要物象——白犀牛，它无疑是作者笔下的重要之物，也可看作如英雄一样的重要人物。

英雄虽然都有经抗争达到常人难及的高度的浪漫奋斗史，但其结局往往都是悲剧性的落幕，是让常人难以承受的悲壮毁灭。诗人对白犀牛的书写，就形成了浪漫与忧伤的交织。这头白犀牛在平淡的身世介绍后，浪漫地出场：

从一个叫捷克的共和国
踏着盛大的荷尔蒙云朵
不远万里来到
春心荡漾的肯尼亚[②]

这几乎就是童话里白马王子和公主浪漫爱情故事的开篇式

① 向以鲜：《生命四重奏》，成都：四川文艺出版社，2021。
② 同上。

入场。英雄总是生殖力旺盛的，是能够引起异性倾慕而激发无限奇妙情思和遐想的。“踏着盛大的荷尔蒙云朵”，是强健的生命力和生殖力的诗意化和赤裸化展示；“不远万里来到/春心荡漾的肯尼亚”，作为英雄，白犀牛似乎就是要为爱情而生，它将要赶往的热带草原，必然会有不少浪漫的故事即将发生，英雄必然带来传奇，会引发不少令人艳羡的爱情故事。可以说，这样一个初步入场式的对于白犀牛身世的简要交代，已引发了无限的想象，带着诗意和梦幻的色彩。

然而，随后在每小节的开篇，却有一个每三节形成一小节背景性序曲的低沉哀伤的回环往复的咏叹——“白犀牛白犀牛/忧伤的白犀牛/谁是最后的白犀牛”，这个背景性的曲调，也是围绕全篇的不断回环往复的旋律。就在这忧伤和回旋的乐曲中，诗人对于白犀牛的叙述就进入了或紧张、激烈，或舒缓、悠长，或悲伤、痛苦，或挣扎、死亡的整个生命过程之中。这落寞的白犀牛最英雄的战斗，就是以强健的生殖力来延续自己的种群：

苏丹的目的只有一个
拼命地交配、做爱
让白色喷泉
注入雌犀牛的巨型子宫
仿佛整个人类的繁殖之梦
整个雄性的千秋功名

成与败，荣与枯
就在此一举[①]

这是令人悲伤的奋斗，白犀牛最大的理想就是族群的延续，它不只是在为自己奋斗，而是在为整个族群的延续而恋爱和交配。整个曲调也由此变得激烈紧张，白犀牛的奋斗就像是走投无路的英雄孤注一掷。

在面对几乎是最后的绝望搏击中，诗人又宕开一笔，将我们引入了白犀牛这位英雄的往昔美好时光，也引入了舒缓的生命节奏中：

从前的白犀牛时光
多么美，多么自由啊
三五成群啃草、漫步
于暴雨初歇的溪流旁边
将蓝天、彩虹、游鱼
和犀牛壮丽的倒影
一齐吸进胃里
横行江湖的大佬
那种唯我独尊的霸气

① 向以鲜：《生命四重奏》，成都：四川文艺出版社，2021。

足以令饿狮们退避三舍[①]

向以鲜的诗就像交响曲，时而恢宏磅礴，时而小桥流水，时而雷雨大作，时而云霞满天，他充分展现了思想和艺术的同步性，有什么样的思想之境，就有与之相随的艺术修辞和美感形式。在这舒缓的往昔生命时光的回忆过后，诗人的笔又拉向了白犀牛当前紧张的生存危机，又是暴风骤雨式的进行曲，敌人、杀害、死亡：

它们的敌人只有一种
就是我们：人类
最不可理喻的生物
人类仅用半个世纪
就将荒野豪族屠杀殆尽
从2360头到最后一头
白犀牛的血
染红了万里北方[②]

最后的白犀牛，想起了同伴的死亡，它不相信自己会被同样击杀，有持枪勇士守护它，但它却在不断地老去，那些死

① 向以鲜：《生命四重奏》，成都：四川文艺出版社，2021。
② 同上。

去同伴的犀牛角在远方的中国已经卖到了天价，它的同伴在死去，它也再难有子嗣，它最终被杀死。它的睾丸，就像被“戳破的红气球/飘落在血腥的天际”。这真是最激烈最悲壮的死亡之歌，也是当今地球每天都在发生的不同的动物种群在灭绝的悲歌。不同动物种群的灭绝，在很大程度上关系着人类的未来命运和生死存亡。人类不只是在灭绝白犀牛，也是在灭绝自身。当杀戮和死亡都不再能唤起人类麻木的神经之时，人又如何会对自己的同类有多少感情，有多少悲悯？人类自相残杀和自我毁灭的未来还会远吗？一首关于白犀牛的诗，也是关于纯洁生命的不断挣扎和死亡的隐喻，是关于生命自身的故事。人类啊，也请在白犀牛的抗争、恐惧、衰老、死亡中略略领会那生命的悲剧乐章吧！

第二乐章的第二个主题是《拾孩子》。如果说白犀牛的悲剧来源于一种欲望消费及购买行为，那么，《拾孩子》则以“捡拾”行为构成了与购买或消费经济相反的描述。如果说购买有自己的转义领域，丢弃和捡拾也就变成了富有转义的修辞。关于捡拾的故事，诗人是先从自己的小时候写起的：

小时候，在田野间

我们拾过穗子、稻子

运气好的时候

也拾过新鲜的鸡蛋

生锈的铜钱

和天上落下的星星屎

长大了，在城市里

我们拾过青春、爱情

热血的时候

也拾过伟大的理想

幻灭的书籍

黑夜中的雪花与银子

这个开篇是轻松的，它勾起了我们丰富的童年记忆。这个童年记忆，在贴近田间的劳作中捡拾起了我们生存和生活的无限想象和希望，在其中有着乡村和城市、渺小和伟大、幻灭和希望的二元交响和双重协奏。这是一个铺垫，这组诗重点不是要写诗人自己，而只是以这样一个切身感受作为序曲，进入对拾荒老人楼小英的写作，要展现出另一个二元交响的双重旋律的协奏：

拾荒老人楼小英

拾到的就多了

一生都在拾东西

弯腰俯拾的时间

甚至要远远多于行走

在污秽的水渍中

看见黎明升起

又在腐朽的空气中
拾回落日、云烟
啤酒瓶、旧报纸、碎玻璃
泡沫、皮革、电线、钥匙
还有发霉的饼干和糖果
这些，是她和家人
生活的全部来源
活下去的希冀[①]

诗人从第一小节的轻快回忆开始，又在第二小节瞬间转入一个落差极大的拾荒老人的艰难生活。写作手法把握得非常巧妙，善于在简洁、凝练的语词叙述中，在很短的篇幅中，造成巨大的如瀑布一样的落差，并且带出这种落差造成的修辞势能和鲜明效果。在角色转换中，情感基调和艺术风格也迅速转换，但其内在主题却是一贯的，那就是在爱的守护中的艰难生存与美好希望之间的张力。

诗人对拾荒老人楼小英的叙述，并非总是暗色调的，而是具有瞬间转换风格的反差效果，如“在污秽的水渍中/看见黎明升起/又在腐朽的空气中/拾回落日、云烟”，这就如第一乐章那种阴与阳、光与暗、生与死所形成的共生互转的效果。拾荒老人也在垃圾中时而捡到宝藏，然而最触目惊心的是，从44年

① 向以鲜：《生命四重奏》，成都：四川文艺出版社，2021。

前开始捡到第一个孩子，她就不断地捡到了更多的孩子，那些可怜虫，也在她卑微而可怜的生存中得到庇护，她甚至“一度还背上贩婴/或破坏计划生育的罪名”，但她那暂避风雨的五里亭，她的家，却“成为弃婴的/乐土”，那些孩子们都围绕在她身边，或者在她外出拾荒时盼望着她回来。当有人怀疑她时，她为孩子们的不幸感到异常的愤怒：

当有人责难楼小英
养活自己都难
为啥还要养别人的孩子
楼小英突然吼道：我们
垃圾都捡，何况是人！
那声音好大
胜过五月炸雷
人们迄今记得
那是她唯一一次大声说话
仿佛不是出自楼小英之口
而是出自愤怒的菩萨[①]

这位拾荒老人楼小英一直生活在垃圾中，但她的心却保持了最高贵的未受污染的纯洁。她收养的这些弃儿不断长大成

---

① 向以鲜：《生命四重奏》，成都：四川文艺出版社，2021。

家，过上了幸福的生活，她最后在恬淡和满足中离开，她活了91岁：

拾荒的送子观音
44年拾回35个孩子
让肮脏的世界
绽放35朵干净的莲花[①]

诗人笔下的楼小英，我读第一遍，就觉着这是一个真实的故事，有一种令人震惊的真实，诗人用最有力量的语言让这种真实自我显现。那是一个不断自我付出、自我成长、自我丰满的故事，我们看到了自由和不屈服的意志的生长，一种绝对的精神力量冲破了牢笼，从一种潜在状态不断被实现。那些曾经被扔在垃圾堆、臭水沟的事物，甚至生命，开始绽放出了精神之花，这些事物获得了自己的本质而成长起来，如朵朵莲花，开满了世界，让曾经的污浊和黑暗变成了光明和温暖。楼小英安静地离开了这个世界，但她却在这些绽放的莲花中，永远开放，她的精神是永不衰败的。

① 向以鲜：《生命四重奏》，成都：四川文艺出版社，2021。

四、春天总是属于生命的本质的

整部《生命四重奏》是从一种美学主题的批判出发，再向伦理主题转换，而后不断指向生存与死亡的终极之问的生死奏鸣曲。从其内在旋律来看，如果说“金鱼与乌鸦”是一种混沌美学，有万物萌生的初始状态之意，那么“犀牛和孩子”则构成了颇为紧张的对立和冲突，死亡与新生总是生命奋斗道路中不断面临的问题，到第三乐章“春天的草木”，新的生命终于走上了自我展开其本质的道路，去实现自己，生命中实现自我的路总是美好的。于是，第三乐章就是轻松的，是要讲述纯粹的生命，讲述生命在春天的欢乐，在阳光和雨露中的成长。这一辑仍旧是两小节，是生命乐章的复调演奏。

第三乐章的第一个主题是《春天，春天》。诗人写到了春雷，那是宇宙的重金属，它把自己的耳朵、万物的耳朵，“敲打成一面面/春天的战鼓”；又写到春天的燕子，“青城山的细小建筑师/偏爱蓝色和石头”；还有春天的鱼泡泡、獭、大象、白虎、大海、星星这些美好的事物；又写到“春天的贼”，这其实是对于生命中爱之憧憬的有趣和巧妙的描述，那是偷去心灵的贼，春天的情欲、春天的幸福、爱，万物都听从春天的安排，都成为春天的“臣民”。在这一小节，诗人终于以他最激情的旋律唱出了最健美的生命之歌，没有灾难、没有苦难、没有死亡、没有悲剧，诗人以诗歌号令世界，以春天的名义颁布命令，“我决定/落在自己的王座上/颁布一道无比灿烂的大诏令”。

在这样的春天里，哪怕是草木也是值得讴歌的，这就进入了第三乐章的第二个主题《草木歌》。在这一主题的开篇《灯芯草》中，诗人以近乎古典诗歌的整齐诗行来讴歌生命：

很多事物都是注定的
不仅仅是人类的命运
包括一棵草。比如说
灯芯草：绿色的外衣
虽然浑圆却必须剥掉

露出雪白，裸出姣好
这，才是世间的所爱
白天的植物，为夜晚
抽丝、燃泪。为诗人
和黑矿工，打亮灯罩

那样弯曲，如此轻弹
浮水不沉触目不惊心
请别在失眠、哭泣时

才想起，救命的乱草[1]

这是一首十四行诗，三小节，前两个小节各5行，第三小节4行，共14行，每行9字，诗人写的是灯芯草，这是微小之物，但微小里有着尊严，它隐喻的是人类的命运，或者是生命的故事。正如耿占春老师所指出的："在最古老的宇宙论的象征语境中，《草木歌》为最卑微的生命立传，为稻谷和石榴，也为不知名的野花，更为万物赋予汉语的丰富属性，青涩或甘甜，简单或繁复，微末或高耸，透明或不可穿透，万物的物性和物性的转化赋予汉语诗意的特征。"这些微小之物，都获得了生命的尊严。随后在这组诗歌中，诗人又写到枯荷、苏铁、枯葵、苔藓、稻子、野花、兽面、石榴、枣核、树、叶子、宇宙的樱桃，从最微小之物写到最宏大的宇宙，无论微小还是宏大，都离不开生命本身的扩展，诗歌就是生命自身存在的见证，是光明和真理的显现，哪怕是最腐朽中也有着生命的蓬勃升腾，"腐朽的象征，恰恰是/太阳的另一种表达"。

向以鲜的诗歌，可以说是掌握了一种生命的辩证法，或者说是掌握了中国太极阴阳鱼图形所展示的阴阳共生同构的易化法，他在时间里播下种子，在虚无中催逼出精神的太阳，"夏天的火焰，终于/从翠绿的嘴中/吐出""破晓时分，秘密的处子/已吐纳成枝叶扶疏的暗器"，诗人笔下浩瀚的宇宙也化成了

① 向以鲜：《生命四重奏》，成都：四川文艺出版社，2021。

一颗樱桃，“樱桃，转眼即腐败/再没有什么大不了的/不如开怀痛饮星辰/酿造的无穷美酒”。在这第三乐章的终篇，诗人又以他的阴阳共生互转的辩证法或易学法，唱出了整部诗集最具生命礼赞的篇章。

五、精神上升到它应有的高度

宇宙、自然和历史通过人类精神而实现，并成为绝对精神。潜在的存在也获得了其本质，在其理念中完成。第四乐章“山中观音”涉及美学难题和伦理难题的解决，它表现了生命在分化、分裂中走向完整和统一的过程，而这也是一种精神生命的观念史和思想史的自我实现过程。精神生命的自我实现过程也是存在于思维的统一过程，历史的精神总是在其自我的否定环节中将自己实现出来并上升到绝对精神的高度。而这也是第四乐章“山中观音”引用奥地利诗人赖内·马利亚·里尔克的诗句“你身上却已开始长出/比太阳更高的东西”，象征着一种朝向超越性的至高精神的指向。

如果说第三乐章是生命和精神的自我展开和本质丰富，第四乐章就将完成前面的从混沌到分裂、发展，再到统一的过程，诗人要达到他的绝对精神的高度。“自我意识有另一个自我意识和它对立；它走到它自身之外。”[1]这是精神的分裂，精神必然走出自身，走出混沌。那一轮耀眼的太阳就要升起，那是经历金鱼与乌鸦所代表的混沌世界，到犀牛与孩子所代表的死亡与新生对立的世界，到春天的万物生长乃至从腐朽中也要酿造出美酒的热烈世界，而后精神的太阳就呼之欲出了。正如题目所示，山中观音，就是要获得一种所有生命的信仰和救赎。

第四乐章的第一主题是《山中问答：火》。绝对的精神就是火，是最热烈的火。这个火，是诗人借助了那样一个最残酷也最具创造力的魏晋时代的嵇康与苏门先生孙登的对话来表达的，以及嵇康向阮籍的告别。向以鲜所描写的1700多年前的对话场景，也是将历史的精神和诗歌的精神借着这样一种还原式书写代入现代性的现场的。这种历史精神和诗歌精神，也是我们这个时代的精神，是民族的精神，是不得志和苦闷的诗人的精神。

孙登收回
放浪形骸的思想
目光落在嵇康
瘦削空旷的脸上

① 黑格尔：《精神现象学》（上卷），贺麟、王玖兴译，上海：上海人民出版社，2013。

专注又陌生

仿佛从未相遇

洞察的力量

无形的审视之刀

以沉默的锋

磨亮万物[①]

两个人的思想刀锋在共同打造精铁一样的时代精神，也是个体最不羁和倔强自由的精神。在这组诗里，诗人不断写到“火”，写嵇康与孙登对峙，实际也是思想之火的相互点燃，“两尊神/两朵/火”，在相互燃烧，相互照耀。生命的辩证法或阴阳共生的易学法，在这里又被运用，“黑暗收藏着种子/灰烬播撒光明”“山鸣谷应/并在霜晨/和嵇康眼底/擦出大火”，这真是诗歌和精神之火跨越时空的燃烧。

第四乐章的第二个主题是《十一面观音》。这是精神火焰的继续升腾和照耀，它将弥漫于宇宙，无处不在。这个主题共由11个短篇构成，在每个短篇里都渗透着禅意和佛音，每一个事物都隐藏着天国和佛界的优美乐曲。诗人写到了《杨柳》：

指尖之物

可明目

① 向以鲜：《生命四重奏》，成都：四川文艺出版社，2021。

亦可漱石

不仅柔韧、味涩

且阅尽枯荣

生命力旺盛

只需洒一点水

洒一点风或阳光

无论是瓶子

还是沙漠

春天就会涌现①

开篇关于杨柳的写作，不着痕迹，却能让人猜想到观音菩萨手中净瓶里的杨柳枝，她用柳枝洒出净瓶里的水，滋养众生。诗人继续写到手不释卷的菩萨，“看上去更像一位/美丽的乡村老师/我的母亲”②；写到水月，“造物者即艺术家/充满象征的身影”③；还有飞瀑，那垂直的力量，快速地跌落，“一直落到/知识之外”④；另外还有鱼篮、青颈、一叶、蛤蜊、云上、多眼、阿摩提。几乎都是如菩萨一样的自由而救赎的精神漫游，所有的地方，都被佛光照耀，所有事物的形状，或“那些岩石或海水/可能是另一种/秘密的火焰”，就是精神的火

① 向以鲜：《生命四重奏》，成都：四川文艺出版社，2021。

② 同上。

③ 同上。

④ 同上。

焰，自由的火焰，信仰的火焰。直到第四乐章，诗人的精神达至其生命的高点，他登上了群山之巅，他写出了属于诗歌也属于诗人的信仰，就像菩萨净瓶里的水，在杨柳枝的轻拂中，化成了精灵之火，照耀了人间。

六、精神的尾巴留下的风景

美好的乐章，都有“余音绕梁，三日不绝”的效果，或者如孔子所说的“三月不知肉味”。当精神实现了自身，它却并非画上了句号，而是预示一个新的开端和未来，那是由精神来自我铭记的。当《生命四重奏》演奏完它的四个乐章之后，当两把小提琴、一把中提琴、一把大提琴共同演奏完四个乐章之后，诗人的四重奏就进入尾声了。

对于尾声，向以鲜也进行了出人意料的书写，那就是以题为《尾巴之歌》的组诗来结束。这个结束的篇章真是奇妙：尾声，就是尾巴。还有哪位诗人以题为“尾巴”的诗来结束尾声的叙述？这个作为尾巴的尾声是这样开始的：

我曾喜欢一个名字
叫尾巴的人
我曾阅读一本名字

叫尾巴的书[1]

诗人又情不自禁地赞叹尾巴，“一切玩具的祖先/游戏精神的命脉/艺术与诗歌的端倪”“最灵动的语尾语词/最初的最后的/爱情器官”[2]，这真是把这部诗集写成了如《创世记》和《启示录》一样的杰作，“我是阿拉法，我是俄梅戛；我是首先的，我是末后的；我是初，我是终”（《启示录》22：13），这是一个循环的宇宙，首尾交结，就像“两根相爱的蛇/尾巴发出咝咝/咝咝的声音”[3]，这个作为尾声的《尾巴之歌》写出了中国诗歌最高的禅境，它始终在反向对立中构成新的奇妙的建筑，如第33首：

记忆
是我们一生中
最短促的
尾巴[4]

很快，又进入第34首，形成完全的反转结构：

---

① 向以鲜：《生命四重奏》，成都：四川文艺出版社，2021。
② 同上。
③ 同上。
④ 同上。

忘却
是我们一生中
最漫长的
尾巴①

诗歌就是在记忆和忘却中，以潜能去丰富自己的本质，并达致绝对精神，又将留下一条可疑的尾巴。它可疑，却是另一次循环的契机；它可疑，因而并不完美。它是进化的残余，见证着它不得不废弃的尴尬。它代表不完满，意味着人生的遗憾，就如《周易》六十四卦以《既济》作为第六十三卦，而以《未济》作为第六十四卦，未济，就是未能过河，没有成功，就是留下一个缺口。同样，作为尾巴的尾声，也是如此，它留下一个可疑的令人遗憾的尾巴，但正是这条尾巴，却是值得歌颂的：

我要赞美一个名字
叫尾巴的世界
我要歌唱一首名字
叫尾巴的诗②

尾巴确实是值得赞美的，它不是辉煌的顶点，它不是那灿

① 向以鲜：《生命四重奏》，成都：四川文艺出版社，2021。
② 同上。

烂的皇冠，它往往就藏于不可见处，就在背后和背光处，它显得多余，却又摇曳出生命另外的可能。它是终，也将是初。在关于尾巴的吟诵中，这部诗集结束了，但其实一切又还未结束，有新的开端在孕育。作为尾巴，它似乎是生命整体的多余物，它让有机的整体和普遍生命结构显示出落到剩余或多余物中的不完美和消解整体的缺憾，但正是这不完美和缺憾，显示出作为内在观念史和思想史建构的精神秩序，并不是按着外在的必然规律或上帝的计划进行，而总是在意识的自我觉醒中显示出自由的不确定性和自主性，它也由此为精神的自我立法留下了可能。

总言之，作为一位学者型诗人，也是思想者型的诗人，向以鲜在诗歌中开辟其思想之路。向以鲜的诗歌由此也可以看作一种强烈的观念史和思想史的写作，他渴望重建现代汉语诗歌之道，以接续这个古老民族的久远道统，从而令其在现代汉语诗歌的肉身中得到再造和新生。一个失落圣道和精神之道的民族，已太久地沉沦，只有这种朝向现代与未来的汉语诗学建构，才可能让还停留或悬欠于古典与现代之间的中国人真正进入现代世界，从而实现精神生命的自我创生、自我开展、自我实现，才能令现代汉语诗歌在破碎、短暂和偶然中呈现出其永恒和普遍的自由品质，也即超越工具性、算计性的物欲世界，奏响生命的乐曲，实现精神秩序的重建，也是这个民族及其文化的重建。

（作者单位：四川大学古籍整理研究所、
广东岭南职业技术学院马克思主义学院）

差序格局下的“厌诉”与“无讼”心理

◎曹晨光

费孝通先生谈到传统乡村社会时认为，封闭性强、流动性弱的小农经营特点使中国乡土社会的人们形成了“生于斯，长于斯，死于斯”的观念，形成了“安土重迁”的社会常态。“熟悉”是传统乡土社会中人们之间交往的必然条件和结果，也是“礼俗社会”中的寻常景象。由此，传统乡土社会中普遍的“为私”观念就成了熟人间世代所秉承的观念信条，这关系到群己、人我界限的划分。“为公”反而成了“因私”下的衍生品，常常成为一种不讨好、不得已的选择。“几乎所有的社会道德都只在私人联系中发生意义”，“厌诉”与“无讼”心理便会在这样的交往环境下占据上风，以维系稳定的人群界限和社会结构。

一、何谓“差序格局”

“差序格局”是费孝通在《乡土中国》中提出的一个被广为认可接受的社会学概念。即，一种以“己”为中心呈水纹波状向外扩张的“推”字人际联系形态。亲疏远近都依他人与自己的“距离”而定。能放能收、能伸能缩是差序格局最主要的外观特征。“己”是“差序格局”下人际交往的中心，圈层辐射范围的大小全凭“己”这个中心势力的厚薄消长而定。以血缘为分辨人我、亲疏的基本伦常，结合地缘、业缘、知识水平、经济水平和政治话语权判断是否长期交往，成了决定传统乡土社会中人际亲疏远近、趋和及趋离现象的主要因素。

差序格局下以“己”为中心的推浪状态必然意味着对于个人、家庭、氏族、乡谊、同年、同事等“私”概念的强调，人们在日常交往活动中所做出的种种举动无不是为了强化或弱化这些具体的人际联系。“踏破门槛”和“门可罗雀”现象都是为“私”观念高涨所左右的。传统熟人社会下，选择“简单寒暄”还是“深度交往”，不仅与空间和心理上的距离有关，更与对人际交往中“实用性”“利益交换”的考量有关。以此为条件，一个人的行为处事无不是从自己、家庭、氏族、同乡、同事的角度出发，“公天下”的观念就自然地模糊掉了。

当人们身处流动性小、封闭性强的圈层，成家立业、长期生活时，为维护人际的和谐与稳定以及家庭、氏族的好名声，“厌诉”与“无讼”一定会成为一种本能的心理体验和选择，自然的身体状态，经过反复刺激强化后，最终成为传统熟人社会交往中的一种条件反射。现代陌生人社会中，若想改变这种乡土社区心理现象以辅助市民经济和法治社会的建设，就必须溯源而上，先从心理和认知源头扭转乡土社会的这种“差序”心理，改变其发生的条件，降低元兴奋和社会刺激，徐图改变。改变“差序”心理，不是简单的送法条下乡，送法庭下乡，送法官、律师下乡就能办到的。改变农桑为本的经营心理，强化人口的流动和交往，都是一定会长期出现在建设法治社会的心理蜕变过程中的，是难以回避的必要条件。

二、差序格局下的“厌诉”心理

传统乡土社会，“诉”指的是民事纠纷中的“民告民”现象，既有对权利义务的界定，也有对于人伦、情理、乡谊、教诲等因素的考量。地方乡贤和氏族长者常常在民事冲突中扮演调解者的角色，“父母官”反而成了乡域内定纷止争过程中的一个配角。在流动性不强的乡土社区，经年累月的矛盾常常由于“己”这个中心势力的厚薄消长而一触即发，折腾得四邻不安。但由于长期居住的原因，这些由日常鸡毛蒜皮积累起来的冲突并非不可调和。由德高望重、经验丰富的老辈人从中协调几乎是每场纠纷顺利解决的必然选择，即使迫不得已闹到了官府，“父母官”也经常会延请县域内声名俱佳的饱学之士或德高望隆的致仕官员从中斡旋，而不是直接升堂判定是非、决诉。

这些举措都是基于传统乡土社区下维护人伦情理，稳定社会秩序的考量。久而，“厌诉”心理便会在社会上形成风气，“差序格局”下的人们在自己的利益得到充分维护的情形下，一定会努力将矛盾消减于乡里，而不是到县府互相争辩攻讦，伤害颜面，搞得众人都不愉快，使人际关系的裂痕不可再弥补。现代社会是由陌生人构成的，家庭几乎是最大的社会构成单位，民事冲突的解决更多受现代法治观念的影响，而注重于厘定权利、分配义务、界定责任。这种转变必然是一个曲折的过程，数千年积存的稳定心理状态难以在短时间内实现改变，引起了今时关于“法治”“人治”“德治”“礼治”孰优孰劣的讨论与争辩。在现代市民伦理确立之前，对于这些基本概念的争论几乎都会落入俗套，成为一些人划分阵营、识别群己、分配利益的道具，难以解决什么急迫且实际的现实问题。

三、差序格局下的“无讼”心理

传统乡土社会以及其辐射范围下，“讼”指的是关于刑事犯罪“定罪量刑”的过程，“大逆不道”和“杀人越货”都需要“讼狱”来解决。一个人一旦牵涉其中，基本会被认为是家教和学习出了问题，进而归罪到其父亲和老师身上。“养不教，父之过；教不严，师之惰”几乎成了一种客观归责路径，个体的主观意识、意图在这种伦常下反而被轻描淡写，模糊掉了。由于担心牵涉“讼狱”连累家族、师长的声名，使自己今后无法在熟人社会立足，个体就会竭力避免卷入“讼狱”。这是“无讼”心理最初的成因，也是普通人害怕“惊堂木”落下的深层原因。父辈的荣光、家族的声名、师道的尊严、个人的体面都是必须要得到维护的。久而，“无讼”心理就会在人群中蔓延开来，被视为一种为人必须具备的“道德品质”，不少人没能逃脱这种社会心理的规训。礼教意识、家长主义常会吞没掉个体的权利、自由和个性。毕竟，与被认为犯上作乱、忤逆不道而被置于公堂审判相比，循规蹈矩地老实讨生活对于由“熟人”构成的乡土社区成员更为怡然恰当，更符合小农经营条件下内在本心的实在追求。

断狱的官员为维护权力秩序的稳定，彰显出“太平盛世”的清明景象，自然也会接受“无讼”的心理占据内心，以获得相对平静安全的为官环境。虽说“三年清知府，十万雪花银”，挑起争端、断狱定罪有利于徇私谋利、聚拢财富，但这在传统乡土社会也是不忠不智的愚蠢行为，一方面可能因此把自己由“决讼断狱”的朝廷命官变成落魄的阶下囚，另一方面在自己辖管范围讼狱过多会为社会清流、忠直之士所不容，也会因此授人以柄、萌发事端。这是乡土社会的官员在“断狱”过程中必然会反复考量的因素，清明政事、伸张正义、洗冤绝狱、保护无辜、忠厚之士反而成了这个过程中的附属产品，随意性很强。

四、陌生人社会中的“厌诉”与“无讼”心理一无是处吗

现代法治社会环境下，“厌诉”与“无讼”心理常常为具有现代法治意识的人群所不容。人们欲通过种种手段将其涤除干净，以免影响到法治环境下的人际交往和社会伦常，这是一种符合现代思维常理的观念。但在蜕变转型的社会发展过程中，“厌诉”与“无讼”心理确是一无是处吗？答案是显而易见。“厌诉”与“无讼”心理在一定程度上是有利于传统乡土社会向现代社会转变，乡土社区向现代社区转变的。法治社会和法治意识在乡村社区的确立有赖于平和、内敛的心理观念，是城市社区所必须面对和接受的社会心理。有历史为据，激烈的社会意识转变往往会为“罗伯斯庇尔”们提供充分的表演舞台，直至炮声隆隆时，发生剧变引发生灵涂炭，人们方会认识到渐进、舒缓式改革的可贵性、必要性。历史是没有“反悔权”一说的，既成定局的，于时代和时代下的人们而言都是无可回转的。

“厌诉”与“无讼”心理在现代社会、法治社区的建设过程有利于促成个体和社群心理的缓和，与行为手段的平和，从而使乡土社会向现代社会的转型之路变得平坦一些，和缓一些。任何层面的转型最终目的都是为了实现对个体权利和自由的保障，促进人们生活的安定、幸福和尊严，促成社会的文

明、理性。人不能拽着自己的头发离开地球，也不能只凭热情、激情生活。社会意识的转变也难以脱离在乡土风物、社区结构长期影响下积累形成的环境特点和心理观念。故而，在乡土社区向现代社区的迁移中，民事法律的“定纷止争”功能，刑事法律的“定罪量刑”功能都是需要在尊重“差序格局”现状的条件下发挥作用，以体现出法治社会追求自由、安定、尊严、公正的普遍价值的原旨，实现现代法意的原意。

（作者单位：卓资县人民法院）

在中国邂逅美好

——读《我与中国的美丽邂逅》有感

◎［乌兹别克斯坦］朵拉

在《我与中国的美丽邂逅》这本书中，很多来华留学生讲述了自己在中国生活的故事。这些故事表达了留学生们初到中国时的兴奋、在中国生活的感悟、对中国的感情等。我读这本书的时候就好像在回顾自己的经历，感觉非常奇妙。

“与你初见是在历史课上，一直梦想着亲眼看到课本上图片所描绘的独一无二的中国，梦想着亲口尝一下正宗的中国菜……”读着书中这样的描述，我想起了自己关于中国的最初认知——“黄河和长江”“四大发明”“秦始皇”“丝绸之路”。正是因为怀着对中国悠久历史与丰富文化的浓厚兴趣，我选择了中文作为自己学习的专业，梦想着有一天自己能够使用中文来讲述这个饱经忧患而又依然年轻的文明古国。

在这本书中，给我留下深刻印象的故事有很多。其中，最令我感动的故事出自阿富汗的留学生杨康之笔。他在文章中写到，自己 “一直有一个梦想——看到一个和平、安全而发达的阿富汗”，最终在中国感受到了“刀枪剑戟之外的文化魅力”。虽然有战争带来的悲痛回忆，但杨康在中国过上了美好的生活。而我最有共鸣的故事则来自塔吉克斯坦的苏逸，他说自己小时候通过历史书籍了解到中国，对中国古代的四大发明非常神往。来到中国以后，又惊喜地体验了“中国当代四大发明”，感到新奇而有趣。这样的感受我也体验过。刚到中国时，面对手机支付，我感觉非常陌生，每次都会略显笨拙地掏出手机扫码。不过现在我已经完全习惯了，和中国人一样，带个手机出门就能满足生活所需!

书中的每个故事都是独一无二的，每位留学生都有属于自己的难忘时刻，不过这些不同之中又有共通之处。许多来到中国的留学生都感觉这里像是自己的第二故乡，希望更长久地生活在这个国家。为什么？是因为中国正在快速发展、生机勃勃，还是因为在这里可以享受高质量的生活？也许这些都是原因，不过在我看来，真正的原因还在于中国人民的友善和温暖。我记得刚到中国的时候，我对陌生的环境感到恐惧，既怕自己的中文水平太差，无法与中国人交流，又担心没有家人和朋友，遇到危险时没有人保护我。在这样的心情下，我几乎想要逃回国去。但是，慢慢地，我开始跟周围的中国人交谈，发现中国人都很热情、友好，特别乐于提供帮助。现在我已经交到很多中国朋友，他们的微笑让我觉得自己完全能够融入这个国家。

读着书里的这些故事，我还感受到了来自世界各地的留学生对中国文化和社会的思考和探索，以及他们对自我的认知和人生意义的追求。对每一位中文学习者来说，到中国留学都是一个梦想，而他们来到中国以后，都感觉看到了自己梦想中的世界。2020年，新冠肺炎疫情不仅影响了世界经济，也改变了人们的生活方式。在疫情防控期间，中国人民付出了巨大的努力，团结在一起抗击疫情。很多留学生见证了中国人民的坚韧，也看到了中国人民勇敢无私的奉献，感觉自己也成为中国的一部分：“和中国人民一起哭，一起笑；一起担心，一起自豪。”

在《我与中国的美丽邂逅》这本书中，在中国的留学生们通过文字展现了中国这个古老而又充满机遇的国度的新面貌，也展示了他们在中国这片土地上邂逅的美好。对于留学生来说，来到中国不仅是一个学习和成长的过程，更是一个开阔视野和拓展人生经历的契机，不仅可以收获更多的知识和经验，还能为自己的未来发展打下坚实的基础。

（作者单位：四川大学）

《习近平与大学生朋友们》书评

◎［赞比亚］尼康达

《习近平与大学生朋友们》这本书通过访谈实录的形式展现了习近平主席与中国不同大学的学生们交往、交流、交心的25个故事。通过阅读这本书，我学习到了……

（扫码观看精彩视频）

（作者单位：四川大学）

我对中国教育事业的感悟

◎［印度尼西亚］谢志功

"*Understanding Xi Jinping's Educational Philosophy*" is a book that provides a detailed analysis of China's current leader's educational vision and policies. It is authored by a group of scholars. The manuscript itself is reviewed by the four research centres for Xi Jinping's thought on socialism with Chinese Characteristics for a new era affiliated to the Ministry of Education，Peking University，Tsinghua University and the Renmin University of China. The book is classified as a non-fiction work and falls under the category of political science and education.

Summary

The book is structured around a series of essays that explore different aspects of Xi Jinping's educational philosophy，including his emphasis on moral education, the role of technology in education, and the relationship between education and social development. The importance of economic and social development in accordance with prioritizing education as it is being positioned in relation to the rejuvenation of the Chinese nation, as well as the needs of the country that conform to the expectation of the people.

The authors draw on a range of primary and secondary sources to provide a comprehensive overview of Xi's ideas and their implementation in China. The book also considers the historical and cultural context of Xi Jinping's educational philosophy, including the impact of globalization and the challenges facing China's educational system in the 21st century.

Evaluation

The usage of easy language in this book also evokes emotion about the realization of democracy such as education that meets the needs of the people and is able to adjust the current situation of what needs to be ensured.

One of the topics that struck me the most is the importance of education in Chinese culture, as schools, families and society should work together for a common goal by helping that young person should 'button right' in the early days of their life. The children should be ready to accept both suggestions and criticisms and correct their mistakes. This book, also emphasizes the first education of family is that parents are their children's first teachers and should teach them the first lesson of life such as character building. If we fail to sow good seeds in the first place, no matter how much we cultivate the land, it will be difficult to reap a good harvest as parents should pass on good moral values, cultivating them in integrity and compassion, to serve the country and the people, to appreciate the true, good, beautiful and avoid the false, evil, ugly. Also, parents should pay close attention to psychological and behavioral changes in their children and guide them in the right developmental paths.

Since the reform and opening up, the party has successfully implemented the national strategies of invigorating the country through science, education, sustainable development and the development of a quality workforce. Even it points out that China should try every way to expand education, even if it means slowing down in other fields.

It talks about the importance of education in this socialist cause of China, as education is not only for the elite as everyone is equal and free to make an ideal society free from oppression and exploitation as education is a way for humanity to leap from the kingdom of necessity to the kingdom of freedom.

The essence of socialist education is to ensure that education serves the people, solving the current gravest needs and problems of the people but also solving their most pressing concerns as well as those that are essential to their immediate interest.

The Central Government along with the Party Committees and governments at all levels must strengthen planning and play more active leadership roles, by using two strategic tasks which are accelerating education modernization and turning China into a country strong in education, which can be operationalised as policies and measures that can be implemented, monitored and evaluated. As proven in 2012, China made a historic breakthrough in its investment in education, with government expenditure on education reaching 4% of its GDP for the first time, a level that has been maintained ever since.

The government at all levels also should prioritize education in their fiscal spending, also improve the policy for the effective allocation and development of society's education resources and step up efforts to build public facilities such as libraries, museums, science and technology centres, memorials halls, stadiums, children's palaces as such facilities will provide conditions for students to understand society and take part in social practices.

As teachers are the engineers of the "human souls" who take the essential mission of shaping the mind, the teachers should strengthen their professional ethics and integrity, integrate education with moral cultivation, teaching by word and deed, devote their attention to both research and social issues and adhere to academic ethics while enjoying academic freedom as they could influence other people by their exemplary behaviour and moral character and set an example for the youth. As society is a big classroom and life is a textbook, social education should be taught and strengthened to foster a good educational atmosphere. Leverage and improve the system by promoting practice-based institutional innovation with theoretical innovation.

As a foreigner, we seldom ask why China choose the way of socialism, this is also one of the answers inside the book as they put the important role of education in grassroots party organization, because of China's unique history, culture and conditions. The unique history of Chinese civilization, the struggle of the Chinese people since 1840, the journey of the Communist Party of China, the development of the People's Republic of China and the reform and opening up are all interconnected. As it explains clearly the origin, evolution and direction of socialism with Chinese characteristics. As the Communist Party of China was born from the people, is rooted in the people and serves the people.

The main goal of the socialist system is to create a homeland in which all ethnic groups live together in harmony. As Xi Jinping pointed out "We live in a time of openness and connectivity. History shows that openness leads to progress whiles seclusion leaves one behind. The world today is a global village, where our interests and our economic and social progress are interconnected, we need to achieve common prosperity in today's world to pursue greater connectivity and integration", this meant that win-win cooperation in today's globalization points out the answer to the common prosperity goal. Inclusive education is part of the way that is being taken by the Chinese government.

Critique

The very best critical evaluation of this book is that I personally really hope this book could also be translated into other countries or able to be put in the basic introduction of Chinese culture as you will be able to know the mission of education in China is also for the prosperous of mutual understanding, win-win cooperation work with the people of the world. I hope that these books not only be translated into English, French, Russian, Spanish and Arabic but maybe also be able to be translated into the Indonesian language in order to let the people-to-people connection at the grassroots level can see the big picture of education.

Conclusion

As education is an important force for sustaining human civilization and creating a better life. Civilization is the soul of a country and a nation, as the needs for an inheritance, innovation, communication and mutual learning is an important aspect education played an important role not only in inheriting and carrying forward the best part of traditional culture and outstanding achievements of human civilization, but also creating past knowledge—which might still be relevant today despite being expressed in outdated forms—with modern meaning and expression. This way we can bring out the vitality of this knowledge and realize the preservation, creation and progress of civilization.

The book is very well for mass reading without any jargons or any academic words. It is very enjoyable to read this book, especially during your leisure time as the content of this book is easy to digest and its clear and accessible writing style makes the book accessible to a wide range of readers. This is particularly important given the relevance of Xi Jinping's educational philosophy to a range of stakeholders, including policy-makers, educators, and the general public.

（作者单位：成都中医药大学，指导教师：陈媛）

从《三国演义》读懂中华文化的博大精深

◎［美国］陈敬柔

小时候，我最期待的事，就是睡觉前可以听上侯文咏与蔡康永《欢乐三国志》的CD。当时我的中文能力不足以直接阅读罗贯中的《三国演义》，更是对历史毫无兴趣，但是《欢乐三国志》中用了现代幽默风趣的对话方式来讲《三国演义》的故事，我听得津津有味。长大后，我认真学习了中文，终于可以直接阅读中文作品。“四大名著”中，我第一个想阅读的便是《三国演义》。

在阅读的过程中，我被各个个性鲜明的角色深深吸引：想复兴汉室的刘备，年纪轻轻就管理着江东的孙权，还有著作中的“大反派”——“挟天子以令诸侯”的曹操。但是我最喜欢的人物还是诸葛亮，他在“赤壁之战”前后扮演了一个很重要的角色。不论是“草船借箭”，还是“三气周瑜”，都让我深深地体会到不管在哪个时期，头脑里有学问都是非常重要的。

刘备有那么多猛将愿意跟随着他，还是需要有智谋的诸葛亮才得以三分天下。从《三国演义》中，我深深体会到中华文化中文武双全的意义。

说到《三国演义》，自然绕不开精彩的赤壁之战。不论是政治还是商业，都离不开结盟。刘备与孙权这两个不被曹操看在眼里的人合作，就能扳倒号称有百万大军的曹操。聪明的诸葛亮，擅长水战的周瑜，再加上刘备的虎将以及勇敢的黄盖，曹操东拼西凑的降军哪里是他们的对手？先是“草船借箭”消耗了曹操的资源，接着是黄盖的“苦肉计”骗取了曹操的信任，最后是诸葛亮神机妙算“借”来了东风，打得曹军落花流水。看到曹操被这一串“连环计”逼到绝境，我也挺同情曹操的。在华容道上，罗贯中安排了有情有义的关羽放曹操一马的情节，不仅让关羽的性格特征更加鲜明，更是让赤壁之战结束在一个和气的场景中。

罗贯中对每个角色的刻画都淋漓尽致，对每个角色的爱恨情仇也描述得很完美。刘备以德服人的管理方式让五虎上将忠心耿耿，放到现代的社会依然有效。中国人所推崇的德，跟刘备的德本质上是一样的。关羽的忠义也非常能体现中国的文化，牢记恩情、讲究“得饶人处且饶人”，是中国人的美德。阅读《三国演义》，我不仅学到了历史，更能深深地体会中华文化的博大精深。

（作者单位：美国西华盛顿大学，指导教师：吴思远）

《我与中国的美丽邂逅：来华留学生讲述中国故事》书评

◎［加蓬］朱莉

《我与中国的美丽邂逅》这本书中有来自23个国家的43位来华留学生讲述的他们在中国的故事，包括他们的留学感受、中国的发展变化以及对未来中国的期待。书中每篇文章都是来华留学生从自身角度畅谈他们在中国的留学生活以及对中国发展的所思所感。同样身为来华留学生的我，对这本书有一种自然而然的喜爱……

（扫码观看精彩视频）

（作者单位：西华师范大学，
指导教师：蔡继玲、邓慧、韩佳秀）

《中国古代文化常识》：我们的史，我们的事

◎赵奕翾

王力教授的著作《中国古代文化常识》中所道的“常识”，其实未必是常识，对我们非文学系学生而言可能大多不识。书中未必有黄金屋，未必有颜如玉，但它定能从前史来观照我们的当下。这本书让我们知晓“登堂入室”“驷马难追”“举案齐眉”等成语的由来，还有孟姜女原来姓姜不姓孟，以“冠冕”“缙绅”作官吏的代称……

阅古代文常，知来处，明去处，晓归处，领略诗词用法。比如，宋祁的《寒食假中作》诗“箫声催暖卖饧天”，饧糖即麦芽；韩愈的《初春小雨》诗“天街小雨润如酥”，说明唐人已习惯食用酥酪了；王勃的《滕王阁序》言“星分翼轸”，李白的《蜀道难》言“扪参历井”，是建立在星宿分野的学说之上的。

瞧我们的史，懂我们的事，多好！

源浚者流长，根深者叶茂。记载古代历史的竹简木牍、历经千年沧桑的秦砖汉瓦、精美绝伦的敦煌壁画、工艺精湛的陶瓷器皿，仍令今者喟叹折服！从天文历法、乐律地理、职官科举、礼俗宗法、姓名宫室，到车马衣饰、什物饮食，种种文化属性，不负诗意，不负味蕾，得以使吾辈倍感文化自信。

本书封底图样采用了甘肃省博物馆藏的猪面纹细颈彩陶壶，七千年前的猪同现在长相一致，四只猪面共用一对眼睛，是为原始农业开始繁荣的证明。

此外，本书“绳纹玉佩”插图附上的小字亦无不彰显着文化自信：“作为高级别的玉饰，单纯认为它仅具有纹案美的特质而不具备任何涵义是不合理的。如此优良质料的精美玉饰应该体现的就是永结同心、长勿相忘。”

很多著作都会有涉及中国古代文化常识的内容，像《中国文化要略》《古代汉语》《中国历代政治得失》《中国哲学史大纲》，它们从不同方面入手对中国古代的文化、社会、生活、习俗等做出较为详尽的介绍。本书即脱胎于《古代汉语》中王力教授的“古代文化常识”部分，其间经历了多次修订。

本书为插图修订第4版，相较于前几本书，其涉及面更广，讲述更系统，内容更集中，知识点更密集；缺点也有，语言平直，观点些许凌乱等，但瑕不掩瑜，依然值得收藏阅读。该版本的主要特点如下：

第一，在文字阅读上有注音，减少了阅读障碍。重点是部分注音源于王力等语言学家和历史学家的研究成果，涉及音韵学知识，也提出了一些不同寻常的看法，比如“伽蓝”“龟兹”等词，因此尽管有大量的古汉语名词、生僻字在书中充斥，但阅读起来基本无碍。对生僻字注音、注释，可以避免读者花费太多精力查阅工具书，阅读体验更加流畅舒适。以笔者拙见，对这类生僻字、生僻概念太多的常识类书籍，不要吝于注音和注释，毕竟要降低阅读难度，而非抬升阅读门槛。

第二，大量的插图、表格以及文物、文献实例，更便于直观理解和观察。随着考古研究的发展，相关新结论不断出现，成为重要的依据。比如，第十一章“车马”、第十三章“衣饰”、第十四章“什物”等章节，像星占图、曾侯乙二十八宿衣箱展开图、秦皇陵二号铜车马、四马车的六辔系结法等让人眼界大开，示意清晰明确，武王克商之战行军路线图这一类常常有线状比例尺，更加专业易懂。

第三，极为具体的文物资料注释，其字数或比正文还多。因为原著相对言简意赅，在尽量不大幅订正原著的基础上，许多相关知识和事件就融入注释之中，尽量让读者对这方面有更丰富的了解。因而，有时注释要比原文读起来更加有趣。

第四，在注释中，涉及客观的评价和观点，与时俱进地对某些编者认为的“曲解和误读”做出了批评。少有含糊其辞、大而空的赞美，比如作者对茶道、汉服等观点的个人解读皆隐藏于注释中，虽容易引起一定争议，但常常一语中的。

像说茶道：今日盛行于中国所谓的“茶道”“茶文化”，所谓的“勤和简静”的茶道思想，以及诸多扭捏姿态，全是近三十年来好事者向壁虚造故弄玄虚的胡扯。所谓“茶文化的研究”，自然更是瞎掰居多。还有汉服：近年某某网站有一众吹捧深衣“汉服”的人，并不正面解释澄清什么是“曲裾”“直裾”，他们对于古代服饰的“研究”“解说”也多为抄袭来的“一团浆糊”。稍显不足的是，大抵是执笔人或者修订者较多，部分观点仍不乏散乱的只言片语，风格不太统一。

无论如何，本书给予了笔者莫大的体验感。当看到“克商这一年周武王的年龄……在一堆以讹传讹的数据里，我们愿意毫无根据最善意地选择五十岁这一说，孔子说，五十而知天命”，真觉得可爱又幽默；当读到苏小小的“妾乘油壁车，郎骑青骢马，何处结同心？西泠松柏下”，再到最后的“桃花流水杳然去，油壁香车不再逢”，却觉得有些黯然神伤。毕竟，这是我们的史，我们的事。

本书作为中国古代文化常识的系统读物，或者说通识读本，非常有助于广大读者了解和厘清一些似是而非的文化常识，也能激起人们对古代文化的兴趣，具备一定的权威性和专业性。

（作者单位：成都理工大学）

一曲红楼多少梦，道尽人生千百态

——评《红楼梦》

◎许晓松

“单是命意，就因读者的眼光而有种种：经学家看见《易》，道学家看见淫，才子看见缠绵，革命家看见排满，流言家看见宫闱秘事。”

——鲁迅

《红楼梦》这部作品，拥有太多光环。国人称赞它、推崇它，将它传播到全球各地，偏就不愿细细读它。至少，认认真真将它读上一遍的人，并不多。

即使它被列为中小学生必读书目，即使应试教育将名著阅读题纳入考试范围。大多的“你”“我”“他”所做的不过是读读全书梗概、记背重点人物及必考情节，只消多费点心思看看章回标题与梗概，便足矣。而对于广大的男性读者而言，《红楼梦》是他们求学生涯中的“噩梦”，坐不安稳，看不入眼，字不进脑，倒真是“满纸荒唐言”，不堪卒读。

然而这样一本鸿篇巨制，却也是四大名著中唯一一部衍生出严肃学问的作品。它果真如梦境一样迷幻，有红学家为之埋首苦读、倾尽一生只为解谜，也有看客避之如蛇蝎、弃之如敝履；有敏感的人反复品味字里行间渗出的“辛酸泪”；有浪荡子来回把玩那处处含情的风月宝鉴；有好古者独独挑出个中诗词细细欣赏；当然也有过路人频频摇头，只笑那梦里人痴。

这可不仅仅是一块顽石的游历、一个社会的图鉴、几缕精魂的纠葛，这可不仅仅是写书人个体的梦境，《红楼梦》是以梦织成的网，网住的，是所有“看客”的人生。

一、仰望高处：“好风凭借力，送我上青云”

这是一个“梦工厂”，书中人物各自装扮自己的梦境，有人一生求财，有人终年恋色，有人无力反抗往下坠，有人倾力顽抗节节升。

身处贱籍的奴仆最渴望“向上”。红楼女儿多如流水，一眼望去只觉置身于花海，各色花目皆有之。然而花中也分高下，名贵的品种屈指可数，绝大多数的花儿，都是颜色极好，只恨出身。譬如史老太君亲手调教出的几个丫头，胆识过人如鸳鸯、体贴温柔如袭人、聪慧细致如紫鹃、爽朗刚强如晴雯，这些女子个个出挑、样样出色，比之贵族小姐也毫不逊色，甚至远超于好些酒肉男子，却独独差了一个出身。你看那鸳鸯，上至贾母青眼相看，下至奴仆百意恭维，她在贾府的日子谁说不是顺风顺水、地位颇高呢？可就是这样表面惹人羡煞的女子，偏是家生奴出身，凭她怎么聪慧贤淑，也逃不过生来无自由、世代需为奴的命运。而这份悲哀不仅困住了家生奴们，也几乎笼罩着所有才貌双全、却身处奴隶阶层的人儿；即使家生奴们还有自赎等方式脱离奴籍，却也是希望渺茫，哪怕是得了自由，也仍身份低微、任父兄摆弄，竟不比在贾府里生活那样优渥自在。长年身居贱位，却在贾府这女儿的“乌托邦”中成长，试问谁愿意为“自由”二字拒绝幻境？试问谁能够没有分毫翻身“向上”的心思？而对于女奴来说，想要“向上”，恐怕唯有“给男人做小”这一种方法。娇杏便是此法成功的范例，她原不过是普通乡宦人家的丫鬟，却因“回头看了一两次”的机缘翻身“向上”，甚至被扶做正室夫人，果真是“侥幸”得不可思议。赵姨娘一生也栽进此道，即使姨娘也算不得正室，只略微比一般丫鬟好过些，却也足以让她搭进自己的一生，做小伏低、卑躬屈膝，却始终盼着贾环出息、宝玉落魄，好做她扶摇直上的美梦。美慧如袭人、刚强如晴雯、机敏如小红、心气高如碧痕……这些俏丫鬟哪位不是花海中顶好的花儿，可又有哪个避得开这“向上”美梦的陷阱呢？守得住主仆间距离的晴雯惨死，小红心冷离去，守不住的袭人、碧痕、麝月却被王夫人所容。“向上”攀爬的人数不尽，有人成功“上岸”，也有人终得悲哀；有人执意“向上”不回头，也有人中途醒悟早退出；然而不管是谁、怎样的结局，终究不过是一群身处底端奋力顽抗命运之不公的可怜人儿。

位居底层的女子不弃“向上”之志。刘姥姥出身乡下贫农，生活艰难困苦却始终相信“谋事在人”，不怕“打嘴现世的”，舰着老脸儿进荣国府以缓解家中困境，有人嘲她谄媚攀附，亦有人爱她智慧豁达，但不可否认的是，全凭她的翻身“向上”成就了女儿一家的“向上”，也给曾经辉煌的贾府留下了一线生机。一生坎坷的香菱饱受命运捉弄，年少被拐、所遇非人、正妻凌辱、红颜薄命，这一朵本该高洁而不可亵玩的“英莲”，惨遭命运不公脱落莲座，便只能“零落成泥碾作尘”了，然而即使深陷泥淖中，她仍无法割舍对“诗”与“美”的追求，向黛玉拜师学艺，紧抓着这次“向上”的机会勠力苦学；明明没受多少教育，却凭着天然的艺术敏感度与后天的“苦志学诗”得了妙句成功入社，在大观园这段“向上”的日子是她苦争得来的短暂却宝贵的自由，哪怕之后“零落成泥”，一生也算因“向上”而“香如故”了。

光鲜亮丽的贵族也求“向上”。贵为荣府掌权者之一，王夫人虽说是满口念佛，却非无情无欲之人，她背靠显赫王家与身居高位的兄长，只盼他平步青云保障四大家族无限荣耀；她为升为贵妃的女儿骄傲不已，却不知深宫险恶，只盼元春受宠，许得贾府永世荣华；她视儿如命，只盼宝玉成才成家保证她后生华贵；她手握荣府的管家权毫不松懈，只盼终能取代贾母成为府中最高的存在。再看那贾政，勤勤恳恳、克制守礼、忠君忠国一生，看似板正迂腐，却始终做着“读书上进，光宗耀祖”的美梦。看那贾琏凤姐夫妇，皆是名门之后、满身才干，却不甘仅在宁国府发光，凭着管家办事能力颇得贾母赏识，一个主外一个主内地参与荣府管理，为这个大家族鞠躬尽瘁，尽心尽力却不讨好，反被众人咒恨，这对夫妇又何尝不委屈？然而将平平淡淡无实权的生活与众人逢迎、拿捏生死的美梦相比，又有谁肯似那身份正统却游离在外的李纨那般过着“槁木死灰”的贵族生活呢？

上至达官贵人，下至底层贫民，渴望“向上”的梦不限阶级、跨越性别。大彻大悟自愿卸下一切遁入空门的宝玉终属罕见。

二、破局而出：“高情不入时人眼，拍手凭他笑路旁”

若说“向上”是一种自下而上的渴望，是“平凡的大多数”共享的美梦，那么自内而外的有关“破”与“出”的梦，更让读者为之悲惋、叹服。

谈起“出”的精神，纵是没读过《红楼梦》的人都笑道一声宝黛。这俩人一个衔玉而生，一个乃是仙草转世，生来便自带风流，骨刻“自由”；若论教育，上至四书五经、仕途经济，下至小说戏曲、杂门别类，不论正邪，这两人所知所学的并不比素以博学而著称的宝钗来得少，但却没有被那条条框框束缚住，反倒一个赛一个的反叛。其实他们何尝不知世界的生存法则，何尝不明白身处之地容不得异端，何尝不晓得反叛的结果近乎于毁灭？世人皆叹他们的思想之新、情感之重，我却为那知悉结局却依然选择殉身于道、奔向自由的精神所折服；他人皆以黛玉之死、宝玉出家为悲，我却在那“死”中觉察出生的滋味——清白的芙蓉终能脱身于那唯有“两个石头狮子干净”的废墟，富贵堆出的“宝玉”复归于“白茫茫大地”，以“死”换“出”，好歹落了片干净！除开宝黛再谈“出”，王家雌凤少不得。应说书女先生的说法，王熙凤这名儿本应为男儿所取，她本人便也真如男儿般被养活大，虽说识字不多，却务实能干、见识不浅，堪称那“脂粉队里的英雄”、女中将军，竟远胜于《红楼梦》里绝大部分的男性。她也是个能力强且自知的人，虽出生在以男权文化为中心的社会，却被贾府最高掌权者所赏识，在贾府受贾母庇护的女儿“乌托邦”中拥有一份实权。贾府的管家生活极大地满足了她“向上”的梦想，也刺激了她“向外”的幻想。于是在那个男尊女卑的不平等世界，她从来不掩饰强盛的欲望——她在牢牢把控住荣府的同时，还“出局”协理过宁府、外放高利贷、弄权铁槛寺；信仰上，她扬言“从来不信什么阴司地狱报应的，凭是什么事，我说要行就行”；婚姻上，她也极力创造一种地位平等的两性关系，向来不肯在贾琏面前示弱认输。抛开她的狠辣手段不看，她的刚强、善妒、大胆、泼辣等品质恰是一种封建社会压抑中最难能可贵的反叛精神；这是一朵开在残垣废墟却依然明艳夺目的花儿，争了一世却落得满身骂名、未曾享过半日福（却未能破而后立），世人总谴责她满腹算计，我独为她的刚烈与

“偏执”而动容。

而在为王熙凤的悲剧叹惋之际，更直击我心房的是《红楼梦》中身处沟渠却仍仰望关外明月的底层描写。古时嫡庶之分严重，纨绔不肖的贾珍可以袭爵为官、无心仕途的宝玉被寄予厚望，庶出的贾环本应是正经主子，却被好些奴才丫鬟欺压嘲讽，更别提身为女儿身的迎春、探春了。严格来说，贾环、迎春、探春之流并不算是真正的底层人物，但比之嫡出子弟，他们无异于是“身处沟渠”之中的。倘若探春如贾环般猥琐、如迎春般麻木懦弱，那她绝不可能拥有超人的见识还诗书双绝，也绝不可能在贾府享有不逊于嫡出子女的威严，王熙凤穷其一生想要突破性别的局限，而探春所渴望破除的、证明的还要多得多。在怡红院不过是粗使丫头、甚至被其他大丫鬟排挤欺压的小红，抓准机会便奋不顾身地“出逃”，凭着一身伶俐和一副好口才换得凤姐的青睐，在感情方面更是完全破除礼教束缚和意中人私定终身。与之类似的还有优伶蒋玉菡，人微言轻却志向高远，被困王府却不忘追逐自由，他出逃过、抗争过，即使安逸没有几日便被忠顺王爷抓回，即使明知一旦回去便可能遭受非人折磨，即使自由的生活远离富贵甚至清贫，他半身栽在肮脏晦暗里，却仍要尽力仰望顶上明月，这份对破除阶级限制的渴望，让人怎能不为之心酸？

那么，在外显的“出逃者”之外，规矩的执行者是否也曾有过“走出围城”的念想呢？“挑不出半点错处”的宝钗未尝没有做过“出”的幻梦。她到底是“珍珠如土金如铁”的大家族里娇养出的女儿，少时也曾调皮娇蛮，哪能天生贤淑明达。在她年少读书识字时，在她一改平日稳重、难掩少女活泼扑蝶玩耍时，在她墨守“女子无才便是德”的道德规范却挥笔写下才气倾泻的诗作时，在她默认婚事却低头垂泪之时，谁又知道在那无数个瞬间，这位完全对标于优秀贵族女性理想而成长的少女，是否曾有过破“矩”而“出”的幻梦呢？由此联想到那本应贞静守节却在大观园中重得笑颜的李纨，那本为槛外人却始终未能迈出尘世门槛儿的妙玉，那温柔懦弱墨守妇德却终不堪凌辱向王夫人发出求救信号的迎春……在封建社会对女子个性的极端压制之下，数不尽的“无价宝珠”只能一步步地下坠为死气沉沉的“鱼眼睛”，也许她们都曾有过破“矩”而“出”的幻梦，却只当荒谬，落得个“雪里埋”“作笑谈”“陷淖泥”“赴黄粱”的结局，何其可惜！

三、小结

我常听人言“少不读水浒，老不读三国，男不读红楼，女不看西厢”，现实生活中，红楼读者确实颇少，男性读者尤甚。在我看来，这话跟“男不养猫，女不养狗”一样荒诞。就如鲁迅先生所说：单是命意，就因读者的眼光而有种种。这部小说就如一个芥子空间，文字里承载的是一册册生命的奋斗史，自不同角度、不同心境、不同阅历以观之，便能捕捉到不同个体活动的轨迹。《红楼梦》绝不仅是著者追忆过去的大梦一场，也绝不仅是风流孽鬼们的下凡小记，这是一张捕捞梦境的大网，将那下坠的、上升的、困守的、破除的一并抓获，在旁的我们眼瞧着书中人物浮浮沉沉，自以为作壁上观，曲终人欲散时，方知早已深陷其中脱身不得——

那是“他们”的人生，

也是“我们”的人生。

参考文献：

［1］（清）曹雪芹. 红楼梦［M］. 北京：人民文学出版社，1996.

（作者单位：四川大学文学与新闻学院）

瓷器：冲破时间迷障的艺术

◎李晔

《捡来的瓷器史》是一部展现中国瓷器生命历程的文化科普读物。涂睿明老师从每一小块瓷片中挖掘出一个故事，从青瓷、白瓷到青白瓷，再到元明两朝的青花和青花釉里红，清代的珐琅、粉彩，民国时期的浅绛彩，就这样，一片片流光溢彩的瓷片便缀合成了一部集器物美学、工艺沿革和文明交流于一体的宏大史书。与此同时，一座光耀千年的瓷都景德镇也如同一个巍巍巨人从辽远的历史长河中缓缓地向我们走来。

一、瓷器之美各领风骚

《诗品》有云，“谢诗如芙蓉出水，颜如错彩镂金”，以之形容中国瓷器，亦十分贴切。中国瓷器之美如诗歌一般，或冲淡娴静，有空灵之神，或雕缋满眼，有雍容之气。这本小书就描摹了诸多瓷器的风韵。

青瓷简练、优雅，没有复杂的造型和雕饰，也没有繁复的颜色和图案，让我联想起老庄哲学里的自由、飘逸，即所谓“乘天地之正，而御六气之辩，以游无穷”。汝窑烧制的青瓷独具超脱的情怀，即大巧若拙，天然的美感显示出一种没有任何沾滞的“空”，与观者保持着适当距离的“隔”，以及自成淡泊境界的“灵”。

冰裂瓷变化万千、无迹可寻，是人工和自然共同孕育的“宁馨儿”。李渔《闲情偶寄》就有“满房皆冰裂碎纹，有如哥窑美器”的想象。冰裂纹如同树枝生长，以“人”字形层叠组合、灵活交错，颇有一种四散的生命爆发力，无限地向远方延展，静中求动、动中求变，展现了中国“穷则变，变则通，通则久”的古老智慧。

青花瓷色调浓艳而深沉，一副华丽做派，花纹盘旋于瓶身，翻江倒海、气势非凡，雄放而不失精致，华贵而不显庸俗。每个时代都有自己的审美，元代中国疆域辽阔，中外交流往来频繁，青花瓷自然携带中西方文化交融之特色，回纹、忍冬纹、碎浪纹等自带异域风情，颇具“海纳百川，有容乃大”的豪放胸襟。

珐琅瓷鲜亮明丽，绘画满满当当地布满瓷器，完全不留一点空隙。多以红、黄、蓝、绿、紫展现花鸟、竹石、山水之绚烂，形成了强烈的视觉冲击；画面丰富细腻，自带富贵之气。我想石崇若懂得珐琅彩的工艺，一定会将大量的珐琅瓷带到金谷园中吧。

宗白华曾说“空灵和充实是艺术精神的两元”，以之总结瓷器多元的美感亦恰当。瓷器之美各领风骚、平分秋色，既可走入广袤的世界，容纳各类形式相互配合的和谐，又可以独立于万象之表，洗涤尘世的杂乱。

二、瓷器之工别具匠心

瓷器能在众多艺术中脱颖而出，离不开工匠们在多次面临穷途末路时拼了命地力挽狂澜。新技术、新材料、新配方的偶然发现和创造推动着瓷器一次又一次走向艺术的高峰。有关瓷器的科学技术在宫廷与市井、中国与域外间纵横驰骋，最后落在一胎、一釉、一彩之上。

窑变是烧窑时产生的意外变化，是一种可遇而不可求的色彩魔法。《景德镇陶录》中写道：“窑变之器有三：二为天工，一为人巧。其由天工者，火性幻化，天然而成……；其由人巧者，则工故以釉作幻色物态，直名之曰窑变，殊数见不鲜耳。”窑工们要努力将无迹可寻的变化转化为可控的技术，否则就无法生产产品。

同样为了追求釉色鲜妍，工匠们会不惜成本，在釉中加入珍贵的玛瑙；会众里寻他千百度，在遥远的波斯寻找上好的青花料“苏麻离青”；会花费几十年的时间练就凭借肉眼判定窑温的本领，以求烧出宝贵的红釉；会不断研发“吹釉”工艺，好让瓶身染上一片烟霞……

为了提高瓷器的硬度和白度，工匠们会将高岭土混合到瓷石材料中，调制“二元配方”烧出最优质的瓷器；为了做一个薄如纸片的器身，师傅们会控制瓷石比例、烧制温度等，通过拉坯、利坯的技术不断精修瓷身；为了在细节上凸显绘画的生动，于小处也能见功夫，工匠们还会通过扒花技艺日复一日地完成精细、机械的劳作；为了保护瓷器的独创性和唯一性，窑工们会摔碎一个个残次品……

《天工开物》里有这样一句话：“共计一坯之力，过手七十二，方克成器。”有的方形器、盘子，其工序甚至远超七十二道。可见一件完美瓷器的诞生，需要依靠环环相扣、不可容错的制瓷工序，一旦其中一个环节出错，一切都要重头来过，这对于凭借经验造物的古代工匠来说，可真是“难于上青天”！

三、瓷器之名蜚声海外

17世纪，法国国王路易十四曾为曼特农夫人建造大量使用蓝色和白色瓷砖的瓷宫，波兰国王奥古斯都二世收藏了几万件瓷器，运往欧洲的中国瓷器已超过3000万件。18世纪，英国威治伍德瓷器横空出世，乘着工业革命之风期待与中国瓷来一次高下较量……

西方对瓷器的狂热让我们看到中国文化的自信与魅力。涂老师讲述的一个个小故事从侧面表现出瓷器在世界市场上的叱咤风云。

谈及生产瓷器数量之多、质量之优的地方，我们自然而然会想到瓷器之都——景德镇。景德镇之名取自宋真宗年号，景德镇也叫作昌南镇，而瓷器的英文“china”也被认为是昌南的音译。考古发现的景德镇窑口就有一百三十多处，元朝政府曾在景德镇设立浮梁瓷局。资源优势、技艺精巧、官方推动、民间和海外力量的涌动，共同推动景德镇成为瓷器界的执牛耳者。

相传，荷兰人曾截获一艘载满景德镇青花瓷的大船，之后将瓷器拍卖，其所得竟然可以在当地购买450幢房屋。

“将从八方来，器成天下走”，景德镇陶瓷早已成为中国的文化符号，见证了中华民族的风霜与骄傲，穿越丝绸之路，横跨万里江山。声闻九皋丝毫没有影响景德镇匠人坚守手工制瓷的初心。一代又一代瓷器的传人在它的光晕中接续前行，这是机械复制时代永远无法超越和复刻的韵律。中国文化自信就在这一釉一彩一瓶中迎来了万众瞩目的春天。在工业化大行其道的当下，景德镇仍然有许多工艺大师坚持手作，竭尽全力保留祖先遗留下的匠心和匠魂。仍然拥有全世界最为完整的手工制瓷体系，支撑千年窑火熊熊燃烧。这里有来自中外的“景漂”一族前来“朝圣”，追逐瓷器之梦。据统计，目前活跃的“景漂”人数已达3万人，相当于景德镇主城区常住人口的5%。目前，景德镇国家陶瓷文化传承创新试验区建设也在如火如荼的进行。

《捡来的瓷器史》深入浅出地介绍了瓷器史的整个发展历程，故事引人入胜，插图美不胜收，内容专业但不晦涩，是一本十分有趣的大众科普读物。涂睿明老师确实用心良苦，为我们打开了通往瓷器文化的大门。“青如天，明如镜，薄如纸，声如磬”的中国瓷器定会继续浸融中国智慧的滋养，走出更加引人瞩目的康庄大道。

参考文献：

[1] 宗白华. 美学散步 [M]. 上海：上海人民出版社，2015.

[2] 郭建晖，梁勇，龚荣生. 历史文化名城的复兴及其启示——来自景德镇的调研报告 [J]. 江西社会科学，2019，39 (03)：241-253.

（作者单位：四川大学文学与新闻学院）

《我用一生爱中国》的丰盈与崇高

◎关泽琳

2019年9月29日，百岁老人伊莎白·柯鲁克迎着和煦的秋风与锦簇的花团步入人民大会堂，在万众瞩目下领授中华人民共和国“友谊勋章”。与这个庄严时刻一同被世人铭记的，除了老人那张睿智慈祥的脸庞，还有伊莎白在中国度过的传奇人生。在华加拿大人类学家、国际共产主义战士、新中国英语教育“拓荒人”、见证并参与中华民族百年复兴的杰出女性，这些属于伊莎白的身份在过去三年来被媒体广泛热议，伊莎白也从知识界名人跃升为人人知晓的文化交流使者。谭楷先生潜心数年写就的传记《我用一生爱中国：伊莎白·柯鲁克的故事》（下文简称《我用一生爱中国》）则是伊莎白传奇人生传记中的翘楚。有别于新闻报道对伊莎白人生的“速写式”介绍，亦有别于《兴隆场》后记对其经历的平实载录，《我用一生爱中国》展露出恢宏的气概与细密肌理相结合的特质。

这是一曲“雄心”与“耐心”的合奏。说其“雄心”，主要是就文本的时空跨度与立意高度而言。谭楷在访谈中聊到，他在很早之前就发现伊莎白与他同生于华西坝，他曾经上的小学恰恰是伊莎白母亲一手创办的。他与伊莎白是名副其实的“跨越时光的邻居”。为伊莎白波澜壮阔的人生写一本书，在谭楷心中酝酿已久。然而，伊莎白的人生辗转于华西坝、北平（北京的旧称）、多伦多与伦敦，其跌宕起伏的经历形同千里还乡的奥德赛，写就这首“史诗”并非易事。怀揣着一种纯粹的信念，谭楷更是以八十岁高龄奔走于大洋东西，只身拜访伊莎白曾经走过的杂谷脑藏羌山寨、璧山兴隆场，在与近百人的交流中整理出大量史料，如实呈现了伊莎白生于华西坝、走访兴隆场、驰援十里店、献身反法西斯战争以及新中国成立后的诸种贡献。但是，单纯复述伊莎白的人生绝非谭楷志之所在。伊莎白在《兴隆场》后记中接受曹新宇教授采访时曾数次强调，她不是中国历次运动的见证者，而是参与者；不是外国的观察家，而是“中国就是我的家”。谭楷深知伊莎白的“参与者”身份，他对于伊莎白的人生如何与中华民族伟大复兴一步步走向“共进退，同呼吸”念兹在兹。通过发掘伊莎白的心灵踪迹，谭楷实际上把“伊莎白的故事”写成了一则关涉“小我”与“大我”的哲学寓言，它不仅是一本个人的评传，还是一首关于“人与时代”意义交织体的赞歌。

而所谓“耐心”，则体现在书中许多迷人的细节上。尽管谭楷为写作《我用一生爱中国》而翻山越岭、奔走驱驰，但他同时也指出这部书的诞生是集体的成果。以伊莎白与柯鲁克相爱的一章为例，谭楷坦承，由于时间久远，伊莎白对一些故事记忆模糊，这章能够写成，得益于对他们夫妇的三个儿子以及二人学生的采访，如沙海拾贝，大家一同从记忆的大海中提炼菁华。恰是这样的“记忆拼图”促成了本书的诞生。缀连这些“拼图”的工作是繁琐冗长的，但也恰是这种耐心的“人生考古”使得本书血肉丰满，有着普通报道所没有的日常诗学格调。谭楷似乎深谙新历史主义的“轶闻”之道：妇女识字班的曹红英因伊莎白的到来逐渐成长为自信的女性；柯鲁克与伊莎白烽火万里赴伦敦结婚的两位无名证人；伊莎白与白头的刘金凤生死相别后痛苦相拥，这些温情的“小历史”如萤火般点缀在伊莎白伟大的人生之侧，让人在感慨大时代之余为其曲折幽深的经历而动容。宏大视野与细腻温情的结合，使该书既有历史的深度，又让人读来甘之如饴。

气格厚实的同时还伴随着结构上的宏大。《我用一生爱中国》虽在广义上被划入“传记”范畴，但实际上却有四条相互交织的写作线索。

贯其首列的线索自然是一位加拿大在华友人的人生记录。但有别于一般的叙事，谭楷在描画伊莎白的人生时别具匠心。他不仅借助各方史料对伊莎白的经历进行戏剧化的“多视角呈现”，而且常常“代入”她的心灵，尝试以她的眼睛去凝望具有朴实之美的八什闹、凤栖窝、桃坪羌寨。同时，他还探源溯流，从伊莎白的故事推衍至一个加拿大家族在中国的六代传承，不免让人发出桑田变幻的感叹。

在回忆人生之外，《我用一生爱中国》还是一部关于中国社会百年变迁的回忆录，这是该书的第二条线索。透过伊莎白的双眼，谭楷从对民国初年到抗日战争时期的匪盗猖獗、百姓艰苦，再到解放战争时期土地改革的欣欣向荣，以及新中国成立初年外语人才极度稀缺等重大事件进行了翔实的记录。在这些翔实的记录中，谭楷选择的是“内部视角”与“外部视角”相结合的方式。他从一位生于中国、扎根于中国的普通人视角出发，对社会史进行了人民本位的述说，同时又从一种具有西方传统的异域眼光对中国的复兴予以定位和评价，在与其他国家的比较中发掘中国社会史的独特性，令人耳目一新。

在社会维度之上，谭楷还叠加了第三条写作线索：中国共产主义革命的路径。作为国际共产主义战士，伊莎白在与丈夫柯鲁克相识后深深为斯诺《红星照耀中国》的坚毅精神所打动。她开始坚信中国的沉疴不是机会主义式改良就能解决的，只有彻底的革命才能创生一个崭新的国家。“在积弊深重的中国，即使是有利于民生的一点小小的改良，都是那么艰难！如果再搞英国式的议会，让政客们争论得口沫四溅，争论个几十年，中国也难以前进半步！”这种信念使伊莎白坚定了追随中国共产党的决心。在谭楷笔下，“伊莎白的故事”也是“红色革命”的缩影。她迂回起伏而又勇往直前的人生，与中国共产党的百年奋斗是交相呼应的。而她为《人民日报》、新中国英语教育与新疆建设倾其所有，更是直接成为中国共产党百年奋斗的一分子。

值得称赞的还有谭楷的第四条写作线索，即他对伊莎白“人类学理解”的呈现，使该书潜藏着的不凡的学术意义得到一一揭示。可以说，随着《兴隆场》《十里店》等著作享誉世界，伊莎白作为人类学家的贡献备受关注。《我用一生爱中国》的价值并不在于它对“人类学家伊莎白”的史料补益，而在于它对人们理解伊莎白人类学事业的观念促进。谭楷尤为看重伊莎白将人类学看作心灵学、生命学的这个观点，他直言伊莎白的人类学是“直通心灵的学问”。通常来说，在20世纪60年代“反思人类学”出现之前，专业人类学研究一直受惠于马林诺夫斯基实证主义的“科学人类学的民族志”传统。科学人类学通过各种分析模型对异域风土进行客观的记录，这种立场后来被克利福德的“写文化”观念所反对。克利福德认为人类学写作不是从被观察的“文化文本”开始的，而是“从写作、从制作文本开始的”。并没有绝对的“异域真实”等待着科学人类学去发现，有的仅是基于特定生命体验而解释特定现象的“真诚的诗学”，科学人类学“位于历史和语言学过程之中”。按照谭楷的思路，伊莎白的人类学实践闪烁着这种富于真诚的“生命书写”。她不是在对羌族、藏族、彝族人进行静观凝视，而是在与平等的生命进行对话。知识的本身是次要的，关键在于如何“使其成为一件有生命的事物！”

《我用一生爱中国》还凸显出伊莎白人类学对于中国基层的公共介入力量。在反思浪潮中，传统人类学被批判的不止有其理性主义，还有其极具殖民特质的描述。人类学家以为自身在与异邦人对话，但实际无时不暴露发达国家对非现代野蛮世界的观戏心态与文化自傲。这样的人类学视角总是无法摆脱“他者凝视”的话语陷阱。以此来看，伊莎白的“汉学人类学”是独特的。她绝非把《兴隆场》《十里店》当成满足西方人好奇心的名利品，而是把它们看作促进中国自身进步的力量：“从1947年伊莎白走进解放区时，她就已经不仅仅是‘观察者’了，她也成了一名积极的‘参与者’。从兴隆场到十里店，她都在为改变中国农村的贫穷落后而不断贡献力量。”这种力量具有马库斯所谓的人类学应有的“责任、伦理和对他者的义务”，更具有鲜明的基层视野和人民意识。伊莎白认识到人民的崛起才能代表中国的崛起：“革命靠的并不是完美无缺的男男女女，而是那些在寻求更高的社会制度，力图创建更美好的生活的普通老百姓。”因此，她的人类学著作在描述百姓的同时，也寄托着唤醒百姓的初心，继而把人类学做成了一种具有“为人民服务”现实性的工作。

不论是生命对话还是服务人民，谭楷的落脚点实际上是在一种感性的意志力之上。哈佛大学著名的中国文学研究者王德威曾指出：“编年史之下，有一种更深刻也更活泼的历史——‘有情的历史’。超越有形的经验之上，它划定并调节人类的经验所弥散出的无限领域。”《我用一生爱中国》的功绩，就在于它在“伊莎白编年史”之下最大化激活了伊莎白人生的感性方维，把伊莎白的人生当作一首“生命之诗”来写作，引导读者与之共情。但同时要看到，谭楷对历史的诗化加工绝不是通过大段抒情的方式来呈现的。作为曾经写出“只要你站在坚实的大地上，就要面对夜空，面对星星”（《星河世界》）的青年诗人，谭楷熟知诗词的迂回之法。他把诗意埋藏在大故事的角落，或是对“佳山生命之水”“云朵之上的民族”的赞美，或是文中穿插的一些小歌谣、小寒暄，在不经意间化作暖流渗入读者心中。

《我用一生爱中国》最动人的感性力量，也许是谭楷在书中有意无意挥洒的时间艺术。他懂得时间给人的震撼力，因此在书中布满了“时间的折叠”。1990年，英国研究生罗斯深入汉源做地域调查，他惊奇地发现半世纪前已经有“外国人”踏足此地。她赶紧联系伊莎白，带着后者的访谈合照挨家挨户询问，竟被西南民族大学的马林英认出和伊莎白合影的就是她曾经的表孃！翻译家索囊仁清的女儿央宗在伊莎白执教华西时还是楚楚动人的少女，但在《我用一生爱中国》的写作期间已经是驼背的白发老人。然而，任凭精力如何衰退，伊莎白当年哼唱的那首“划呀划，划你的船”的英文儿歌在她心中始终挥之不去。谭楷惊讶地写道：“央宗尽情地唱着。在漫长的近80年的时光里，她多少次面对着寂静的雪峰高山轻轻地哼着，多少次仰望着银河星空悄悄地哼唱，多少次醒来唱、梦里唱、水边唱、山间唱，从梳辫的小姑娘唱成了驼背的老奶奶，竟然没有遗忘一句词，竟然没有唱错一个音符！”

最让人热泪盈眶的还属《回到童年》一章中伊莎白坐着轮椅回到阔别半世纪的成都。“CS学校”（英文名Canadian

School in west Chian的简称）熟悉的泥土气息与楼宇构造，让记忆在她脑海中一帧帧闪回，时间恍如静止，回到曾经的梦幻之时。她再一次穿过金黄色的油菜花海洋，去都江堰参加放水节，闻到“打牙祭”时蒜苗回锅肉和麻婆豆腐的鲜香，聆听校长黄思礼讲解王维的诗、校长夫人黄素芳整段地背诵莎士比亚戏剧的精彩对话。她深邃的双眼布满沧桑与安然，时间的厚重令人潸然泪下。李白在《拟古》中有云：“生者为过客，死者为归人。天地一逆旅，同悲万古尘。”事实上，人类在很多时候为之落泪的并不是时间的飞逝，而是人与时间的对立，是渺小自我对浩瀚时空的负隅顽抗。对抗时空的人性是无力却又执着的，但恰是这种不可为而为之的坚毅，使人在有限性中偶尔闪动着超越时空的光辉。因此，时间的流逝固然引发悲怆，但真正赋予时间感动力的，是人对时间的升华。《我用一生爱中国》的时间艺术就在于此，它隐含着一种高尚灵魂超越时空的人文情怀。

恢宏叙事配合着诗意笔调，伊莎白的人生画卷在谭楷笔下徐徐展开，给人以丰盈之美。但正如前文提到的，人生的波澜壮阔是谭楷写作的出发点，却绝非他的终点，也绝非“伊莎白故事”的底色。伊莎白人生的丰盈，源自时代的赠予，更源于她对时代的奉献。《我用一生爱中国》的诗意，也因奉献的母题而自有其庄严与崇高。伊莎白在《十里店》中曾写道：“我们把十里店及其附近村庄看成一条小溪，那么，整个解放区就是一条大河。大河之水被土地改革所释放，便开始奔腾不息，它流向何处，土地改革就伴随到何处。”伊莎白自己的人生何尝不是如此？为撰写民族志而走遍雪山峡谷、为编写英语教材而昼夜不分地用“高粱秆钢笔”写作、慷慨以高龄之身为改革开放建设“再次选择中国”——她的一生就是把热血挥洒在中华民族复兴奔腾长流中的一生。

从这个意义上说，“时间的折叠”并不是《我用一生爱中国》的时间艺术全貌，它还蕴涵着更深刻的时间寓言：这婉转推进的百年，是伊莎白从青春走向暮年的百年，却是中国从垂危走向新生的百年。这是“融小我于大我”的真实案例。往宏观看，对伊莎白的生命来说，“大我”不止意味着她深爱的中国，还意味着对不同文明相互关爱、相互包容的美好夙愿。就如序言中伊莎白指出的，那份沉甸甸的“友谊勋章”属于所有与中国人民同甘共苦的国际友人，属于发生于其间的无数奉献故事。暮年的伊莎白在与儿孙的交谈中总爱说：“我真应该好好感谢我的父母，是他们把我生在中国！”伊莎白永远以生于中国为幸，那些热爱中国、以中外友好交流为志业的可爱的人们，想必也以拥有伊莎白为幸。

（作者单位：四川大学）

对于中国传统绘画中屏风这一物象的艺术技巧及暗含的中国式雅趣的思考

◎崔奥

中国的传统文化是我国持续发展并走向伟大复兴的不竭源泉，对我国多领域的建设有着不可忽视的积极作用。讲好中国故事、传播好中国声音，首先的基础工作是阅读中国。本篇书评旨在以《重屏：中国绘画中的媒材与再现》一书为依据去探索中国传统绘画艺术，了解中国文化，从中体悟中国人特有的审美情操、道德观念、价值取向，展现中国的传统魅力。

同样的画卷展现在不同人的面前，每个人对画卷的理解和诠释是不尽相同的，但是作者在创作画卷时通过不同物象的组合、空间结构的搭建以及技巧手法想带给观赏者的情感体验，一定会以画面这一最直观的形式展现并为观赏者所捕捉到。所以，想要体验到中国传统绘画中的暗示与隐喻，就要回溯到画面创作的背景环境、画面创作的过程以及画面初始的欣赏形式这三个环节当中。

以《韩熙载夜宴图》为例，我们可以通过大量的史料或者历史上学者的研究资料去了解这幅驰名中外的杰作，但是仅依赖文本去了解它，得到的结果往往是片面的。正如巫鸿所说："它们既为我们提供进入绘画本身的入口，同时又把这个入口阻塞。它们包含了有用的信息和判断，因之可以被看作是我们了解这幅画的桥梁。然而也正由于常常从这些信息和判断中获益，我们反而变得墨守成规，难以用新的眼光去审视绘画本身。毋庸置疑，任何文本都不会自动代表历史的真相。"所以在这里，我不去赘述文本或者题跋当中对这幅画作的评价与描述，仅从有限的几个角度，简要地阐明一下我个人的观点。

在这幅画作中，屏风作为一个不同于其他景物的景物，恰当地出现在了不恰当的位置，将整个画面切割成数段。无论将屏风单独置于哪一段，它都会是一个突兀的存在，因为被单独放置的不仅是屏风本身，还有屏风周围所涵盖的细节：一位女子正从屏风后探出身来，窥视前面的宴会。我们也看到，用以划分四段场景的每一扇屏风都和下一段场景中的人物微妙地交叠在一起。尤为明显的是最后两段场景之间的那位女子，她正隔着一扇屏风和一个男人说话。她指着相反的方向，好像在示意他到后面去。屏风和它周围的细节在创作之时就已然不具备单独成画的能力了。这样的画面片段不具备表达的能力，更像是一种指导、一个带有指向性的路标，其目的不在于其本身，而在于其所指向的事物。如果路标所想要指向的事物消失了，那么它表达的内容也就消失殆尽了，表达也就不复存在了。这也就是屏风可以作为一个与众不同的景物的原因。在画面中，尽管它以景物的形式存在，但是它所表达的内涵却是其他景物不具备的。

在《韩熙载夜宴图》中，分布着许多场景，在这里，姑且把这些场景称作道路。身为观察者的我们投入这些场景中，也就是说行走在这些道路上时，本应连贯的道路被突兀出现的具有唯一指向性的路标分割开了。完整的道路被路标分成了段，或是说多段的道路被路标连接到了一起，但出于有意，连接的痕迹被保留了下来。屏风正是起到了这样的效用：它区分了不同的场景，与之同时又连接起了不同的场景。这些不同的场景跨越了时间，随机分布在时间的竖轴上，屏风作为超越时间的景物，通过空间上的延伸，使得原本孤立的场景连贯、生动了起来。从整体上看，画面没有因为屏风突兀地出现而有一丝不和谐，甚至可以说整幅画作中时间跨度上的不和谐正是被巧妙地隐含在了屏风的“不恰当”之中。创作者正是利用这其中的不恰当，与观察者“直接”对话，告诉观察者画面中的景物想要表现的是什么；同时，这种不恰当也能激起观察者对于所指向部分的兴趣。

在西方绘画当中，很难在一幅画作中“写实”地表现出时间上的变化：同一个人物不可能同时出现在画面的两侧，否则就会带来难以弥补的割裂感。这也是美术史中将一幅画看作单一整体的根深蒂固的传统惯例，是由西方绘画中的绘画载体所决定的，难以单纯地以画面的形式去解决。在中国的传统绘画中，如果我们以手卷这种媒材来看待《韩熙载夜宴图》呢？“以正确的方式观看手卷，它所展现的是由多幅画面组成的连续图像，而不是只有一个画面的独幅画。”尽管在手卷这一媒材中，画的整体性被片段化所取代，但与此同时随着手卷的展开，每一个片段都是在动态变化着的。也就是说，手卷中画面的片段化并不是孤立的，每个片段之间具有内在的连续性，并且这种内在的连续性借以屏风这一景物具象地展现了出来。当观察者舒展手卷时，更像是在转动时间轴。当一个空间被完整地展示之后，观察者可以选择回到上一条时间线去回味其中的妙处，也可以进入到下一条时间线中去满足自己对于未知的好奇心。在这数条时间线的变动中，屏风这一物象于创作之初就被赋予了完整场景构建的意义，并且在使用手卷这一媒材欣赏画作的过程中，屏风还参与了整幅手卷的构造，承担着时间轴中关键帧的重要职责，使得场景连贯生动起来。

我们不难发现，在中国传统绘画当中，屏风这一物象同时发挥着两个难以忽视的作用：一是作为分割画面的路标；二是作为结合画面的关键帧。分割与结合这两个相互矛盾对立的概念，在屏风这一物象上被统一了起来，尤其体现在手卷作为绘画媒材的时候。这一独特的艺术技巧，先将完整的画面分隔开，再将分割的画面有机结合起来，最终构成了超越原本画面的更高层次的杰作。这不仅是艺术领域的一项伟大创举，同时也暗含了中国传统文化中的深刻哲学思考。

其实，在中国传统绘画当中创作者乐于展现的以及观察者最容易察觉到的是创作者基于创作原型想要表达的自己内心的情感体验，也就是一种自发的中国式雅趣。

在这里仍以手卷这一媒材、屏风这一物象进行浅要地剖析。在中国的传统绘画中，画中的人物是处在自己的时空当中的，并不与观察者相干涉，这与西方绘画中直面观察者的肖像画有着很明显的区别。中国的创作者往往以第三者视角，或是说一种带有窥探意味的视角来呈现画面，观看的权力被掌握在观察者的手中。观察者可以通过手卷来调整自己与画中人物的距离，根据自己的喜好改变场景中的人物数量，随意地拨动画面中的时间轴来获得观看体验，并且在观看的任意时刻都不必担心被画中的人物直视（察觉到）。这种形式保证了窥探者的私人需求，不停移动的画面也能潜在地实现窥探者的欲望——“渴望看到接下去会发生什么，看到事件的不断展开”。观察者和场景之间的区分很明确：所画人物都深深沉浸在他们自己的行为中，决不把他们的视线投向观察者，因此也默许了一双“隐秘之眼”的观看，自顾自地进行着无声的表演。

在观察者舒展手卷的过程中，屏风原本表现出的分割功能自然地转化成了连接两个场景的功能。根据观察者的意愿，这两种功能的相互转化是随时且任意的。在这一情景下，观察者不仅是肆无忌惮的窥视者，还能成为主观能动地掌握了画中空间与时间变化的大他者的存在。这种特殊的情感体验和中国传统园林在遮蔽式布局中却显“曲径通幽”的雅趣相似。创作者在创作过程中有意地为观察者增添了许多直接观看画面的障碍，同时又赋予了观察者在欣赏过程中极大的自主权。这种欲说还休式的设计，不仅大大激发了观察者的兴趣，而且还再现了画面创作原型的真实环境，营造出了使观察者身临其境的真实氛围。

这种有意创造的不存在于真实世界中的视觉体验，故意让观察者意识到画面场景的不真实，恰恰完美地再现了创作者亲身经历时的真实感受。这种中国式的雅趣正是利用了画面上的不真实，而反映出情感体验上的绝对真实，这也恰恰是观察者所期待看到的。

这种细腻而隐晦的绘画技巧其实也是中国文化中庸之道的一种艺术化表现。通过委婉含蓄的表达，让他人体会到自己内心深处的真实想法；通过迂回的非直接手段，最终达到自己所期待的艺术目的。这一点几乎可以说是独属于东方人、独属于中国人的情感表达方式，是真正的中国式雅趣。

最后，通过上述对中国传统绘画中以屏风这一典型物象为代表的艺术技巧和暗含的中国式雅趣的剖析，我们完全可以得出这样的结论：在中国的传统文化中正蕴含着无数值得中国人去发掘的宝贵精神财富。中国式的现代化归根结底是要在中国这片广袤的土地上开花结果的。因此，我们不但要学习先进的经验，还要了解我们世代生活的这片土地，只有这样中国式的现代化才能稳步推进，反过来现代化的中国也能为中华传统文化的传承与发展带来新的机遇。新时代的青年在探索中国未来的道路上，一定能秉持着中国人特有的审美情操、道德观念、价值取向，向全世界展现中国特有的魅力。

（作者单位：西南民族大学）

“应试教育”的“孤儿”

——评科幻小说《火星孤儿》

◎黄子宸

《火星孤儿》是刘洋在2018年出版的一部科幻小说，不同于其他科幻类作品，这部小说在“科幻”的语境下，关注的却是应试教育这一现实题材。

故事的背景，是人类已经开始在外太空有了新的“家园”，就连学校也已经在卫星轨道上驻扎，学生们的学习环境也“流浪”于地球之外，从而制造出地球家园和外太空校园这两个既相互关联、又相互疏离的空间叙事场景。

全书的两条故事线正是围绕着这两个叙事场景展开的。

在外太空，卫星同步轨道上的近腾中学里，高中生深受应试教育之苦：学校按每次考试的排名赋予年级前十名的学生各种特权；食堂的“饭卡”不需要父母交费，每个学生的“饭卡”里存储的金额都是用每次的考试分数获取，食堂内饭菜的“价格”也都是考试分数；学校实时监测学生专注度，并给学生佩戴分神时可以进行电击的“项圈”；把开小差的学生关进负分贝“小黑屋”等。作者通过科幻的极致想象，把现实中应试教育的各种手段发挥到极致，让人在直呼“过分”的同时，也倍感压抑和无助。直到一个名叫叶文的学生带领学校里备受“压迫”的同学们一起反抗学校，历尽波折后学校种种劣迹得以曝光，直至近腾中学消失。

在地球，本该是人类“母星”的世界也不太平：由于受到二维宇宙生物的侵扰，各大城市纷纷断电，大面积火灾和涝灾接踵而至，地球早已被各处的火灾燃烧成了“火星”，几近毁灭。叶文和他的朋友们惊奇地发现，他们已经成为被地球这个“火星”所遗弃的“孤儿”。这时，全书对“火星”和“孤儿”这两个意象的隐喻才逐渐明朗起来，不论在地球还是出离这个星球的外太空，只要被应试教育“异化”，我们的孩子就始终是一种孤独的存在。

小说一经出版，就引起了一定的社会反响，特别是在有升学压力的中小学生中引起了广泛共鸣，究其原因是对当下一些地方积弊难除的应试教育具有极强的讽刺意义。小说所说的“孤儿”显然不是真正意义上无依无靠的孤儿，在笔者看来，“孤儿”至少有两层含义：一个是指作为“人”的个体的孤儿，另一个是指作为“社会”的群体意识的孤儿。作为个体，那些在近腾中学里接受了极端应试教育的人早已被深深的孤独感所笼罩，甚至丧失了些许人类应有的、生动的情感，他们与这个社会、这个世界的极大疏离感让他们逐渐成为“孤儿”。

作为群体，在同步轨道上的空间站里，他们与世界失去了联系，他们所学习的知识经过了巨大的异化，其社会价值和人生意义已经所剩无几。他们或许是少数人所吹捧的“成功者”，但实际上他们更像是一个个考试机器，除了考试其他一窍不通。试想，假如我们的国家、我们的社会被这样的考试机器充满时，我们的学生也就成了与世界脱节的“孤儿”。

从文学意义上来看，科幻小说虽然采用的是幻想的形式，但必须观照现实，与现实层面的生活密切相关。金涛认为，虽然科幻小说的时空观念超出了普通小说的限制，但“这一切都不过是现实生活的反映，虽然这种反映可以说是变形了的”。因此，这部《火星孤儿》的关注点，可以说是与我们这个时代症候息息相关的，也击中了当下社会对应试教育密切关注的痛点，以科幻的艺术形式探讨“国民教育”这一严肃宏大的主题，启发读者反思当下，展望未来，具有深广的文化价值。

（作者单位：成都七中高新校区）

在《西游记》中参悟人性

◎［越南］阮氏红心

《西游记》是中国一部伟大的文学名著，也是我最喜欢的书之一。因为我学习的专业是中国哲学，所以我对作品中人物形象和细节所传递出的深刻的哲理感到特别着迷。在我看来，《西游记》不仅是一部文学作品，更是一部深刻的哲学著作。其作者吴承恩结合儒、释、道三家的思想，通过暗喻和暗示的手法探讨了很多中国文化和宗教的议题。那么，如何从精彩的故事进入对哲学意义的探讨之中呢？下面是我的一些理解。

在文学研究中，分析人物形象是理解一部作品意义的关键，也是挖掘作品深层含义的基础。因此，我想以《西游记》中的人物形象为起点来探讨整部作品。众所周知，《西游记》讲述了唐僧和他的三位弟子历经八十一种磨难，前往西天取经的故事。如果能扒开故事诡谲奇妙的外衣，我们就能看到四位主角各自不同的性格和特点，也分别代表了人性的四个方面。

第一，唐僧代表了人的本心。人的本心就是慈悲之心。唐僧历经艰难，求取真经的目的是解救众生，助天下生灵脱离苦海。这正是慈悲之心。其实我们每个人都具有慈悲的本心，只是有时候因俗世纷扰而忘记了本心。佛经中的颂词说“身是菩提树，心如明镜台。时时勤拂拭，勿使惹尘埃”，正是要告诉我们，要经常打扫自己的内心，不要让纷繁复杂的外部世界使我们的本心蒙尘。

第二，孙悟空代表了人的心智。孙悟空的“七十二变”，不就正对应了佛经上的“心有七十二相”吗？人心是善变的，一瞬间就可以变幻各种各样的心境。同时，人心往往还是复杂的，容易失控，总是躁动不安，有时甚至分不清善恶。《西游记》中讲到，为了降服孙悟空，观世音菩萨给了唐僧金箍圈，此情节则是受到了中国儒家“克己修心”观点的影响。

第三，猪八戒的形象代表了人的欲望。这一人物不仅以“半猪半人”的形象出现，还兼具了凡人的各种欲望，如懒惰、贪吃、贪财、嫉妒。在漫漫取经路上，每次遇到大大小小的挫折和困难时，猪八戒都是最先要求放弃的人，随时准备半途而废。也正是因为这些欲望，他总是遭遇很多麻烦和危险，并因此不能完全发挥出自己的神通。通过这个人物形象，我们可以了解到如果不知道如何克服欲念，就很难取得伟大的成果。

第四，沙和尚象征了人的意志。成为唐僧弟子后，沙和尚一改往日的暴戾恣睢，成了一个吃苦耐劳的老好人。他天天牵着马，担着行李，任劳任怨，可说是唐僧最诚实质朴的弟子，始终坚定地跟随师父一路西行。沙和尚又名沙悟净，这个名字很有意思。“净”是想要清净，要让自己的心思纯净，才能拥有强有力的意志，并支撑自己在漫漫取经路上持之以恒。

我已经忘了自己读过多少次《西游记》，但每读一次，我的理解就会更深一层。透过这些人物形象，我对自己的生活和追求有了更加清晰的认识。

（作者单位：四川大学）

《小桔灯》短评

◎［韩国］郑豫鄰

《小桔灯》是冰心于1957年在《中国少年报》上发表的一篇散文，讲述了她在乡下遇到一个小姑娘的故事。散文文笔细腻，环境描述细致，人物刻画精细，让我们随着冰心的视角重现她与小姑娘相遇交流的情景。

那是1945年，小姑娘的生活环境让人揪心。她家阴暗寒冷，父亲不知所踪，母亲卧病在床，无论怎么看，都找不到一点可以让人乐观的因素。但文章里的小姑娘却在这样恶劣的环境下，依旧坚强乐观，甚至反而过来安慰心疼她的“我”，给“我”做了一个小桔子灯，照亮回家的路。

女孩阴暗的生活环境与她乐观向上的精神形成了鲜明的对比，让我不觉由小观大：一个小女孩都可以在如此的环境中依旧乐观坚强，更何况数亿中国人民呢？冰心用一个女孩的强大，展现了中国人民的强大。

一篇好的文章，并不是要用多么优美的词汇去拼凑，而是要通过文字引发大家的思考。通过冰心对环境的描写，我仿佛看到了在战火侵袭下的世界，脏脏的，乱乱的，仿佛看不到尽头的黑暗；通过冰心对小女孩的细节描写，我又仿佛看到了在战火中的中国人民，吃不饱，穿不暖，却依旧满怀乐观与希望。

这篇文章就没有悲观的地方吗？我认为是有的。在战火侵袭下的大人，身残体弱，战战兢兢，全文虽然没有写出死亡，但却处处都让人感受到死亡的气息，读者屏住呼吸，生怕泯灭掉小女孩的希望。

小女孩在本文中代表着希望，她镇静、勇敢、乐观，用冰心的话说："会让人觉得眼前有着无限光明。"

这篇散文无论是对环境的描写，还是对人物的刻画，都是极为细腻的。文字有着电影的质感，让人在阅读时眼前不断闪现出文中描述的场景与模样；同时也不会限制你的想象，让你在冰心用文字刻画出的世界中穿梭。结局是开放式的：她的父亲是否归来？她的母亲是否痊愈？她是否依旧勇敢乐观？冰心并未给出答案。

（作者单位：四川大学海外教育学院）

一位充满激情的诗人叫苏轼

◎［哥伦比亚］蓝冬少

我阅读的书是《苏轼诗词选》，作者是周裕锴、李熙、李栋辉。这本书不仅包括关于苏轼的简短传记，还包含许多受中国传统文化和自然环境启发的迷人诗歌，让我们有机会了解苏轼的一生以及欣赏他表达对祖国热爱的杰作。

首先，让我谈谈苏轼。苏轼是中国历史上的著名诗人，他的诗歌反映了中国文化的精髓，不仅描绘了美丽的自然风景，而且还表达了对人生和社会的深刻思考；不仅为读者带来了美的享受，还能引导读者去思考人生和社会的本质。

他在诗歌中融入了中国古代的哲学思想和文化元素，描绘了中国传统文化中的山水风光，表达了对中国传统文化的敬仰之情。同样重要的是，苏轼的诗歌不仅在文学上具有深远的影响，而且对当时的政治和社会变革也产生了深远的影响。

苏轼的诗歌不仅是中国古代文学的瑰宝，而且对当代读者仍具有启发性和指导性。通过阅读和研究苏轼的诗歌，我们可以更深入地了解中国传统文化和历史。

其中，苏轼的《饮湖上初晴后雨》和《题西林壁》是中国古代文学中的杰作，通过这两首诗也表达了他对人生、社会和历史的深刻思考。这些思考不仅反映了他所处时代的社会和文化现实，也对当代读者具有启发性和指导性。这两首诗凸显了苏轼丰富的诗歌才华和对中国传统文化、景观与自然的深刻理解。

让我们先来看《饮湖上初晴后雨》，这首诗描述了在湖上游玩时，天气变化的景象，以及人们对这种变化的不同反应。诗人通过描绘天气变化表达了自己的人生态度，即对生活中的喜怒哀乐应该持有坚定的心态。他提醒读者，在不幸的时候保持淡定，在幸运的时候不要骄傲，因为人生是短暂和不可预测的。因此，苏轼的诗歌不仅是中国古代文学的瑰宝，而且是中华文化的重要组成部分。这是因为在诗的前三部分他描述了在下雨天的湖边喝茶或饮酒时的自然景观，然后在第四部分他强调并用比喻来解释湖面看起来像窈窕淑女的最佳状态，在最后一部分，他继续使用这个比喻说“她虽然穿着朴素但也是最华丽的景观”。所以，在我看来，作者将大自然称为一位精致、脆弱和美丽的女士，她就是美丽的自然，她的魅力让我们爱上了她。

《题西林壁》也是一首非常优秀的诗篇。这首诗描绘了山林中的壮丽景象，并表达了诗人对自然的崇敬之情。诗人通过描绘自然的美景来表达对自然的敬畏，并呼吁人们要更细致地欣赏我们周围美丽的自然景观，尊重和钦佩大自然，它就像一件杰作一样。

（作者单位：四川大学，指导教师：邓亚男）

中国公共卫生现代化的先行者

——读陈志潜《中国农村的医学——我的回忆》

◎谈知辰

民惟邦本，本固邦宁。 ——《尚书》

医学的最终目的和真正价值在于她的实践意义。

——陈志潜

一、影响世界的中国公共卫生之父

公共卫生是旨在预防疾病、延长寿命并促进健康的公共事业。公共卫生关系到广大人民群众的长久健康，习近平总书记指出："只有构建起强大的公共卫生体系，健全预警响应机制，全面提升防控和救治能力，织密防护网、筑牢筑实隔离墙，才能切实为维护人民健康提供有力保障。"公共卫生现代化是我国卫生健康现代化的重要组成部分。如同其他领域一样，我国公共卫生现代化同样经历了曲折的探索历程。

100多年前，有一位青年从四川走向世界，率先探索了有中国特色的公共卫生模式，成为一名有世界影响力的公共卫生科学家。他开创的“定县模式”，成为我国基层公共卫生服务的模板；他提出的“初级卫生保健”理念，如今已被全世界接受；他扎根乡土、无私奉献的精神，依然被公共卫生工作者传承。他就是“中国公共卫生之父”、四川大学著名教授陈志潜先生。

《中国农村的医学——我的回忆》（*Medicine in Rural China：A Personal Account*）是陈志潜晚年撰写的回忆录，最初以英文写成，中文版由端木彬如等人翻译，1998年由四川人民出版社出版。全书除绪论外，分为“解放前的中国”“解放后的中国”“交流见识”三部分，共七章。陈志潜一生致力于“在占总人口80%的中国农村传播现代医学”。在这本回忆录中，他以严谨又深情的笔触，回顾了自己一生的探索之旅。该书资料翔实，论述有力，既有对我国过去医疗状况的详细描绘，又有对我国卫生与健康事业的精妙洞见。该书不仅是陈志潜个人的奋斗记录，而且是中国人民探索公共卫生现代化历程的缩影。

习近平总书记强调，“一切向前走，都不能忘记走过的路；走得再远、走到再光辉的未来，也不能忘记走过的过去”。在建设健康中国的今天，阅读陈志潜先生的回忆录，了解先生的人生经历，感悟先生高尚的人格，学习先生公共卫生理念，具有重要意义。

接下来，我将结合对回忆录和其他材料的阅读，谈谈我对于陈志潜先生的人生旅途和他对公共卫生现代化探索的理解。最后，作为青年学子，我将讲述阅读这本回忆录所获得的人生启示。

二、从追梦少年到协和博士

1903年，陈志潜出生于成都市双流区的一户人家。

那时的中国战事不断，医疗条件极差。陈志潜回忆道："在我幼年时，除了父亲和他的弟弟以外，家中每个人都在我的童年时逝去。"传统医学没有挽救亲人的生命，这让陈志潜感到仅用传统医学治病是不足的。

14岁时，继母罹患重病。中医治疗数月无果，陈志潜陪她前往领事馆附设的诊所，寻求西医救治。诊所内器械精巧，环境整洁，检查仔细，疗效显著，给这位少年留下深刻的印象。他暗暗立志：一定要学会最先进的医术，以帮助百姓。

北京协和医学院是当时我国最好的医学院校，以英文教学。14岁的陈志潜给北京协和医学院老师写了英文咨询信。不久，老师回信，他费力翻阅英文词典才能勉强读懂。老师表示，北京协和医学院以全英文教学，就信中所反映的英语水平看，陈志潜恐怕难以进入。但这位少年并没有气馁，他每周都找教会老师补习英语，立志要过语言关。经过三年不懈的努力，这位四川娃子最终以第一名的成绩被北京协和医学院录取。

北京协和医学院实行淘汰制，高手如林。陈志潜连续三年争得预科奖学金，于1924年升入医学本科。林巧稚、荣独山等都是他的同班同学。然而，本科的学费成了一个大难题，陈志潜一度想转到化学部，以减少花费。幸运的是，他的老师为他争取到了剩余学年的奖学金。

“器大者声必闳，志高者意必远。”这位来自四川的追梦少年胸怀大志，他不惧艰险，越挫越勇。作为青年学子，如今我们的学习条件远远优于先生，有什么理由不更加精进呢？

三、脱掉“白大褂”，换上“灰长衫”

1925年，“五卅惨案”震动华夏，打破了陈志潜平静的学习生活。

陈志潜和心怀救国理想的同学们开始思考：医学生能够为这个满目疮痍的国家做点什么？1926年，陈志潜和同学们创办了《丙寅医学周刊》，试图普及科学卫生知识、提升民族健康素质。当时中国的卫生设施多局限在大城市，民众缺乏医学常识，流行病肆虐。陈志潜认识到，应该加强医学知识在人民中的普及，而不是仅仅把医学限于治疗上。

当时，舆论界的中医和西医之争十分剧烈。陈志潜反对从地域上对医学进行划分，而是要注意到医学中的现代和古代之分。他认为，问题不在“判别东方和西方之间事物的价值”，而在于“运用科学的医学知识使我国人民受益”。他肯定了我国传统医学的价值，也指出现代医学并没有达到完善的阶段。为此，他提出了“建立中国药物学的研究机构和传统医学的学术机构”等一系列建议。可见，陈志潜既不盲从他人，也不故步自封，而是以实事求是的精神，探索中国特色的卫生健康现代化，尤其是公共卫生的现代化。

陈志潜强调，公共卫生现代化需要注重中国国情。当时的西方医学界重视新技术的突破和先进科学的研究。但是，当时中国的现实是人民连基本的健康保障条件都没有，每一次瘟疫都会夺取成千上万人的性命。立足当时中国国情的重点，就是要重点关注人数占总人口一半以上的农民。当时“城市中有成千上万的医生，但在北方农村有40%的农民没有任何医疗设施”。陈志潜判断，只要有现代化的医学力量，“农民中80%以上的死亡是可以避免的”。

1929年，临近毕业的陈志潜面临着职业选择，他本计划前往北京协和医学院附属医院做皮肤病医生，与老师兰安生的谈话改变了他的想法。兰安生告诉他，临床医生面对病人，就如同面对森林中的一棵树；而公共卫生的任务，则是要保护一大片森林。陈志潜被深深触动了，在老师的引荐下，前往晓庄师范学校担任乡村卫生试验区主任。他同新婚妻子开设卫生所，编写《卫生教育讲义》，给农民打疫苗。就这样，他脱掉了城里的“白大褂”，穿上了“灰长衫”，正式走上了探索中国公共卫生现代化的道路。

陈志潜的职业选择反映了他的医学观："医学的最终目的和真正价值在于她的实践意义。"换言之，医学应当为最广大人民的健康服务，而不是为了理论研究服务，更不能为了少数人民服务。针对当时有些年轻医学生留学归国后选择开私人诊所，服务于少数人，他曾批评道："他们没有试图把国外学到的知识来适合我国国情……特别是他们没有感到有责任用恰当的方式来教育青年人。"在他看来，公共卫生是一门重视实践的学科。他指出："公共卫生学的研究应解决现实问题，不是研究理论问题。理论性的研究是属于其他部门的事，不应属于公共卫生学。"始终以人民群众的根本利益为重，这便是陈志潜先生内心深处的行医原则。

"民惟邦本，本固邦宁。"正如陈志潜所言，学术研究从来不是书斋中的幻想，它总是需要关乎国家发展和民族命运。作为新时代的大学生，我们的学习和科研不能脱离人民的需要，也不能和国家发展大势脱节。

四、立足国情的定县模式

1931年，"九一八"事变爆发，本在国外进修的陈志潜立即回国。

这时的陈志潜不再是刚毕业的大学生，有了晓庄实践的经验，再加上国外进修的经历，他对于如何把先进医学和中国乡土结合起来，有了更为深刻的理解。1932年年初，还是经兰安生推介，陈志潜前往河北定县继续从事基层公共卫生的建设。

定县位于北京城北160公里。当时该县人年均收入50元，医药费约3角；只有一半的村庄有小药铺和少数中医；县城有两位现代医生，但未接受过医学训练；平均死亡率每年达35‰，婴儿死亡率更高。这就是陈志潜面临的现实，陈志潜思考着，究竟怎样才能用大家能承担起的价格，让每一位农民都享受医疗保健?

他决定培训村民，让他们担任村保健员，从事预防疾病的宣传，负责种痘并对村里出生、死亡情况进行登记。同时，他们还负责井水消毒、厕所改良，因为改善居住环境是减少疾病的基础。在村保健员之上，定县设立乡保健所和县保健院。那些村保健员无法处理的病人，需要及时转运到乡保健所和县保健院。

一张“村保健员—乡保健所—县保健院”的三级卫生网就这样在定县形成了。这个卫生网不仅经济（每人每年仅一角钱），而且有效。20世纪30年代，天花肆虐中国，但是定县却安然无恙；而1934年华北暴发霍乱，定县只有少数病例，并且都得到了治疗。陈志潜的公共卫生方案在定县取得了巨大成功，挽救了数以万计人民的生命。

“定县模式”无疑是立足于我国国情的。陈志潜在担任《丙寅医学周刊》主笔时便认识到，农民在医疗上面临的不利包括：（1）医疗设施极少；（2）正规医疗费用高；（3）缺乏卫生常识；（4）流行病肆虐。陈志潜通过培训村民的方式，增强了村民的卫生常识，也避免了吸引不到外来医生的困境。三层分级治疗模式，不仅可以增加医疗资源的利用效率，而且可以在基层医疗单位和大医院间形成良性互动。这一整套方案集中了医疗资金，优化了医疗资源分配，有效地压缩了人均医疗成本。鉴于定县的情况在我国具有典型性，因此这一模式具有广泛的适用性。

定县卫生网络是世界上“第一个系统的农村卫生组织”，是公共卫生的范本，影响深远。我国后来的农村三级保健网和“赤脚医生”制度受到了它的启发，并且这一“全面的初级卫生保健”理念，还被写入1977年的WHO（世界卫生组织）的宣言之中，并且被全世界认可。此外，定县试验区作为一个培训基地，来自世界公共卫生领域的一大批人才曾前来学习考察，如世界卫生组织第一任主席斯坦帕等。兰安生在第二次世界大战后在欧洲实践了“定县模式”，发现这一模式背后的基本原则同样适用于欧洲发达国家。菲律宾的公共卫生同行同样认为，定县模式经过了时间的考验，不仅具有重大的理论和实践意义，而且事实上能被众多国家所采用。

“安得广厦千万间，大庇天下寒士俱欢颜。”陈志潜先生有着极其深厚的奉献为民的情怀，他开创的科学事业，成为后世公共卫生的范本。作为百年后的青年人，我们也需要自觉主动以人民为立场，取得更大的进步。

五、扎根川渝，惠及世界

1937年，日寇的铁蹄踏破华北。陈志潜在定县的实践工作被迫结束。

几经辗转，陈志潜回到了四川。相比于陈志潜少年时代，当时成都的卫生条件有所好转，但仍无公共卫生机构和公立医院。这令陈志潜忧心忡忡。他多方奔走，筹集资金，延请人才，与同仁们一道，从零起步建设四川公共卫生事业。在担任四川省卫生处处长时，他创办了多所医学院（如四川省传染病医院、四川省妇幼保健院），并在四川境内建立了80多个县卫生院。他的努力取得丰硕成果，以妇幼保健工作为例，成都市的“婴儿死亡率亦由千分之一五四降至千分之七三”。

抗战结束后，他出任省立医院（后来的成都市第三人民医院）第一任院长，并且在严重的通货膨胀下，创办了重庆大学医学院。陈志潜意图把重庆大学医学院打造成具有国家级水平的医学院，为此做了大量工作。解放后，这所医学院与华西协和大学一道组成“四川医学院”，即今天四川大学华西医学中心。

中华人民共和国成立后，陈志潜长期担任四川医学院公共卫生系教授，为我国的公共卫生现代化事业培养了一大批人才。他曾带领学生跋涉20余天，从重庆到云南芒市开展为期半年的实习，旨在向学生展现公共卫生现代化的重要性与复杂性。他的学生回忆道，这次实习“使我们更深地了解了贫穷农民的疾苦和农村、边远地区对医疗保健的迫切需求，对为什么人服务的问题、对建立中国基层卫生组织网的重要性有了较深刻的认识”。

改革开放后，陈志潜前往美国访问，他为我国七所高校争取到了洛克菲勒基金会的支持，有近300名教师因此受益，赴美进修。1989年，陈志潜出版了这本回忆录的英文版本。这本书和他创立的“定县模式”一道，成为世界公共卫生科学的宝贵财富，至今依然被人们讨论。联合国儿童基金会执行主任格兰特评价陈志潜：“陈志潜致力于卫生工作50多年，对世界卫生工作做出了不可估量的贡献，这些贡献至今仍在促进着中国人民健康及康乐的发展，同时也在相当程度地改善着世界其他发展中国家人民的健康和康乐。”

晚年的陈志潜依然坚定不移地推动中国特色的公共卫生现代化。在美国访问期间，他发现美国同行重视研究而轻视实践，他直言不讳地批判：“我熟悉的那些公共卫生学院关心理论知识和科学研究，似乎胜过关心一般人群谋利益的知识的实际应用。遗憾的是，几十年来西方的公共卫生学教授似乎也只是鼓励研究生走同一条道路。”他始终希望国内公共卫生界能立足国情，为最广大的人民群众服务。在82岁高龄时，他依然亲赴什邡县（今称什邡市）做农村卫生调查，并对基层公共卫生工作者开展培训。在89岁高龄时，他注意到，医学院依然存在重城市而轻农村的现象，为此他忧心忡忡，撰文指出医疗卫生事业是“农村社会发展的重要组成部分，是改变农村面貌的保证”，呼吁更多的人做出榜样。在95岁高龄时，他依然在写文章时强调“公共卫生学的研究必须是结合实际的研究”，呼吁公共卫生学教师要来自多个学科背景，要“有亲自在社会上做公共卫生工作的实际经验”，这样才能引导学生解决社会实际问题。他探索中国特色公共卫生体系的努力，直到2000年逝世才画上句号。

“君子素其位而行，不愿乎其外。”时局的动荡与人生的风浪，都没有改变陈志潜先生矢志不渝为公共卫生事业奉献的决心。21世纪的我们面临新的挑战，也要不忘使命，迎难而上。

六、慎思审问，崇实报国

陈志潜先生是中国公共卫生现代化的先行者。遗憾的是，我不是公共卫生工作者，难以详细论述陈志潜先生的理论与实践对于今天公共卫生现代化的教益。不过，作为青年学子，我想谈一谈读完这本回忆录所获得的启示。

“吾侪所学关天意。”陈志潜先生的一生，是扎根公共卫生事业、潜心为民的一生。如今我们青年人享受着优质的医疗资源，这有赖于以陈志潜先生为代表的几代公共卫生人的努力。如果没有他们矢志不渝地守护人民健康，就不会有如今的“卫生长城”。我们要感恩他们的奉献。

“俯首甘为孺子牛。”陈志潜先生的一生，是埋头苦干、不计个人得失的一生。我们青年人会面临无数的诱惑，沉溺于任何一种诱惑都会让我们没办法持守自己的志向。如同陈志潜先生名字所揭示的，“有大志更应潜心持守”。我们需要学习陈志潜先生的坚守，不忘理想，潜心苦学，埋头苦干。

“苟利国家生死以。”陈志潜先生的一生，是直面时代问题、弘扬中国风格的一生。上世纪我国满目疮痍，卫生状况堪忧。陈先生以此为一生之关切，结合世界先进医疗技术和中国乡土实情，开拓出属于民族更属于世界的“定县模式”。一代人有一代人的使命，如今，我们也需要直面21世纪的时代问题，奉献出中国智慧。

我深深为陈志潜先生崇实创新的精神、奉献为民的情怀所打动。作为一名哲学专业的学生，我决心向陈志潜先生学习，在美好的韶华中慎思审问，崇实报国，尽全力做出有中国特色、中国风格、中国气派的哲学。

参考文献：

［1］陈昭斌. 论将“定县模式”命名为“陈氏模式”的必要性及意义［J］. 现代预防医学，2004（05）：654-655.

［2］陈志潜，何廷尉. 医学院校如何面向农村［J］. 中国卫生事业管理，1992（01）：46-48.

［3］陈志潜. 中国的农村医学——我的回忆［M］. 成都：四

川人民出版社，1998.

［4］陈志潜. 对当代公共卫生教学的看法［J］. 现代预防医学，2005（10）：1249-1250.

［5］顾学箕，金锡鹏，胡俊峰. 介绍陈志潜教授著《中国的农村医学——我的回忆》（英文版）一书［J］. 中华预防医学杂志，1991，25（01）：44-45.

［6］郭栉懿，郭开瑜. 农村三级医学保健网的先驱——陈志潜教授［J］. 现代预防医学，2003（05）：605-607.

［7］卡尔L. 怀特. 弥合裂痕：流行病学、医学和公众的卫生［M］. 张孔来，王若涛，李辉，等，译. 北京：科学出版社，1995.

［8］习近平. 构建起强大的公共卫生体系　为维护人民健康提供有力保障［J］. 求是，2020（18）：4-11.

［9］习近平. 在纪念毛泽东同志诞辰120周年座谈会上的讲话［N］. 人民日报，2013-12-27（002）.

［10］张建新. 浅谈陈志潜农村医疗卫生的哲学思想与健康中国建设的战略［J］. 现代预防医学，2019，46（18）：3265-3268.

［11］张玲，李健. 陈志潜抗战时期公共卫生思想研究［J］. 医学与哲学（人文社会医学版），2015，36（08）：90-93.

（作者单位：四川大学）

浅评《三体》

◎张钰菲

《三体》，一部开中国科幻先河的小说，吸引了包括美国前总统奥巴马在内的无数书迷。我也是《三体》的忠实读者，在我看来这部系列小说最吸引人的部分莫过于“黑暗森林法则”。对于这一法则，小说原文有这样一段文字：宇宙就是一座黑暗森林，每个文明都是带枪的猎人，像幽灵般潜行于林间，轻轻拨开挡路的树枝，竭力不让脚步发出一点儿声音，连呼吸都小心翼翼……他必须小心，因为林中到处都有与他一样潜行的猎人。如果他发现了别的生命……能做的只有一件事——开枪消灭之？作者用这段经典的文字描绘了一幅宇宙新图景，带着点暗黑的色调，发人深省：如此激烈的竞争从何而来？人类在如此惨烈的竞争中能立于不败之地吗？我想我可以寻找到自己的答案。

“把人类看成虫子的三体人似乎从来没有意识到一个事实：虫子从来没有被战胜过。”刘慈欣《三体》的壮观之处在于它描写了整个人类和银河系面对危机时救亡图存的历程，让人们意识到“面对浩瀚宇宙，人类是如此渺小”的同时，也展现出了“人类文明薪火相传”的伟大信念。整个“三体世界”跨越了上亿光年，人类经历了三体星系入侵地球、短暂和平、水滴打击、地球沦陷、投奔掩体和星际逃亡几个阶段。在这个过程中，宇宙是“零道德”的，高阶的外星生命总会对暴露生存位置的低阶生命赶尽杀绝，比如“三体”对地球的侵袭、“歌者”向太阳系抛出二向箔，使之二维化，令地球文明从此灭亡。但人类为了自己的文明始终坚持救亡图存的行动，一次次凭借理想为保存自身做出努力。尽管黑暗森林的打击最终降临，但在无数人的努力下，代表“人类美好与善”的程心活了下来，成为三体和地球世界最后的幸存者，在无垠的宇宙中留下了记载地球文明和生态基因的漂流瓶。

黄大年曾说，要做一朵小小的浪花，“呼啸加入献身者的滚滚洪流中，推动人类历史向前发展”。其实，这是最高阶的爱国情怀，以一种对全人类无私的爱推动自己去奋斗、去前进、去拼搏。小说刻画了地球毁灭之际的无数英雄群像：汪淼、史强、罗辑乃至饱受非议的程心，他们为了自己国家和民族而力挽狂澜，为了整个人类文明做最后的抗争，与任何一个时代力行救亡图存之举的民族英雄殊无二致。程心作为一名具备独立思考能力的女性，她清醒地认识到，在无他人的帮助下，自己需要做出改变人类命运的选择。每次做决定，都需大无畏的勇气，这位女子身上承担了太多责任与使命，她虽普通，却不平凡。

小说在人类技术爆发后回顾大低谷时期给人以警示：给岁月以文明，而不是给文明以岁月。在过去的五千年里，我们创造了灿烂辉煌的中华文化，即使是在低迷的时期，我们也从未停止书写文明进程的进度。每个时期都有不同的文明，文明不会因社会动荡而停止，它可以被改动，但不会暂停，更不会结束。

读《三体》，“觉宇宙之无穷”，宇宙有其无限的可能，而人类也终将在一代又一代不懈地想象与实践中，超越生命的有限性。

（作者单位：西华师范大学，指导教师：李海蓉）

守望中国古代文化，
助推中国式现代化

——《中国古代文化常识》书评

◎吕冯琼

中国在数千年的发展中滋养出华夏文明，构建出传统文化。它们具有极其鲜明的历史性和民族性，而中国人又以顽强的传承意识多样地赓续了传统文化，特别是优秀传统文化，促进了历史的发展。中华优秀传统文化，无疑是中国式现代化发展不可或缺的软实力。但如今，我们对于一些非常重要的、在古人看来是基础文化常识的内容，即所谓传统文化或古代文化常识，却感到十分陌生。

这种状况，一是和我们的社会环境相关。正如王力主编的《中国古代文化常识》2014年版序言中说到的，“大学之道，今非昔比”“精神丰富的同时，认识的方法变得复杂；选择多元之后，学问的信心受到质疑和考验。更何况知识由于互联网的便利，对于每一个人来说，已经多到完全可以遮蔽学习能力和覆盖理解水平的程度……”如今这种状况还在加剧，“常识”俨然变成如今的“不识”，形成鲜明的不对等，亟须唤起中华儿女的重视。

二是和我们认识的误区有关。我们平时认为：学问大家，乐于做精深的学问，而着力于常识则少。所以，相对来说，常识的研究者水平受限，常识读起来就显得粗鄙浅陋，没必要专门费力去读，如实在需要直接上网查询也能知晓这些问题。实则这是一种误解。多少人为了弘扬传统文化殚精竭虑，以本书为例，它由十四章常识小文构成，内容都是大家之笔，近五十年间，历经四版。①

《中国古代文化常识》是一本饱含知识、激发快乐、提升信念的作品。

首先，它提供了读者期望或应该了解的知识框架和内容。本书由十四章构成，其中天文、历法、乐律、地理、职官、科举、宗法、车马这八者，相较来说，在中国现代社会大众生活

---

① 1959年北京大学中文系编撰《古代汉语讲义》，分文选、常用词和通论三部分，由北京大学王力、林涛、唐作藩、郭锡良、曹先擢、吉常宏、赵克勤、陈绍鹏等先生编写。1961年，北京大学王力教授受教育部委托主编《古代汉语》教材中的一部分（第八、九单元的通论部分）。本版主要参考《古代汉语讲义》底稿、通论等部分，通论由南开大学马汉麟、北京大学郭锡良和兰州大学祝敏彻执笔，后经叶圣陶和姜亮夫等修正而成。1980年和2004年，这部书稿分别在王力教授和郭锡良教授的主持下进行了第二次和第三次大的修订。2008年，从考古学和人类学的角度增补新的文化研究成果，出版插图第四版。具体情况参看《中国古代文化常识》（北京联合出版公司2014年版）修订版后记。

中运用不多，故缺乏了解，但这些确实是“中国古代文化”的常识。而姓名、礼俗、宫室、饮食、衣饰、什物这六者，也有不少习焉不察的文化常识，需要我们更深入地了解。分章读来，每个部分，恰似一颗颗珍珠，合十四而为一，则缀成“中国古代文化”这串美丽的项链。

其次，我们对于这些常识，平时没有深入思考其中的道理，一旦借助《中国古代文化常识》，从科学的角度发现其中的道理，梳理其中的脉络，便平添了不少学习的乐趣。而且，作者提供了“古史新证”“史诗互证”等主要思路和方法，便于读者举一反三，进一步借助启示开展学习和研究。

再次，本书彰显了古代文化的魅力，其不少观念成为中国式现代化的根基，有利于提振民族文化自信。“世界未来的文化，就是中国文化的复兴。”本书2012年5月第二次印刷版（中国人民大学出版社出版）扉页之后用梁漱溟先生这句话作为题词，这样的预言，在诸多方面，变成了现实。中国古代文化在中国式现代化进程中获得新的生命力，并被世界认同，具有了世界意义。比如本书“宫室”章节中描述的中国古代追求的理想人居环境，即有高山、河流、绿树等，它出现在孟浩然经过的绿树青山掩映下的“故人庄”，在白居易“仰观山，俯听泉，傍睨竹树云石”的庐山草堂，在岑参“依青嶂”“水重流”的“南溪别业”……如今经过创造性转化，中国提出了“生命共同体”“人与自然生命共同体”和“地球生命共同体”等概念，获得了世界的认可和赞扬。习近平总书记在党的二十大报告中强调："尊重自然、顺应自然、保护自然，是全面建设社会主义现代化国家的内在要求。必须牢固树立和践行绿水青山就是金山银山的理念，站在人与自然和谐共生的高度谋划发展。"面对全球出现的环境问题，这种生态文明思想，丰富了马克思主义关于人与自然的关系理论，体现了以人民为中心的发展观念，符合全球各国人民共同意愿和世界可持续发展趋势。

中国式现代化，深深植根于中国古代文化，特别是中华优秀传统文化。中国以古代文化为根基和血液，以经济等发展为引擎，获得了全面可持续发展。中国式现代化道路越走越宽广，赢得了世界的广泛关注与期待，并为发展中国家树立了榜样。

习近平总书记指出："中华文化渗透到中国人的骨髓里，是文化的DNA。"阅读《中国古代文化常识》，理解中国文化的DNA，是我们的一件幸事。

本书的落点平实，充分体现了"常识"二字。文章开篇说天文，看似起点高，实则这些对于农耕文明之中的中国古人来说多为常识，是从人民和国家的生活根基谈起的。通篇看来，本书把我们带回古人的日常，从头顶的天空和脚下的土地开始，讲耳濡目染的生活、礼俗宗法、吃穿用行、生前死后等，总之，此书以生活为经，以文化为纬，编织起中国古代文化常识之网。

当然，随着科技的发展，我们也对这些常识有了更多期待，如在音律部分增加音视频体验，则会让初学者多些感受和兴致。

阅读理解中国。希望更多的人接触到此书，尊重、珍视、守望中国引以自豪的古代文化和历史遗产，以此回敬编者的拳拳诚意和弘扬守护之心，并以这份民族自信融入国家发展潮流之中！

（作者单位：四川长江职业学院）

立足巴蜀文化　讲好中国故事

——评《巴蜀文化志》

◎钟悦欣

巴蜀之美，是李白的“九天开出一成都，万户千门入画图”，是张籍的“锦江近西烟水绿”，是陆游的“曾为梅花醉似泥”。川菜、川酒、川剧……是诱人的川味，茶馆、灯会、评书……是惬意的生活，巴蜀文化给你留下了怎样的独特印象？蜀道的艰辛、三星堆的神秘、蜀绣的璀璨、大熊猫的憨态可掬……

我们从杜甫的“锦城丝管日纷纷，半入江风半入云”中聆听巴蜀管乐之盛，从刘禹锡的“女郎剪下鸳鸯锦，将向中流匹晚霞”中品味蜀锦之绚烂，从仲殊的“夜放笙歌喧紫陌，春邀灯火上红楼”中感受巴蜀商贸盛会，从李白的“蜀道之难，难于上青天”中领略蜀道的艰辛……在著名巴蜀文化学者袁庭栋所著的《巴蜀文化志》中，巴蜀文化几千年来的起源、形成、发展的历史有严谨的考据和详实的叙述，对古代到近代巴蜀文化的兴衰和主要特点有丰富的论证。这是学术界少见的全面论述巴蜀文化的专著，作者从地理、民族与人口、科技、学术、艺文、宗教、民俗、交流八个板块带领读者领会巴蜀文化的兴衰演变。从作者多角度的叙述中，读者不仅能了解巴蜀文化的繁荣、衰落与复苏，还能感受巴蜀儿女对巴山蜀水的挚爱。从神秘的三星堆文明到精彩纷呈的民俗生活，全书在帮助读者解读巴蜀文化的同时，作者也不断地启发读者思考尚待探索的问题。因此，笔者愿称之为“看不完”的巴蜀文化。

“巴蜀由来古，殷周已见传。”在开篇，作者先概括了“巴”“蜀”的由来、巴蜀文化的含义和三次历史高峰。据书中所载，“巴”和“蜀”起初是古老民族之名，其内涵和外延经历了族名、地域名、国名、行政区划名、地域名的变化过程。今天的巴蜀则成为四川盆地地区的代称。“巴蜀文化”这一概念是广义的巴蜀文化，即“四川省地域内，以历史悠久的巴文化和蜀文化为主体，包括省内各少数民族文化在内的、由古至今的地区文化的总汇。”在巴蜀文化兴盛的过程中，移民入蜀给巴蜀文化带来新契机，使巴蜀文化具有多源融合的特点。因此，袁先生总结巴蜀文化的显著特点是以移民文化为载体的兼容。

在叙述巴蜀文化各方面的发展历程之前，作者在第二章重点论述了地理和民族的价值基底。四川盆地成就了巴蜀文化的地方特色，主要表现在三个方面：第一，地理环境带来的良好自然条件保证了巴蜀文化的发展和繁荣。第二，盆地的地形特点使盆地内文化表现出强烈的地方性、向心性和同一性。即作者所论述的，在吸收外来文化之后，巴蜀文化可以在盆地内孕育发展，形成地方特色。第三，盆地内单一的长江水道系统使得巴文化和蜀文化相互融合，发展成同一文化系统。民族的多元成就了巴蜀文化的多源。以蜀族和巴族为主的巴蜀先民是由若干个民族共同构成的。秦汉时期汉族的形成和盆地内众多的少数民族，如彝族、藏族、土家族、羌族等多元化的族源都成为巴蜀文化的创造者。在本章，作者也概括了各个时期人口的变化，其大致反映了巴蜀文化的盛衰。

在第三部分，作者从科技、学术、艺文、宗教、民俗、交流六个方面，详实地回溯了巴蜀文化。在第四章，作者选取了水利、冶金、钻井术与井盐开采、天然气与石油开采、造纸与印刷术、医药、历算和织锦这几个重要的门类，论述了巴蜀先民创造的科技成果在巴蜀的发展史，乃至世界文化史中的贡献，让读者了解了巴蜀科技的漫天星辉。对于水利的发展，作者重点介绍了都江堰水利工程的主要成就。如书所载，都江堰水利工程是世界水利工程史上的奇迹，创造了四项世界第一，分别是科学性第一、年代第一远、功能作用第一和效益第一。其次，作者总结了蜀中是我国冶金术起源的中心地区之一，冶炼和加工技术十分突出，如嵌错、镀锡、黄金加工，这才产生了让世界惊叹的神秘三星堆文化。作者还详细例证了巴蜀医药的发展。巴蜀地区中草药品种占到全国的75%，各个时期都出现了名医以及药典的问世，如唐代成都医生昝殷所撰写的《产宝》是我国现存最早的妇产科专著。对于其他科技成果，最早开采石油并加以利用的事例就出现在巴蜀；“天数在蜀”形象地描述了巴蜀发达的天文学；第一个造纸业的中心出现在巴蜀；巴蜀地区是我国古代最早并最重要的养蚕、治丝、织锦的中心……寥寥数笔描绘不出巴蜀科技的久誉不衰，书中有更加详细的叙述和引证。

如《华阳县学馆记》所载“天下之学由蜀起”，形象地说明了巴蜀学术活动的重要地位。作者在第五章重点阐述了巴蜀学术发展中所展现出来的地方特色。从作者的叙述中，我们能了解到从西汉到清末巴蜀地区的教育活动。从西汉的文翁兴学开始，巴蜀地区有了世界历史上第一所官办学校，到西汉后期，私学日益兴盛。发展到唐宋，巴蜀地区的教育仍处于全国前列，以官学、私学和书院为主。清政府提倡新学后，四川新式学堂的数量也居全国前列。清末的尊经书院是巴蜀地区成就最大的学校。整体说来，从书中我们能详细了解汉代巴蜀学术沿袭了古代巴蜀道家文化的传统，宋代是“蜀学”研究的高峰，出现了儒学、易学、理学和史学等丰富的学术研究。

对于文学艺术的发展，作者选择了最有巴蜀韵味的几个方面加以论述，如神秘的三星堆文化、源远流长的民间歌舞、汉代活力繁荣的巴蜀文学、汉阙与陶俑等展现出来的成熟的造型艺术、唐宋入蜀诗人的巴蜀之思、独具风格的西蜀画派、川剧的发展和源头等。除了川剧外还有“川味正宗”的川菜，因此作者在第八章向读者介绍了巴蜀民俗中“川味”最浓的饮食文化。今天我们提到川菜，“辣”是突出印象。正如作者所论述的，这往往是一种误解，其实川菜“调味多变、取材广泛、适应性强”。作者在书中概述了川菜的这三大特点，以及川味小吃和川酒的特点和发展，更好地诠释了“食在中国，味在四川”。巴蜀民俗文化的另一重要组成部分则是茶饮，适意茶馆为悠闲安逸的巴蜀生活增添了另一番风味。作者在书中论述了巴蜀茶饮在世界茶饮史上的地位，对茶馆文化有了深层次解读。游乐和袍哥也是巴蜀民俗文化的特色，在书中有详细论述。

盆地孕育的巴蜀文化绝不是封闭的文化。正如作者在开篇向读者介绍的，巴蜀文化的繁荣始于以三星堆文化和金沙文化为代表的早蜀文明，经历了秦并巴蜀之后到西汉的第二个高峰，以及唐宋重获“天府”之誉的第三个高峰。巴蜀文化的发展离不开巴蜀人民开放的姿态。蜀道难，但蜀道早已在巴蜀先民开凿栈道、开石、修造索桥和发展航运的智慧中实现了开辟前进。呼应开篇，作者再次总结了巴蜀文化所体现出来的以移民文化为载体的兼容。移民入川和民族融合促进了文化的交流，使巴蜀文化具有“兼容并蓄、汇纳百川”的特点。

全书引经据典、例证丰富、语言朴实，是一部全面解读巴蜀文化的经典佳作。巴蜀文化的繁荣衰落在书中有全面的解析：地理孕育的价值、民族与人口的兼容发展、科技与学术的璀璨、艺文与宗教的绽放……从书中，读者能深刻地体会巴蜀儿女执着、开放、热情的生活态度与时代精神，用勤劳与智慧诠释蜀道文明。

巴蜀的故事仍需进一步深入研究。如作者提出，三星堆文化的异峰突起、巴与蜀的内涵、古巴蜀文字的识读等都是重点研究的问题。在“讲好中国故事”的时代使命下，巴蜀儿女更应该立足巴蜀文化，讲好巴蜀故事。

“讲好中国故事”是习近平总书记在全国宣传思想工作会议等多个重要场合做出的重要指示。习近平总书记强调“要讲好中国故事、传播好中国声音，向世界展现真实、立体、全面的中国”。外语教育作为服务于我国话语体系建设的重要载体，积极落实外语课程思政，开展了“用英语讲中国故事”的教学实践，以应对我国参与建设全球治理体系对国际化外语人才培养提出的要求。但我国大学生跨文化意识薄弱，欠缺用英语讲述中国文化的能力（杨华，2021）。英语教学也存在中国故事讲述氛围不浓等问题（常海潮，2021）。因此，外语教师应充分利用外语类课程这一基础平台培养学生的跨文化能力（文秋芳，2022）。

已有研究重点关注了“用英语讲中国故事”的教育意义、教学现状、教学设计原则，其教学实践仍然是外语界积极探讨的问题。笔者曾在“赋权增能”理念（张文忠，2016，转引自张文忠、刘佳，2019）的指导下开展了讲好中国故事的个性化英语教学。“赋权增能”理念是创新的英语教学理念，本理念指导下的“个性化英语学习”模式在英语跨文化课程中的运用有待更多的实证研究。“个性化英语学习”作为“英语讲中国文化”课程的一个重要环节，要求学生选择感兴趣的中国文化，收集相关资料，撰写英文讲述稿，并录制讲述视频。参考已有的“个性化英语学习”课程中的任务设置（左红珊、张文忠，2019），共设置10项任务（1. 选择感兴趣的中国文化或真实生活故事；2. 制订个性化英语学习计划；3. 查找相关的文献或资料，并进行总结；4. 自建网络讨论小组，并邀请至少5位成员加入，对所选文化点进行讨论，并整理讨论内容；5. 采访相关专家、专业人员，或者老师、同学，整理他们的观点；6. 编写或修正维基百科上与所选文化点相关的词条；7. 整理撰写所选文化点或故事的英文讲述稿；8. 录制英语短视频；9. 课堂展示；10. 撰写个性化英语学习反思报告）。在遵循“赋权增能”理念和“个性化英语学习”课程原则的基础上，笔者增加了“撰写中国文化英语讲述稿”和“录制讲述视频”两项外语数字化叙事任务。增加的两项任务旨在提升大学生外语数字化叙事能力，提升价值认同和跨文化意识，践行用外语讲述中国故事的课程思政教育（杨华，2021）。

为调查学生对该教学模式的评价，笔者开展了实证研究，学习态度调查问卷结果表明本课程有助于提升学生用英语讲中国故事的兴趣和讲述能力，有利于价值观的塑造。反思报告显示学生对“个性化英语学习”持积极态度。但在开展“个性化英语学习”项目的过程中，笔者发现较多学生选择中国传统文化相关话题，如中国饮食、武术等，部分学生仅对传统文化做片面概述。课程存在缺乏跨文化交际案例，过度关注中国传统文化等问题。在课程内容设置上，跨文化类课程应遵循系统性、逻辑性和前沿性。在扩展理论文化视野，提升学生对多元文化鉴赏能力的同时，突出本土文化根基。巴蜀文化融入英语专业教学是发展和传承本土文化的必要途径。将巴蜀文化融入“个性化英语学习”模式，结合外语数字化叙事可以补充外语教育实践课程或实践环节，对培养大学生讲好中国故事的能力、跨文化能力、外语数字化叙事能力具有指导意义，也为跨文化教学课程建设提供新思路。

参考文献:

[1] 常海潮. 大学英语课讲好中国故事：现状、路径和方法[J]. 外语电化教学，2021(05)：96-100.

[2] 文秋芳. 对“跨文化能力”和“跨文化交际”课程的思考：课程思政视角[J]. 外语电化教学，2022(02)：9-14.

[3] 习近平. 讲好中国故事，传播好中国声音[EB/OL]. Retrieved from http：//www. qstheory. cn/llqikan/2019-02/22/c_1124151067. htm，2022-08-02.

[4] 杨华. 大学生外语数字化叙事能力的理论与实践研究：课程思政的新探索[J]. 外语教育研究前沿，2021，04(04)：10-17.

[5] 杨华. 我国高校外语课程思政实践的探索研究——以大学

生“外语讲述中国”为例［J］. 外语界，2021（02）：10-17.

［6］左红珊，张文忠. 个性化英语学习任务中学习者个体实践网络的构建［J］. 外语界，2019（05）：72-79.

（作者单位：成都文理学院）

人物·缩影

RENWU SUOYING

人物 · 缩影

RENWU SUOYING

认识杜甫的十六个侧影

——读诗人向以鲜的人物传记《盛世的侧影：杜甫评传》

◎庞惊涛

四川大学教授、诗人向以鲜的《盛世的侧影：杜甫评传》作为新世纪以来学术界又一部重要的“杜甫评传”作品，如何在前贤道尽的阐释空间里，发现别样的杜甫？如何跨越千载之上，以当代诗人之心体悟古代诗人之魂？如何跳出学术争论的深坑，慧眼洞见一个特别的人物的一生及其所处的时代？

在我看来，这部评传作品充分显示了向以鲜在集部之学上深厚的考据与义理功夫，以及认识上超越常识的古典诗学鉴赏力，尤其是其举重若轻、托微见显、援今入古、以外通内、似谐实庄的写作思路和心态，显示了向以鲜在评传写作上极强的文体开拓能力。这部评传在21世纪以来的“杜甫生平及其诗学”研究上颇开新面，不仅能与其他“杜甫评传”作品并列之而毫不逊色，还以其在认识杜甫及其诗学方面的诸多开题价值而必将传之后来。

作为一部成熟的“评传”作品，《盛世的侧影：杜甫评传》中几乎处处埋伏着向以鲜充满妙趣、睿智而深刻的评论。对这样的评论再生发评论，不仅多余，还显得极不明智。所以，我就把对这部著作的评论取向，定于帮助更多读者认知其妙趣和深刻之处的“钩玄提要”，所用材料和语言，也多以作者的原文为主，着重关注这部著作中的杜甫形象新见、杜甫诗学新论和杜甫心灵新感三个方面的内容。

一、杜甫形象新见：十六个不同的侧影

在诗圣、诗史这些历代相沿的标签之外，要给杜甫形象重新定义，不仅有赖于新材料的发现，也需要细腻而体贴的同理心，更需要精读杜甫全集并抉剔出前人习焉不察的感会。向以鲜虽然是杜甫研究的新人，但并非古典诗学鉴赏甚至古典文学研究的素人。作为20世纪以来最为杰出的杜甫研究大家之一闻一多先生的再传弟子，他对杜甫研究的兴趣和学术积累，泰半源出于这个特别的师门馈赠，剩下一小部分，来自他的个人经历和他与成都的机缘。鉴于文学和史学某种须臾不离的关系，杜甫研究其实也是中唐及晚唐史研究的一部分。转换一下角度，中唐及晚唐史研究，一部分也高度依赖于杜甫的诗史价值。但无论是诗圣还是诗史，这两个维度观察下的杜甫研究确乎都有一点老生常谈、难翻新境了。也因此，跳出诗圣和诗史这两个特定的标签，重新发现和定义杜甫形象，便成为新世纪

以来杜甫研究的崭新方向。

就这一点而言，《盛世的侧影：杜甫评传》有着显而易见的贡献。我简单梳理了一下，发现这部著作里，至少呈现了杜甫十六个不同的侧影，它们站在网络调侃的“杜甫很忙”之上，用严谨的学术研究、诗人的同理心和当代价值，给我们指明了十六个认识杜甫的崭新维度。

1. 孤独的黄牛。见杜甫《百忧集行》：“忆年十五心尚孩，健如黄犊走复来。”和僮仆们相处得像朋友一样的牛羊们，承担着杜甫一生以之自况的使命。除了终生劳碌奔走的苦难，还有难与人言的孤独。读这部著作，看到作者抓取黄犊这个动物来曲尽其妙地阐释杜甫的孤独，真有切肤之感。

2. 浪荡儿。见杜甫吴越漫游诸作，其中《壮游》一诗中有“快意八九年，西归到咸阳”的壮游自况。向以鲜考证了杜甫家世尤其是父亲杜闲对其壮游的资助后说，看来杜闲的长子杜甫，有足够的资本去齐赵之间游荡，衣轻裘，骑肥马。后来，时常落魄的杜甫，对那些“裘马自轻肥”的五陵少年同学们既羡慕又不屑，完全忘了自己当年就是这样一位放荡的主儿。作者不盲目崇拜，也不轻易厚诬，而是客观中立地给青壮年时期的杜甫贴了个“浪荡儿”的标签，正是我上面提到的似谐实庄的笔法所在。当然，这里的“浪荡儿”不是贬义，更多是青春放纵的褒义。

3. 赌徒。见杜甫《今夕行》：“咸阳客舍一事无，相与博塞为欢娱。冯陵大叫呼五白，袒跣不肯成枭卢。”作者考证杜甫参与的是一种类似于今天掷骰子定输赢的博戏。杜甫在诗里活灵活现地描绘了一个赌徒的形象：大呼小叫，神情亢奋，袒胸赤足，旁若无人。就我的经验而言，每个人内心里其实都住着一个赌徒，只是，真正的赌徒没有驾驭住自己的赌性。从这个角度，我深刻地理解了赌徒杜甫，并高度认同向以鲜教授的妙笔勾勒。

4. 画家。见杜甫《饮中八仙歌》。向以鲜说，杜甫的这八幅人物速写，以写意、点染或白描手法，抓住每一个人的性格及行为特征，仅用十四个字、二十一个字或二十八个字，就使各位酒中大神跃然于纸上，就将每一个人最富有表现力的某一个瞬间、某一个表情、某一个姿态，定格在历史的巨幕之上。有学者认为杜甫的这种人物肖像诗作可能受到唐代佛经变相的影响，或有一定的道理，艺术之间是相通的。在《戏为韦偃双松图歌》一诗中，更能找到杜甫作为一个画家的充足证据。

5. 吼货商人。杜甫在长安有过卖药的经历，这已经在前贤研究和考证后成为共识。这一点，向以鲜显然是站在前人的肩上，但又不限于此。他在前人的基础上，有更深入的分析。卖吼货的杜甫，或者吼货商杜甫，是向以鲜在卖药的杜甫的研究上更进一层，似谐实庄，其中有他对诗人的理解、同情和悲悯。

6. 投机者。见杜甫《进封西岳赋表》：“维岳授陛下元弼，克生司空。”元弼当然指杨国忠。他赞美杨国忠，意在求进，是迫于现实的违心之举。杜甫很快就为自己的这种行为深感愧悔，此中心迹可以从《白丝行》“香汗轻尘污颜色，开新合故置何许。君不见才士汲引难，恐惧弃捐忍羁旅”中看出。偶然一投机，白丝便污染。杜甫的警醒自觉，和从此之后的坚定自守，让我更认同这种白璧微瑕的真实人格。历来论杜者，多以神化的态度仰视，而缺少人性的平行视角。向以鲜拈出此点，真不愧是诗人手眼。

7. 情圣。见杜甫《月夜》：“香雾云鬟湿，清辉玉臂寒。”关于杜甫为“情圣”的说法，最早见于梁启超1922年在清华大学题为“情圣杜甫”的演讲，此从略。向以鲜在这部著作里，将杜甫之为情圣的“情”，从对妻子儿女的深情，升华到对乱离之世苍生的深情。他认为杜甫确实当得了“情圣”二字，他是中国诗史上最为深情的圣人。这一递进之解，真可谓是梁启超的异代知音。

8. 粗人。见杜甫《羌村三首》其三。从诗歌艺术尤其是遣词造句的角度去理解杜甫的“粗粝”，这当然也是向以鲜在这部著作中的独特之见。他认为，杜甫是唐代挑战腐朽语言的超一流大师，常常在情感充沛之际省去全部的诗歌修辞，而将一颗滚烫的诗心以近乎粗粝的方式直接敞开给世间。此点既可以作为诗人形象解，也可以作为诗人诗学解。

9. 诗歌园艺学家。见杜甫在成都草堂和瀼西草堂的诸诗作。向以鲜认为，杜甫到了成都之后，才变身为一个颇具规划师风范的诗歌园艺学家，他对于居住环境和各种植物的热爱与研究，在历史上除了苏东坡之外，再难找到第二个人与之媲美。杜甫以诗索物，既出于一个诗歌园艺学家的本色需要，更出于构建一个比较有实力的社交圈的实际需要。

10. 恋物癖。杜甫在成都生活期间，记录了很多他恋物的细节，如《又于韦处乞大邑瓷碗》中的成都白瓷，如《将赴成都草堂途中有作先寄严郑公》（之五）中的乌皮几：“锦官城西生事微，乌皮几在还思归。”这个乌皮几，后面还将不断出现在杜甫的诗中，直到随他漂泊终老。这样的恋物癖，与其说是诗人的物质化态度，不如说是诗人通过恋物表达对故友的感情，以及对过往岁月的怀念。这样的恋物癖，让人心动，也让人心痛。

11. 懒汉。向以鲜敏感地注意到杜甫住进成都草堂后，很快就进入一种被诗人称为“疏懒”的生活状态。到了成都后，诗人“疏懒”的神经才被唤醒，他所喜欢的种药与卖药的生活自由而逍遥，部分滋长了他的“疏懒”。诗人到底有多疏懒呢？最夸张的时候可以一个月不梳头，似乎在刻意模仿像韩康那样的隐士行迹。这种懒与真的生活态度，也带来了杜甫诗学观念的转变，更在精神气质上与成都这座城市若合符契。

12. 撒娇老。老人撒娇如儿童，最是被理解。在懒与真的基础上，向以鲜更进一步认为，它们的极致就是无所忌惮地撒娇，这体现为杜甫的“狂”。撒娇是一件包裹各种情绪的衣裳，也是一种缓和坚硬碰撞的润滑剂，让呆板而苦楚的生活变得更富有生命力，更有回旋的空间。说得再直白一点，撒娇就是一种对抗严酷时代的生存智慧。理解了这一点，我们就能理解杜甫诗中的那些狂，那些撒娇、撒泼甚至撒野。

13. 吃货。向以鲜推断，杜甫所患糖尿病或与他好吃甜食有关，比如杜甫就特别爱吃蜂蜜。此外，在他的很多诗作中，还可以发现他作为吃货的凭证：喜吃甘蔗汁、甜瓜、冰水浸藕丝，喜欢饮郫筒酒和青城乳酒。在夔州期间，还喜欢吃一种添加了槐叶汁的类似于凉面的食物。锦江鱼当然也是杜甫的最爱。说杜甫是一个标准的吃货，应该没人有异议。

14. 口语大师。见杜甫成都及夔州诸作。向以鲜认为，口语诗的本质，在于不断向丰富而充满苦难的生活汲取原生的力量，在于永远扎根于大地的深处获取鲜活的养分，在于始终秉持一种既解放又独立的民间写作立场。

15. 养鸡专业户。见杜甫在夔州的诗作《催宗文树鸡栅》。杜甫早年曾想回到偃师，像洛阳人祝鸡翁那样当个养鸡专业户，买一百只鸡来养，一年左右就可以变成上千只。给每只鸡取一个好听的名字，喊到哪只鸡的名字哪只鸡就过来和主人一起玩。到夔州后，这个养鸡专业户的理想终于实现了。

16. 艳情诗人。郭沫若曾经说，杜甫并不总是道貌岸然。看起来是批评，我觉得其实是援今入古的一种理解和认同。将心比心，杜甫为什么不可以喜欢美女？为什么不可以和妓女交往？为什么不可以写艳情诗？在《春日戏题恼郝使君兄》中，他直言“愿携王赵两红颜，再骋肌肤如素练”，真是深得艳情诗的直白之法。喜欢就喜欢，愿带几个红颜就带几个红颜，总是来得光明磊落。

二、杜甫诗学新论：以诗人之心解诗人之魂

向以鲜是当代杜甫研究阵营中少有的诗人。这个诗人身份的好处在于，他能够以诗人之心解诗人之魂。方法论上，就是上面提及的援今入古。这部著作中，有很多向以鲜关于杜诗的新论。以我的浅见，大略举要如下。

一是用当代诗阐释杜诗。此点，可移读他的《唐诗弥撒曲》。这种相互阐释的方法，在《盛世的侧影：杜甫评传》中随处可见。这种方法的好处，在于方便喜欢新诗的读者，通过新诗去理解杜甫的古诗。

二是高度提炼杜诗的情境和关键字。情境也是心境，孔子的“农山心境”，钱钟书先生论之甚详。向以鲜在这部著作中，论及杜甫的“月夜心境”，以及“安得”句法，还有上文论及的粗粝之美，都是他的慧眼提纯所得。杜诗谈艺，在这里不是枯燥单调刻板的，而是鲜活生动的。向以鲜在诗歌谈艺上的举重若轻，抓住情境和关键字的能力，以及他对杜诗中鹰与凤凰意象的解读，正是作为诗人的一种潜在功力的体现。

三是发现杜诗中的口语之美。在这里，便见出了当代诗人特别的鉴赏力和评传中评论的紧要之处。向以鲜认为，一首诗的品质或者一个诗人的内核，与他是使用口语写作还是使用书面语写作没有任何必然关联，起决定性作用的永远是诗人的识见、情怀、天赋和风骨，当雅则雅、当俗则俗。这才是以诗人

之心解诗人之魂的最好证明。

四是礼赞杜诗的批判精神。作者认为，在唐代诗人中，没有比杜甫更具批判精神的史诗诗人。这样的定位无疑是准确而深刻的。杜甫的诗歌就像一面光鉴纤毫、朗映万象的神奇镜子，使千载之下的世人，得以窥见一个风云时代的侧影：光芒的，灰暗的；繁华的，凋零的；欢乐的，悲伤的；历史的，诗歌的。这种对批判精神的礼赞，对当代新诗而言，无异于一记棒喝：任何一个丧失了批判精神的当代诗人，是不足以成为伟大的诗人的。

五是肯定杜甫对拓展母语的宽度和深度做出的贡献。此点，非诗人而不能有此自省和自觉。向以鲜批评现代汉语诗还没有为丰富和提升汉语的表达做出太多的贡献，这体现了他通过这部著作表达出来的强烈的问题意识。如何从传统的农业文化词语中吸取生命力，并且迅速契合现代或后现代工业文化的核心，仍然是摆在当代汉语诗人面前的难题和重任。

最后是将杜诗中的苦难定义为“士大夫的责任性苦难”的精警。向以鲜认为，杜甫是享受过欢乐和荣耀的人，他推己及人，将自己的小苦和人民的大苦进行语言叠加，最终与士大夫的责任性苦难叠加成一种巨大的、始终无法排遣的生命苦难，从而形成一种更具社会学意义的苦难景观。我同意这个定义，并认为这种士大夫责任，在今天异常稀缺。

三、杜甫心灵新感：以外通内的心理和鸣

《盛世的侧影：杜甫评传》中还有一种典型的评传笔法，即通感。这个通感，不仅仅是钱钟书先生所谓的文学通感，更是中西比较文学和比较诗学乃至比较心理学的通感，即以外国文学、诗学和心理学等学科或者著作为路径，通向理解杜甫及其诗歌的心灵和感官世界。这部著作中，引用了数十位西方诗人、作家的作品，尤其是心理学论述，以此达到一种中西相通的心理和鸣之效。

如上文论及的"月夜情境"，向以鲜引海德格尔致里尔克的书信中的句子以启示读者，这种月夜情境，在中西、古今的诗人心理中，都是相通的。在谈到杜甫"感时花溅泪"中的"花溅泪"时，他引西班牙诗人加西亚·洛尔迦的《哑孩子》："孩子在找寻他的声音/在一滴水中/孩子在找寻他的声音"。杜甫名作《旅夜书怀》中体现出来的那种彻底的孤独感，在法国诗人兰波的《醉舟》中也有同样的情感表达："当我顺着无情河水只有流淌，我感到纤夫已不再控制我的航向"，这和杜甫"飘飘何所似，天地一沙鸥"真可以成为互文。

再一处，他注意到杜甫诗中写钟声，能够以听觉可感知的方式，将连续的时间处理成片段性的瞬间，而这会对诗人产生深远的影响，正如德国哲学家尼采五岁于复活节时听到的钟

声，可以回荡在他一生的旅程中。想必杜诗中的那些钟声，也对杜甫产生了非常大的影响。无形中，杜甫和尼采，乃至和奥地利诗人特拉克尔，都成了钟声的拥趸。

这种中西和鸣的例子还有很多，限于篇幅，兹不一一展示。作为评传写作的一种方法，向以鲜的以外通内，来源于他作为中国诗人对西方诗人心理和情感的敏感。偶然的阅读和理解，为他在这部著作中更深层次、更进一步理解杜甫的心灵世界，创造了一种必然的机会和视角。这可以作为这部著作的一个显著特点，使其能够在杜甫研究领域传之后来；此前，似乎很少有评传有过这样的比较视角。

最后，向以鲜以对白方式呈现他和一位老教授关于在仰止堂朗诵现代诗的争论，可以视为他与杜甫心理和鸣的一个例证。作为旁观者，我并不愿意陷入谁是谁非的争论，我更看重他以现代诗或者说当代诗献祭杜甫或者告慰杜甫的那种虔诚的心灵，尤其是他的放言：21世纪的中国好诗歌，一定是接通汉语血脉、打通中西隔膜的现代汉语诗歌。换言之，古体诗歌，已经很难进入中国好诗歌的认知和评价体系了。

这并不是杜甫的悲哀。

一个时代有一个时代的语言，也有一个时代的文学。我相信，杜甫要是活在当下，也愿意创作抛弃韵律和平仄限制的现代诗。他是一个与时俱进的诗人，也是时刻和人民在一起的诗人。

从这个意义上来讲，《盛世的侧影：杜甫评传》也可以理解为当代诗人用接通汉语血脉、打通中西隔膜的现代汉语诗歌，向伟大的古典诗人献祭的心灵和鸣之作。

（作者单位：成都时代出版社）

心归处，是敦煌

◎李柠

一沙一世界，一尘一佛国。有一个地方，千年即一瞬，一眼乃千年；有一个地方，戈壁茫茫，西风烈烈，飘荡着丝绸古道的悠悠驼铃；有一个地方，长河落日，大漠孤烟，藏着荒芜却美好的异域之景。

那是书中的世界，是樊锦诗先生年少时读过的一篇关于莫高窟的文章，字里行间尽是惊艳。那是一洞又一洞的飞天壁画，美得惊心动魄，每幅壁画背后都隐藏着一段不为人知的传奇；那是一座连一座的佛陀彩塑，纵使色彩在漫漫岁月更迭中已然斑驳，却依旧涌动着千年前的厚重与繁盛；是一卷接一卷的佛经和古籍，散发着中国古文明的魅力与光辉。云蒸霞蔚的佛国世界，深深地吸引了她，凭着一腔热爱，便义无反顾地踏上了一场文化苦旅。

那是梦里的地方，是樊锦诗先生年少时做过的一场梦，无数次在梦中邂逅大漠荒原的绮丽与壮美：屹立不倒的千年胡杨、来来往往的僧侣俗客、驰骋沙场的戎马和挥鞭嚯嚯的牧人……自此惊鸿一瞥，她再也没能忘掉辉煌灿烂的莫高窟，一粒叫做“敦煌”的种子在她心中生了根，发了芽。于是乎，在大梦一场后，她便在最好的年华选择了最苦的地方，经受了半个世纪风沙的吹打，将半生都献给了漫漫黄沙的戈壁滩。其间虽几经波折，但心之所向，仍是敦煌。

《我心归处是敦煌：樊锦诗自述》是以樊锦诗个人自传叙述莫高窟的历史，全书共有27.4万字，分为13章，前七章是介绍樊锦诗的童年时光、北大求学、家庭生活以及为莫高窟付出毕生心血的老一辈莫高窟人；后六章是对莫高窟735座洞窟艺术的历史研究和保护。

该书是樊锦诗先生的自传，是她的个人奋斗史，是她第一次面对读者讲述自己不平凡的一生，如何从婉约之乡的大家闺秀，到风华正茂的北大才女，再到守护了735个洞窟超过五十年的“敦煌的女儿”。在读者眼中，书里是一位值得人们敬佩的传奇女性的一生，而在樊老的眼中，这只是她平凡度过的每一日。她扎根大漠五十余年，日日夜夜，风风雨雨，守护着这座历史文化名城，向世人展示出敦煌最美的模样。比选择更难的是坚守，漫长艰苦的岁月中，她何尝没有过退缩和放弃的想法呢？只不过每一次都被内心深处的声音唤醒，每一次都选择了坚守。浅浅的文字，淡淡的书香，樊老用最朴素的语言讲述着自己与敦煌近六十年的故事，展现了这位传奇女性的事业与爱情、困境与坚守。

该书也是一部敦煌学发展史，书的内容涉及对几代敦煌人的回忆，是守望莫高窟的一份历史见证。书中樊锦诗先生细述了敦煌大量文物流失的历史背景，也讲述了几代敦煌人用自己的智慧、辛劳守护着敦煌的点点滴滴。敦煌艺术的崇高之美在书中展现，敦煌研究的筚路蓝缕在书中被见证，“数字敦煌”背后的故事也在书中徐徐展开。“数字敦煌”让普通人有机会深入了解这座世界文化名城，让文物放下了身段，接上了地气。其实，每个人的心中都有一座城，相比繁华喧嚣的大都市，能让自己心灵趋于平静的城更值得回忆。敦煌，便是樊老心中的那座城。

人生路漫漫，至少要去一次敦煌吧。

我对敦煌的向往因这一人而起。我想去踏足戈壁，拜访莫高窟，去探访佛教洞窟群的魅力，想去见一见茫茫戈壁、月牙泉水，去追忆曾经的盛唐之景……然而，如今我们看到的，不过是敦煌旖旎的一角，很多风景还未等到后世之人前来欣赏，便被风沙埋葬了。长年的风沙不断地侵蚀建筑，敦煌莫高窟也不可逆地风化。好在有一群耐得住寂寞的人在坚守，他们为了能留住这些不可复刻的珍贵文物，默默无闻地择一事，终一生。在无人造访的日子里，这锦绣山河陪伴在她身边，默默回馈着她的执着与守护。五十余年，从三千青丝到满头白发，她甘之如饴。她说，如果我这一辈子还能干点事，没有虚度年华，那么我觉得这一辈子好像也还值。

樊锦诗多次提到，坚守敦煌近六十年是她的命。她明白，自己与敦煌的纠缠，不是偶然，是“一生只为一件事”的命运使然。她沐月当歌，踏沙而行，尽心尽力地守护着敦煌。漫长的五十余年，她择了这一事，也终了这一生。她用她的亲身经历讲述敦煌故事，弘扬莫高精神，讴歌中华之美。

跟着文字走进樊老的人生，没有华丽的辞藻，没有不切实际的空谈，字里行间透露出的是朴实真挚的情感，能让人看见戈壁、大漠、石窟、蓝天、繁星，还有人内心最深处的信仰。如果你不知心归何处，那便去思考樊老的执着与坚守，学习樊老的人生态度，去字里行间感受内心的呼唤吧!

（作者单位：绵阳师范学院外国语学院，指导教师：何雨琴）

跨越千年的"情有独钟"

——评克洛德·罗阿《灵犀：一位法国诗人与苏东坡的心灵交会》

◎李海蓉

我在推荐书单中一眼相中了这本，除了书名吸引眼球之外，更深层的原因在于十分好奇在一位法国诗人眼里，有才有趣的苏东坡到底是什么样子的。

这是一本随笔集，是法国著名诗人、小说家、评论家、汉学家克洛德·罗阿致敬苏东坡而写就的评传作品，系法国伽利玛出版社"两者，我与他"丛书之一，原法文版于1994年出版。2019年，中共眉山市委宣传部组织编译，四川大学出版社出版。作者克洛德·罗阿是法国著名诗人、小说家、评论家、汉学家，伽利玛出版社文学顾问，1985年获龚古尔诗歌奖。译者宁虹，比较文学博士。本书主要通过一篇篇富有个性的散文随笔，描写了作者与苏东坡的"心灵交会"，抒发了作者对中国这位伟大文学家的敬仰之情。作品描写细腻，眼光独到，对于读者进一步认识、了解苏东坡很有意义。

在这本书中，你可以读到东坡生平，也可以读到作者在中国的亲身经历。可以读到东坡的诗文、书画理论，也能读到西方与之相应相通的诗歌、绘画理论。可以读到具象而血肉丰满的人物，也可以读到空灵缥缈的思维意象……这些内容都被容纳在一本不到十万字的中文译书中，令人不得不对罗阿铺陈有序、详略得当、虚实交融的笔力由衷赞叹。

正如许岚所说，罗阿写苏东坡，所用的史料并不多，却有着国际视野的第三只眼，一颗没有杂质的中国诗心。一个局外人，却以局内人的行云流水、安静从容，以随笔式的、罗阿式的语言，跟随着苏东坡一起游历山川河流、诗词书画、悲喜荣辱，重走了苏东坡的一生。他以法语与汉语等多声部的合奏，立起了一个国际化的苏东坡，也让不朽的苏东坡，在国际的土壤上开花结果。这充分说明了文化有民族特性，却并无国际限制，可以跨越时空为任何懂它的人带来美的享受，并充盈内心的力量。

他与苏东坡的初识始于月亮，“同一轮挂在柳梢的月亮触动了一位远在宋代的中国人和一个20世纪末的法国人。这，难道不是一个奇迹吗？”这段描述可谓深情，可谓奇特，表达出作者对千年前古人苏东坡的狂热爱恋，这份跨越时空的恋慕如此真实而炽烈，尽管理智告诉他这份爱无异于对一抹印记心生好感，对一个影子心有灵犀，然而，“只需要一刹那的身份重叠，电光火石间的合二为一，两者在恒星时钟千分之一秒的时间内用同一个声音说：我，就是你。”还有比这更动人的情书吗？看得出书中所写的是罗阿心中的东坡，书中充满了罗阿的主观叙事。他以法国诗人的视角与笔触，为我们呈现了一个与往常不甚相同的东坡形象。

人生缘何不快乐，只因未读苏东坡。月映山川，一千个读者心中，必然有一千个东坡。罗阿这位法国诗人眼中的东坡，你，想不想一睹为快？

（作者单位：西华师范大学）

归心·坚守

——读《我心归处是敦煌：樊锦诗自述》有感

◎阳光

舍半生，给茫茫大漠。从未名湖到莫高窟，守住前辈的火，开辟明天的路。半个世纪的风沙，不是谁都经得起吹打。一腔爱，一洞画，一场文化苦旅，从青春到白发。心归处，是敦煌。

——《感动中国》2019年度人物“敦煌的女儿”樊锦诗的年度颁奖词

《我心归处是敦煌：樊锦诗自述》是一部由樊锦诗口述、顾春芳编写的自传作品，讲述了樊锦诗从青年时期开始对敦煌的热爱，到之后的坚守不懈，最终在这片神奇的土地上找到自己的心灵归宿以及一生的事业——守护敦煌莫高窟。

书籍封面上那有着一头银丝却带着纯真微笑的樊锦诗图片一下子吸引了我。她的微笑、她的眼神透露出一种安详而坚定的力量，仿佛菩提看向众生百态的端静而慈悲，让人心生敬畏又心生向往。阅读这本书时，仿佛我的枕边多了一位讲述故事的老人，她让我看到了一个伟大而纯洁的灵魂，让我对历经千年的莫高窟充满了想象和赞叹。

一、最美是敦煌

陈寅恪曾说："敦煌者，吾国学术之伤心史也。"《山海经》中提到的敦煌，是一个神话般的地方，它位于三危之山中，三只青鸟居住其中。敦煌莫高窟的开凿始于东晋十六国，历经千年的建造，成为东西方历史文化的交汇点，尤其是藏经洞的发掘，使敦煌研究走向世界，成为一门重要的研究学科。莫高窟的美，名震中外，贯通古今。樊锦诗用考古学家的知识、文物保护者的严谨和艺术家的浪漫，讲述敦煌石窟深厚的历史和令人惊叹的艺术，带领读者踏上了敦煌艺术之旅。

从百年前藏经洞文书的遗忘于世，到如今我国敦煌学深入研究的蓬勃发展；从荒芜的沙漠，到引起全球关注的敦煌研究院，这里不再寂静无人。几代人在莫高窟里饮冰茹檗，谱写出一曲壮丽的乐章，从常书鸿到段文杰，再到樊锦诗。一代代敦煌人勤奋耕耘，前赴后继，才让全世界见到如今最美的敦煌文化。

阅读这本书，我深深感受到了樊锦诗先生对敦煌的热爱和对文化遗产的珍视。她在书中不仅详细介绍了敦煌的历史和艺术价值，更是用自己的亲身经历表达了对这片土地和文化的敬仰和热爱。在书中，樊锦诗还讲述了自己在敦煌寻找心灵归宿的过程。她曾经在繁华的都市里闯荡，却总是感到心灵的孤独和迷茫。直到来到敦煌，她才找到了自己内心真正的归宿。她用自己的话说："我不再是一个人，我和敦煌融为一体，我在这里找到了自己的家。"

读完这本书，我深刻感受到了文化遗产的重要性，也对敦煌的神奇与美丽有了更深入的了解。同时，也更加感慨于樊锦诗先生的爱心和责任感。她不仅仅是一个热爱敦煌的人，更是一个有担当的文化传承者。

除了讲述"敦煌的女儿"樊锦诗极其不平凡的一生，这本书还收录了一系列未曾发表过的诗歌和资料，展示了这位传奇女性的事业和情感，她的困苦和坚守，她对敦煌艺术的独特理解，她长达一个世纪的敦煌研究历史，以及"申遗"和"数字敦煌"背后的故事。它不仅让我们更加了解敦煌，也让我们更加珍视文化遗产，更加热爱祖国。我相信，在未来的岁月里，会有越来越多的人像樊锦诗先生一样，用自己的行动来保护和传承文化遗产。

二、人的一生能做的事情非常少，我们都只是过客

书中的樊锦诗以其卓越的努力，出色地完成了包括防沙治沙、壁画修复、数字敦煌项目等任务，让我对文物保护有了更

深刻的认识，也体会到“大国工匠” 的精神。没有人天生就是大师，他们之所以能够成为时代的楷模，是因为他们懂得并坚持将一件普通的小事做到极致，不断去尝试新方法、去思考和研究。这真的给我带来了很大的震撼和启发。我们常常抱怨自己的境遇不佳，但我们从来没有想过换一个角度思考问题：为什么有些工作只是谋生的手段，而有些工作却称为伟大的事业？因为我们缺乏隐忍、坚持和甘于奉献的精神，缺乏一个明亮的崇高的理想以及为它抛却一切的决心。我们总是在追求最大效益的回报，从来不问喜不喜欢、值不值得。要做到坚守，并且是心甘情愿、无怨无悔的坚守，只能听从内心最深处的声音，那声音对樊锦诗来说，是从千年之外的莫高窟传来的。在苍茫的沙漠中，在九层楼窟檐的钟声中，远望三危山，仿佛唯有她一人，她把一生都献给了敦煌，日夜守护着大漠，守护着敦煌。那内心的声音对于你和我呢？又该从何而来？其实我们都知道，那声音就藏在我们的心里。只要静下来，就能听到。

樊锦诗对敦煌的热爱，就像她是敦煌这棵大树上的枝叶一样，朴实而又深情。她的爱，就像沙土中的金子，被发现、被喜爱，像落红护花，让人感动。樊锦诗和几位敦煌前辈以身作则，给当代部分浮躁的、追名逐利的年轻人上了深刻的一课。

回过头来观察自己的生活，虽是日复一日，却也能有所进取和创新。我以前总觉得做重复性的工作就是虚度光阴，其实不然。重复性的工作也不失它的意义，自古有滴水穿石，艰难困苦，玉汝于成。只不过我，缺少的是思考和坚忍。

樊锦诗一生致力敦煌莫高窟的保护、研究、弘扬和管理，她把有限的生命和精力投入这一伟大的事业，在西北大漠的边缘，坚定不移地守护着这片土地。她的付出和努力，使得敦煌莫高窟得以完善，也让自己受益匪浅。

三、此生命定，我就是个莫高窟的守护人

公元366年，沙门乐尊者在敦煌三危山上看见金光万道，璀璨夺目，仿佛有千佛化现，他便决定在此开凿第一石窟，以便禅修。

公元1995年，樊锦诗在此也目睹了这一幕。她扎根敦煌，就像她说的那样："此生命定，我就是个莫高窟的守护人""我心归处是敦煌"，虽然她曾经有过几次想要离开的念头，但最终还是留了下来。"命定"是樊锦诗一生中最重要的誓言，象征着她与敦煌之间深厚的情谊。

四、相识未名湖，相爱珞珈山，相守莫高窟

樊锦诗与彭金章的爱情故事始于大学时期，经历了十九年的异地考验，用樊锦诗的话来说，他们是"相遇未名湖，相爱珞珈山，相守莫高窟"。

樊锦诗和彭金章是大学同班同学，彭金章是学校里的活动主席，对樊锦诗特别照顾，当时樊锦诗对爱情却未曾有知。樊

锦诗上大学三年级时，去图书馆看书，发现没有座位了，没想到彭金章早就为她留了一个位置，“从那之后，老彭总是先到图书馆，一旦占到座位，就会把它留给我”。一年夏天，彭金章买了一条手绢送给她，还把老家特有的腌臭鸡蛋送给她吃，樊锦诗觉得彭金章朴实可爱，但也只是感动。后来，彭金章带她去大哥家，樊锦诗才终于明白他的心意。毕业后，樊锦诗去了敦煌，而彭金章则前往武汉大学任教。樊锦诗原本计划在三四年后返回武汉，但没想到这一次的旅途竟然持续了十九年之久。

樊锦诗和彭金章在这段时间里一直分居两地，他们结婚并生下了两个孩子，为了各自的事业而奋斗。彭金章开办了湖北高校考古文化专科，并且有自己钟爱的教育事业，樊锦诗也离不开敦煌。最终还是彭金章舍弃了自己亲手开创的教育事业，远赴西北大漠与樊锦诗重逢。樊锦诗感慨道：“我们家先生是一个提着灯笼都找不到的好人，遇到了老彭这样的好人，真是我一生的幸运。”在那之后，彭金章也在莫高窟北区考古文化教育事业上取得了非凡的成就。也许正是二者的相辅相成、忠贞不渝，成为樊锦诗和彭金章生活工作强有力的精神支撑。

五、一个人能拥有的只有现在，任何一个人，过的只是他现在的生命

顾春芳对樊锦诗极为赞赏：她身上散发出一种独特的魅

力，既简单又深厚，既安静又高贵，既深沉又甜美。她曾说，过去的已经不可挽回，未来的不确定性使得一个人只能拥有现在，而唯一能被人夺走的，也只有现在。樊锦诗的魅力和典雅源于她守护莫高窟的坚韧不拔和持之以恒的信念；她的安静与甜美则源于她对爱情深沉而温柔的态度。一个人做一件事并不难，难的是一辈子坚持不懈地做这件事。她在莫高窟投入了大量的精力和心血，为了保护和传承莫高窟的历史文化，她不辞辛劳地编撰了《敦煌石窟全集》，为莫高窟的科学研究做出了杰出的贡献，以“敦煌的女儿”之名被人们深深地铭记。历史是脆弱的，因为它被写入纸张，被描绘在墙上；但也是坚韧的，因为总有一群人甘愿守望历史的真相，期望它永不消失。樊锦诗和敦煌人以其高尚的精神境界，勇敢地坚守莽荒大漠，用自己的青春和智慧，守护着莫高窟，他们的宠辱不惊、安之若素，让人们深深感受到了他们的坚持和奉献。我们应该反思自身，追寻那专注奉献的精神。

六、在一个人最艰难的抉择中，操纵着他的往往是隐秘的内在信念和力量

在世人看来最艰苦的地方，在人迹罕至的地方，是命运对意志的最大考验，能激发出无穷的力量和信念，创造出一个又一个令人难以想象的奇迹。

古罗马哲学家塞涅卡曾说过：“心智是我们获得财富的源

泉，在最荒芜的荒野中，心智与我们一起流浪，在找到维持身体所需要的一切之后，它也在享受着自己的精神产物。”当一个人真正领悟到自己的内心，便会感受到一种持久的喜悦，这是一种从内心深处涌现出来无限的快乐，它超越了世俗，无法用言语形容。爱情与热爱，支撑着樊锦诗坚守敦煌。

当夜幕降临，九层楼的周围变得宁静，身处其境的人仿佛可以听到彼此的心跳声。一阵阵清脆的铃声随风轻轻响起，樊锦诗说这是它们的回响。铃声在昼夜交替的时候跳动，让人仿佛在无常的梦境中徘徊。当星空熠熠生辉，微风轻拂耳畔，壁画中飞天演奏的音乐仿佛在身边缭绕，樊锦诗终于知道了她为何要一辈子留在敦煌：这里是人类寻求灵魂安宁的地方，没有必要去他处寻找。当九层楼的铃声响起，世界便安宁了，时间也停止了，永恒就在眼前。

七、非淡泊无以明志，非宁静无以致远

樊锦诗在与北京大学的年轻校友交流时，提出了人生可供选择的三条道路：黄道、白道和黑道。黄道指的是做官，白道则是追求财富，而黑道则是追求学术，如果去了敦煌，那么就只能选择黑道，在黑暗中摸索前行。樊锦诗没有把自己的财富留给孩子们，而是将所有的个人收入都投入敦煌的保护工作中，她从不贪图物质上的享受，也不在乎金钱或名声。她坚信，只要走上正确的道路，就能够实现自己的梦想。她穿

了四十多年的那件外套，即使里子破了也不舍得扔掉；在吃饭时，她不仅要求自己吃光碗盘里的所有食物，还呼吁所有和她一起吃的人要“光盘”。

作者顾春芳曾问樊锦诗：“你为什么这么节省？”她说：“我经历过困难的日子，觉得不应该铺张浪费。但主要原因是父亲去世之后，家里很困难，母亲和两个弟弟都没有工作，我的大部分工资都要寄回上海家里，慢慢就养成了紧衣缩食的习惯。”

樊锦诗是一个拥有最纯粹生活方式的人。她深信，纯粹的生活源于内心深处的自我意识。

参考文献：

[1] 任风. 樊锦诗：“敦煌的女儿”[J]. 党建，2022（12）：68.

[2] 汪安阳，赵一铮. 敦煌艺术[J]. 中国包装，2023，43（01）：29.

[3] 奚美娟. 走近樊锦诗先生[J]. 中学生阅读（高中版）（上半月），2022（05）：4-6.

（作者单位：四川大学水利水电学院，指导教师：彭程）

灵犀的偶然、悠然与自然

——评《灵犀：一位法国诗人与苏东坡的心灵交会》

◎刘颂扬

如果我们从“东学西渐”的接受史来观视与定位，法国诗人克洛德·罗阿的苏轼评传《灵犀：一位法国诗人与苏东坡的心灵交会》（以下简称《灵犀》）显然代表了一种奇崛不凡的样式。它不同于大航海时期《大中华帝国志》《东方见闻录》等一系列充满异域幻想的游记文本，也不同于伏尔泰、孟德斯鸠、莱布尼兹略带东方主义偏见的批评，罗阿的“心灵交会”拒斥以走马观花的猎奇心理对中国文化予以简单“美化”或“贬斥”，它寄望于倾听的深入与对话的敞开。它同时也迥异于海德格尔对老子“三十辐共一毂”、布莱希特对梅兰芳“间离感”的思想借鉴，比起这些宏大的哲学性对话，罗阿的路径要更私密、细腻与微妙。而作为诗人型汉学家，罗阿的著述也和费正清、宇文所安、顾彬等传统汉学家的文章不同，他的《灵犀》与其说饶有学理性，不如说其特质在于一种率意与洒脱。《灵犀》并不穷求于对东坡诗文进行考证诂解，罗阿所钟情的始终是诗性心灵的隐微共鸣。深切感、具体感、诗意感织就了《灵犀》的文化风貌，这是一本建立在“情动基础”上的跨文化评传。

《灵犀》的内在灵魂始于对“偶然性奇迹”的执着。一般来说，为文化名人撰写的评传，通常都建立在作者对传主长年累月的读书积累与知识考掘之上。《灵犀》则不然。罗阿与其“千年前朋友”的相遇，起于十分偶然与随意的事件。1950年，罗阿作为法国友人访问新中国期间，他在杭州与翻译罗大冈相识。在一个月明星稀的夜晚，二人于柳树下共进晚餐。罗阿在抬头凝望夜空的一瞬间，突然兴奋地喊道：“罗，看！月亮！……简直就像挂在柳枝上似的……”罗大冈本能地应和道：“像一面蛛网……”翌日，罗大冈欣然地将一本东坡诗选送给了这位法国诗人，并告诉罗阿，“在完全不知道他的情况下，您差点吟出了他的诗句……”

这神奇的诗句就是东坡《舟中夜起》中的“落月挂柳看悬蛛”。在书中，罗阿花了很大的篇幅对这一“偶然兴会”进行铺陈与烘托，其中还说到了他来西湖赏玩的缘分，娓娓道来。以常人之情度之，不经意吟出先贤的诗意，多少会令人有矜才之感。而罗阿却仿佛一见钟情的恋人，不可自拔地陷入了某种如梦如幻的生命漩涡之中。他以诗人的敏感细腻问道：“我们在湖畔的这两夜与苏东坡相隔千年，隔了那么多个朔望，同一轮挂在柳梢的月亮触动了一位远在宋代的中国人和一个20世纪末的法国人。这，难道不是一个奇迹吗？”在他看来，这种诗性促发的奇迹是那样妙不可言。它是宇宙间万分之一的偶然邂逅，又冥冥中像是某种心有灵犀的必然；它本可以有无数个否定其诞生的理由，却毅然闪烁出了超越无数隔阂的可能性灵光。用佛语来说，这是一种“机缘”，一种“期会”。罗阿抒情地说：“苏东坡并不是堂而皇之地跨越天国之门而进入我的生活的，而是在最不经意间，以一种寻常的姿态，通过一道窄窄的门，推门而入。”

自此，他与东坡的“交情”一发不可收。他开始怀着极大的虔诚对东坡的诗词与生命虚怀聆听，在宋代的人文艺术与世情历史中流连忘返。在他身上，我们似乎领略到一种神奇的“颠倒的逻辑”。与常人“操千曲而知音”不同，罗阿对东坡的生命，是先触动而后聆听，先热爱而后了解，仿佛一粒不明所以的盐化入水中，悄然弥散。这是世俗的非逻辑，却又是萌生于“偶然性奇迹”的诗人逻辑。罗阿时常对这种“灵犀感”还有法国诗人独有的执拗。他以浪漫而带有些轻狂的笔触说，自那以后，“就好像对一抹印迹心生好感，与一个影子心有灵犀，为一个缺席者的出现而欢欣鼓舞，……当我想到他，我有时会凭借某种假定、某种倾向、某种狂妄对自己说：‘因为，他就是我’”。

以偶然性为原点，《灵犀》摆脱了一般东坡评传的刻板模式，它的行文自由不羁、洒脱无束。正如罗阿所言，“苏东坡擅长把再平凡不过的时光与生命中巨大的不确定性编织在一起”，《灵犀》同样像是一幕随心变幻的生命戏剧。就文体来看，它时而是关于新中国访问的游记，时而是刻写杭州风物的地方志，时而是罗阿的宋史读书笔记，时而是字字珠玑的抒情散文诗。就风格来看，《灵犀》也是多彩多姿的。它有着史书的严肃，又闪烁着日记的轻盈；一会儿弥漫着宋诗的典雅与古朴，一会儿又流泻出法国诗的梦幻与浪漫。罗阿坦言，他所写的并非林语堂式的《苏东坡传》。始足于“偶然”的妙趣，他迈入了另一重“悠然”的写作境界，随心所欲，而又通体浑成。在此，我们不得不惊叹于宁虹教授的译笔。她仿佛驾轻就熟地乘上了罗阿想象的“天马”，将两种生命、两种诗学、两种文化间纷纭的想象畅达抒出，自然而不失韵致。在其妥帖、灵动的中文里，不仅可见罗阿的天才制作，还沉淀了一份属于译者的耕耘之功。

在性灵的自由挥洒中，最能标识《灵犀》独异性的，或许是一种“法式苏东坡”的建构。在书中，罗阿不时会援引来自西方传统的掌故来理解苏东坡。比如他写东坡作画时“吐出胸中墨”的挥洒自如，指出这种即兴感与超现实主义诗人德斯诺斯的“自动写作”有同工之妙；写东坡斟酌米酒的“微醺体验”时，说“如同波斯诗人赞美喝了葡萄酒后的微醉感”；写东坡和子由的兄弟情谊，说两人之间的“通信如此美好，一如梵高和他的弟弟”；写东坡奔丧途中的见闻，说“他一路倾听农夫、船工、官员和士兵的讲述，这让他有了雨果在《见闻录》中所说的多重视角和多重听觉”　。当然这些仅是浅层的文化类比。往深处看，罗阿笔下的苏东坡，实质上已非古书载录的那个“气节之崚赠不衰”的正人君子，而更像是一个浪漫敏感的法兰西诗人。他能够细腻地观察生活中各种无常的瞬间，在风吹柳絮与蜗牛攀墙中觅得生命的真趣。他也能与罗阿隔着万重时空为同一种蝴蝶纹路而出神，并且“在恒星时钟千分之一秒的时间内用同一个声音说：‘我，就是你’”。

更为重要的是，不同于宋人“余事作诗人”的士大夫观念，罗阿似乎以一种糅合马拉美与柏格森的眼光，将东坡的生命本身视为了一首流动的“纯诗”。在他眼中，东坡一生坎坷流荡，却总能以盎然的诗性生命化解之、圆融之、超越之。这样绝美的灵魂一如夜露之销残，却因其诗性的高贵，而“闪耀着超脱死亡的生命之光”。罗阿敏锐地发现，在东坡晚年流放海南时，他始终保留着早年《江上值雪效欧阳体限不以盐玉鹤鹭絮蝶飞舞之》一诗的手稿。手稿与其情境的张力，仿佛是东坡与其命运的譬喻：“这些能致命的酷热岁月所留下的，其实是一首关于霜冻、冰雪和彻骨寒冷的伟大诗篇。”这种诗人形象，我们在波德莱尔、夏尔、兰波身上屡见不鲜。

罗阿对东坡的“倾听”，有时融入了过分浓郁的诗性主义幻想。就“真实性”的角度而言，这势必会招致不少非议。但罗阿并不在意“真”与“假”的律令，他认为人们都没有认真审视他的“哲学假设”。在他看来，世间无所谓铁板一块的真理，唯有源于共情的真理。他所关切的，与其说是那个作为实体而存在的苏东坡，不如说是苏东坡作为文化原点所打开的情感空间，是东坡在时空延宕中给予人的生命陶冶与诗性启迪。正如杜青钢先生所说，“《灵犀》不以史料见长，却具国际视野，长了第三只眼，轻妙间，揭示了许多身在此山不得见的景观”。英国文学评论家盖伊·温特也指出，罗阿所描绘的中国是如此富于诗的优雅性，以至于“它与真实的关系都无足轻重了”。

不过，《灵犀》也不纯然是一种主观想象。在率意的同时，罗阿也为了解东坡诗文和中国文化下了不少功夫。他对东坡身世、文人交游、乌台诗案、宋代官职等问题的翔实叙述，显然是潜心阅读史书的产物。对书法用笔的考究、对古典诗文“用典”技法的解析、对“王安石变法”诸种政治法令的梳理，不仅论述精确，且多有灼见。在其中，最能体现罗阿汉学功力的，要数他对东坡“浑融”天性与“达观”人格的把握。他指出，“苏东坡一生像一个球”，他流转于江湖与庙堂、京畿与边陲之间，却总是“勇于变通”，像风一般因势而生、随遇而安。罗阿认为东坡有一种坚韧深沉却大智若愚的处世态度：“世上有两种不易得的状态：祥和和快乐，苏东坡却能集二者于一身。”这的确是东坡一以贯之的品质。东坡曾在韩愈的庙碑上写下“浩然之气，不依形而立，不恃力而性，不待生而存”的豪言，而他“且乘流、遇坎还止”“此心安处是吾乡”“何妨吟啸且徐行”的词句显然也是对这种天性的注脚。

罗阿还常在书中将东坡视为勘探中国传统文化的切面，以此进行文化诗学式的宏观把握。但不同于一般文化研究，《灵犀》的价值在于罗阿贯彻全书的比较意识。比如他认为汉语诗韵律铿锵急促，法语的多音节徐缓有余，却也拉慢了诗的节奏；又认为东坡的即兴创作取道的是庄周式的逍遥自在之理，而布勒东和德斯诺斯却诉诸无意识的怖骇、痉挛与战栗。这其中，罗阿着墨最多的内容，还属对西方肖像画理论和苏轼、米芾画论的对视。法国哲学家弗朗索瓦·朱利安曾从文化言述范式的维度指出，希腊人善于以一种垂直的方式，为语言表象寻求一种超越性的本质或作为“真理”的客观基础。而中国人却执着于言语的横向弥散、迂回呼应与逍遥和谐，具有从“之间”的游移中无限生成的力量。“真”之于中国人不是“真理”而是“道路”。罗阿在《灵犀》里对中国画正是持这种理解。他认为西方绘画总是追求一种对象的明晰感，东坡与米芾的画作却不诉诸对本质的客观的复刻。它“力图在目光和事物之间、专注与游离之间保持距离”，具有某种自洽的优雅和平衡的睿智。应该说，即便在阐述上存在不少盲视与误读，我们仍不难窥见罗阿熔铸想象与学理的努力。他在重构“法式苏东坡”之余，也展现出了走入原汁原味“苏东坡”的诚意。

可见，《灵犀》的“悠然”之境，实质并不只意味着对东坡诗文的随性读解，而毋宁是一种在文化旅行中“站位”的自由。正如向以鲜先生所言，《灵犀》充满了“我者”与“他者”的相互交织。在书中，罗阿可以是诗人罗阿，也可以是名为“苏东坡”的法兰西浪漫诗人；可以是那个有血有肉的宋代诗人苏东坡，也可以是作为整体文化象征的苏东坡。在这种亦此亦彼的扑朔迷离中，世界的真相到底是怎样已经无甚要紧，更重要的是“看”的存在本身，是敞亮世界的方式——“对于一只蛱蝶来说，扑扇翅膀的‘此刻’意味着生命？对我意味着什么？对他又曾经意味着什么？”倘若结合《灵犀》的整体来看，这种视点的游弋不只局限于双向的逻辑，还内含多重的视域。梅兰芳、老舍、罗大冈，乃至杭州的西湖、巴黎的街道、古老的中国，都是故事中的主体。

罗阿惊讶于不同历史性存在的多姿多样，却更迷醉那种尔我变换、彼此难分的“间性”状态。但不同于许多东方主义者寄望于制造“间距”来反思西方，罗阿选择了逍遥于无目的的张力本身之中，在文化旅行无终极的“途中”自成一境。罗阿也宽容他的中国友人共而为之：“在埃尔维尔之外的另一个湖畔，我的朋友罗大冈所理解的法国文化并没有让我觉得滑稽或不合时宜。月亮挣脱了柳枝对它的束缚。随着时间的流淌和月亮的缓慢移动、消失，我们离开地面随之飞舞、漂浮。”在这富于隐喻的文字里，罗阿所想象的中国与罗大冈所想象的法国在一个彼此难分的途中偶然相遇。恍惚之间，何为起点、何为终点已经无从说起。单是分享、邂逅与交游本身，或者如书题所说，这种“灵犀”本身，就足以让人飞舞自得。

应该说，在“求同”与“存异”旷日已久的对峙中，罗阿的诗性实践无形中为文化对话打开了新的想象。它令人联想到丹穆若什在《什么是世界文学？》中提出的未来构想——不是在源语文化中心的前提下与作品相遇，而是基于一种“焕发活力的偶遇”的想象而在“张力中阅读”。同样地，《灵犀》并非只是古典文化海外传播的普通案例，也并非只是基于外部视角的“外国人看中国”之作。罗阿叩开了一重空间，寄望于不同的心灵视角在此交互共享，在张力中成其自身。但值得注意的是，罗阿又并非只是张扬某种“同”与“异”的抽象辩证。不要忘了，促发这一切的原点，是“偶然”的诗心，是妙不可言的情感动力。如果说张力是罗阿跨文化想象的谜面，那么它的谜底便是“共鸣”。正是共鸣的机制使彼此的移情成为可能，使尔我变换、彼此难分的居间状态内蕴了一种“我们”的信念。罗阿仿佛告诉我们，使对话得以真正可能的，不是文化实体的逻辑，而是情感的逻辑。文明之间需要相互理解，但首先需要相互触动；文明之间需要对话与交往，但首先需要一种感怀与想象。

“我为何要穿越数个世纪独独去喜爱那个他？”《灵犀》开篇所设下的问题，罗阿在自己的生命体悟中已找到了回答。他说，在杭州与东坡“邂逅”的往后三十年，他穷索了从古希腊的阿尔基洛科斯到美国的艾米莉·狄金森的无数诗篇，发现那些刻画月亮的诗句，都使用过“挂”“悬”“系在高处”的表达。但是，使这种心照不宣成为可能的，与其说是文化语言的同构性，不如说是用诗人的存在去感知一切、诗人的生命去“看”世界的情感相通性。“诗心”让天下合为一家。罗阿在30年后把这一切的思考熔铸在了他题为《隐喻的迁徙》的诗中：

假设灵魂能从一个躯壳进入另一个躯壳
一如旅人从一间旅舍前往另一间旅舍
除非，每一个
因相似而被归类，因不同而被定义的
初来世间的人
能保有，如同一位哲人所命名的
“生命本质的镜子”
用他新生的，完全不同的眼睛
以与前人一样的方式，凝望
那轮悬在苍穹的明月

正是共享着“生命本质的镜子”，罗阿与苏东坡以偶然奇迹的方式“交会”了。罗阿没有明言的是，这种“交会”与其说是“偶然”的，不如说因为澄澈的“生命之镜子”而自有注定。但这种注定与其说是一种“必然”，不如说又是一种“自然”。因为拥有着相同的双眼，一切的相知总是如其所是，自然而然。一如人类文明千姿百态，却因为相同的情感，在历史中记录的那些相遇总是那样水到渠成、顺理成章。

（作者单位：四川大学文学与新闻学院）

死水微澜：王韬眼中的世界之变

◎吕鑫

王韬是晚清以来试图从西方寻求变革之道的众多士大夫中的一员，同时也是中国近代史上最早走向世界的知识分子之一。他曾游历过英法等诸多国家，浸染于西方世界长达20年之久，这让他深刻体会到了19世纪现代世界的图景。但同时王韬本人从小受过严格的国学训练，早年的学习经历奠定了他作为中国传统儒家士人的精神底蕴和天下观念。传统的精神与现代的图景在他头脑里激烈地冲突着，并随着时间的推移和认识的深化交织为一幅幅复杂且脆弱的画面。汉学家柯文的《在传统与现代性之间：王韬与晚清改革》一书试图以西学东渐的角度分析王韬世界观中的“新图景与旧思维习惯之间那种脆弱、紧张的平衡状态”，梳理王韬世界观的主要内容及其形成的过程，并以此为代表总结晚清知识分子思想近代化的历程。

该书大致分为三个部分。第一部分以时间为线索介绍王韬的生平，分析影响王韬思想成型的一些因素以及太平天国的变故；第二部分逐一介绍王韬旅西后的见闻，着力描写西方见闻对王韬精神、文化和心理的冲击，将其作为王韬世界观产生变化的原因，这其中基督教会和西方著作的影响成为叙述的主要内容；第三部分是在此世界观指导之下王韬针对晚清困局提出的变革之道；第四部分是所谓“实验性”的部分，柯文试图通过其总结的“沿海－内陆的理论模型”，对王韬那一代知识分子进行整体性研究，并将他们所面对的关于传统与现代的挑战纳入这一模型进行诠释。

这四个部分环环相扣、由浅入深，从单个儒家知识分子的思想变化逐步走向对晚清整体面貌的分析，显现出“西学”的石子怎样让晚清社会的一潭死水泛起波澜，并由此拉开了名为“现代化”的民族征程。但传统与现代始终存在一个动态转换的过程，“总有些东西并不能正好符合这两种成规”，而以王韬为代表的儒家知识分子面对西方世界的冲击那“强烈的游移性、暧昧性与矛盾性”的现代性感受，无疑为今天的中国社会寻求有别于西方现代化话语的表达方式提供了历史的经验以及全新的可能。

一

《在传统与现代性之间：王韬与晚清改革》一书在主体上依然承袭了费正清的冲击－反应理论。该理论往往将传统的中国社会视为“一种有别于扩张性的商业－工业－军事型的、充满调和与折中精神的、停滞的农业－官僚政治文明，是一种与竞争的个人本位相异的顺从的伦理本位文明”。正因为这一超稳定结构，“中华文明缺乏内在动力去突破传统框架，它只能在巨大的冲击下，被迫对西方做出反应”，而发生于中国近代的诸多事件均为西方入侵所推动和左右，是一部回应与冲击的历史。

也正因置身于这一理论视域下，全书主要是以对西方冲击接受的视角回溯王韬世界观塑形的过程：从历时上来说这是王韬长期与西方交往的使然。逃离香港后，王韬曾游历欧洲数十国，目睹现代文明的发达，在他的旅西见闻录中详细记录了他所感受到的中西之间的巨大差距，这刺激了王韬求变思想和民族国家意识的生发；同时，长期以来与基督教会的交往也开阔了他的视野，让他对西方文化和科学知识有了更为深入的了解；而从共时上来看，晚清社会的整体面貌为分析王韬精神世界提供了切入点，由此王韬成为管窥晚清社会近代化的一个合格的注脚。

但该理论显然不能完全阐释王韬在传统与“现代”之间的徘徊。一方面，王韬的世界观虽然存在现代性的创见，但又有根深蒂固的传统色彩。作为一个儒家士人，儒家文化尤其是晚清今文经学的发展也对王韬世界观产生了重大影响，王韬所提出的循环论有明显的公羊学的痕迹，而柯文著作中所归纳的关于儒学世界观中的种种矛盾在晚清今文经学也有过激烈的讨论。另一方面，柯文在行文中对冲击反应的范式其实也有深刻的反思，在他看来以儒学为代表的传统与现代性并非是冲突的，而是一个动态发展的过程：最好将现代化理解为一种向现代性的境界的导向，但却不能完全达到……的确，并不存在现代化的最终境界，仅有现代化与传统力量之间不断调整的过程。如果说“冲击－反应理论”解释了晚清变革的主流脉络，那么王韬思想的复杂性则从一个侧面显现出中国士人面对西方冲击的策略与方法，作为接受方的他们事实上并非完全机械地用西方制度和思想解决中国社会存在的实际问题，而是有选择地进行采纳和调整。

立足于这一反思性的启见，柯文在书中实验性地提出了“沿海－内陆的理论模型”以求弥合“冲击－反应理论”的不完善之处。该理论认为，在晚清的变革中沿海地区和内陆地区作为两种地域化的模块发挥了各自的作用：沿海不断冲击内陆地区，承担变革的主要责任；内陆地区则将其中国化，以使冲击合法化。

由此，王韬思想成型的过程得到了新的阐释：沿海对内陆的冲击为王韬思想的反抗提供了契机，而太平天国运动则影响了王韬对变革的看法，不仅仅改变了王韬对变法急缓与否的认识，也影响着他对变法主体建构的判断。例如，就内陆地区与沿海地区的互动而言，西方所划定的民族国家观念的确粗暴地重塑了清王朝的政治和外交生态，推动近代中国不断陷入西方殖民体系预设的框架之中；但民族国家的组织结构呼应了清朝长期以来不断加强中枢权力以提升国家动员能力的需要，而这种倾向自然也就为王韬世界观的形成提供了现实政治的考量，王韬在著作中不断强调“君民一体”，其发端也正在于此。

相较于“冲击－反应理论”而言，“沿海－内陆的理念模型”更强调晚清近代化历程的内生性因素，把西方的冲击视为中华内部互动机制的一部分。然而该理论也有相当不成熟的地方，这主要源于柯文试图将人物的地域性和其思想相绑定，却缺少强有力的理由。在沿海生活因而较容易有“香港－上海走廊”的生活经历，进而获得与西方的接触并激发进步思想的逻辑，显然有由果推因的嫌疑，因为并非这个走廊上的每个人都生出了变革的思想；同时，柯文在论及沿海与内陆改革者区别时，又抛弃了二者地域性而选择以思想或者能力的细微差异为区分；更为重要的是，为了该理论的完善，柯文在叙述王韬世界观形成过程中有意隐去了有关近代以来西方对中国侵略的叙述，甚至认为王韬在相当一段时间里并不将西方视作“主要‘挑战者’”，并将王韬之后有关西方的敌意以其民族主义的形成作为解释，这显然倒置了因果关系，并与著作的主体论述部分产生了冲突，这也成为这一理论模型最为致命的纰漏。

二

“他们无法表述自己，他们必须被别人表述。”传统并非事物某种固定的属性，而是被现代话语表达为其对立面方才成为一种“传统”。在晚清的历史语境下，“现代”对“传统”

的宰制不单单是现代性话语自身的特性使然，更在于19世纪以来掌握“现代”话语权和生产方式的西方世界以军事或经济的形式粗暴地闯入原有的领域，否定长期以来在历史和文化交流过程中中国已然成型的话语体系进而强行表述“传统”的过程。也正是这一过程的粗暴和野蛮，以及西方所表现出的勃勃野心，使得“传统”体系下的知识分子多寄希望于通过外在的强力驱除现代性力量的投射，使“传统”摆脱被表述的危险境地，因而又不得不向已然现代化的西方世界寻求力量的来源，主动带领“传统”走向“现代”。

王韬正是这一“现代”和“传统”动态过程最好的注脚。作为晚清的士人，他接受了系统的儒学教育，这确定了王韬世界观的内在底蕴，晚清今文经学有关时局的解读则为其改造传统提供了借鉴和依据。而通过与基督教会的交往，他见证了西方物质文明的繁华，真切地感受到现代性图景的召唤，晚清政府内在的需要和太平天国的变故则为王韬的世界观提供了现实的出发点。面对新世界的冲击以及旧世界内生的需求，以王韬为代表的中国知识分子并没有抛弃“传统”，而试图将外来的力量转化为内在变革的动力，通过将“传统”现代化以重新找回古代中国的价值。二者的激荡让王韬的世界显现出“新图景与旧思维习惯之间那种脆弱、紧张的平衡状态”。这种状态就新图景而言是民族国家观念的萌生，学习西方以进行现代化变革的必要性；而旧思维则表现为王韬改造儒学观念，将天命、大同赋予现代的意蕴以使其适应新世界的需求，并在此基础上为变革寻求合法性的过程。

士人们的思维在传统与现代中激荡，事实上道出了近代以来中华民族寻求自身道路的渴望。西方“现代”的到来固然打破了晚清一潭死水的沉闷，显现出在与西方之间巨大的经济社会落差面前中国需要迎头赶上的必要性。但西方勾勒的现代模式并非一切答案的“灵丹妙药”，它显然无法处理中国复杂而多元的文化社群生活，也无法诠释事关中国社会主体的伦理价值。与之相反，它总是试图“抽离其特定的社会环境”，成为“凌驾一切的真理”。对这一程式化的反叛正是晚清以来王韬等仁人志士艰难求索的一个起点，而他们的行动也传达出了这样一个坚定的信念：世界上既不存在定于一尊的现代化模式，也不存在放之四海而皆准的现代化标准，中国的现代化之路必定还有全新的可能。

参考文献：

[1] 柯文. 在传统与现代性之间：王韬与晚清改革[M]. 雷颐，罗检秋，译. 南京：江苏人民出版社，2003.

[2] 费正清. 剑桥中国晚清史[M]. 北京：中国社会科学出版社，1993.

[3] 王立群. 中国早期口岸知识分子形成的文化特征：王韬研究[M]. 北京：北京大学出版社，2009.

[4] 萨义德. 东方学[M]. 王宇根，译. 北京：生活·读

书·新知三联书店，1999.

［5］许宝强，汪晖. 发展的幻象［M］. 北京：中央编译出版社，2001.

［6］王新谦. 对费正清中国史观的理性考察［J］. 史学月刊，2003（3）：13-18.

（作者单位：四川大学文学与新闻学院）

捡拾侧影，折射盛世

◎黄雨婷

一、缘起

子美赠花卿，丝管日纷纷。在杜甫心里，思念是云深影难留，经霜锁冷秋。在杜甫眼中，塞外是戍边一雁声，故里明月一抹清。而民间的疾苦，更使杜工部感受到茅屋所破，雨脚屋漏，只有得广厦万间，以得寒士欢颜……他的眉头一直深蹙，仿佛不知疲倦地诉说着百姓遭受的疾苦与艰辛。

也许有人会拿太白与子美相比，为何有“老杜”，而无“老白”？或许是因为太白从未老，子美从未少。李白是“诗仙”，杜甫是“诗圣”。仙者，因而超脱；圣者，所以同在，与国家同在，与黎庶同在。毕竟，野老壮游羁旅，踌躇满志以济天下。没有人生来就坎坷于心，愁绪满怀，杜甫在最初，也是自信而傲然，定当一览众山小。只是，不逢时，无契机，竟使得有识之士仕途迂回，步履维艰。野无遗贤，而才尽山野，真是莫大的讽刺啊！

迫于压力和满腹志酬无人赏，于是杜甫弃官归隐，开始放眼民间，这才注意到唐朝浮于表面的那些缥缈浮华之下，却是这样的苦难心酸。子美不忍，因而执笔抒写，起波澜且惊风雨，诉怀才之不遇，感不平之悲鸣。

杜甫啊，愿意俯身去聆听这世上的苦难。他的胸襟是宽广的，他的仁爱是广博的，以济民间，完善独身。半世漂泊，年老多病，那种凄凉与伤怀，岂能把酒以消愁啊！他不超脱，也不自在；他经霜历雨，更是遍体鳞伤；他忧愁，他呼喊，他愤懑，激起浪涛，在沉郁顿挫、兼收并蓄之中借诗以喻世，叹民生之多艰。叶嘉莹先生说："一个人关心面越广，他作品的生命就越丰富、越博大、越深厚。"杜甫就是这样把整个时代的血泪，把整个国家民族的悲哀都写到诗里去了。的确，生命中的大不幸，却成就了杜甫艺术生命的大幸。少陵野老的脚步，随着他落笔生花的"诗史"，在中华文化的历史长河中掀起了浪花，拍打在了我们的心里。

二、追溯

盛世，自以唐朝为首，出现了太宗贞观之治、玄宗开元盛世、宣宗大中之治三大盛况。此时的唐朝，勤俭治国，体恤百姓，减少赋税，休养生息，文教以复兴，注重人才选拔。在玄宗时期，唐朝国力达到鼎盛，形成了“三年一上计，万国趋河洛”的盛世局面，使得唐朝进入全盛时期。

缘起之时，是现世的人们对杜甫的一种固有印象，人们一联想到杜甫，总是将苦难与他联系在一起，然而，杜子美是见证过历史的辉煌的，他大部分的人生是活在太平盛世。向以鲜教授表示：“尤其是开元那将近30年的时间，也正是杜甫成长和漫游的韶华时代！在那样一个黄金时代成长起来的，并且拥有显赫父系和母系家世的诗人，再苦又能苦到哪儿去？”这正是本书的一大亮点，从逆转常规的视角，以杜甫诗歌文本为根本，辅以相关历史文献典籍及近现代中外杜甫研究成果，发挥向以鲜教授身兼学者、诗人双重身份的优势，使得这本评传既有严肃的文献支撑，又有生动晓畅的现代表达。更为精妙的是，这本杜甫的评传由59个小节组成，暗合杜甫59岁的一生。南京大学程章灿教授在本书序言中写道：“一个59岁的诗人，写另一个59岁诗人的评传，岂非天意？”程章灿认为，这59节文字，正好是“理解杜甫的59种角度”。但在向教授眼中，这59种角度仅仅只是掀开了小小一角。而我认为，更多的是他不同的人生经历，使得他有着看穿物欲横流之慧眼、倾听人间百态之聪耳，得以充盈从容于一生，坦荡忠诚，傲骨伫立。

时代洪流裹挟着个人的命运，杜甫也不例外。向以鲜教授说到，安史之乱改变了一切，作为个体诗人的杜甫，身如浮蓬，在肉体上无力去对抗时代的洪流。但他却找到了另外一种力量——诗歌的力量。“杜甫坎坷不安的生活与不朽的‘诗史’写作，将汉语之美、之幽深和力量推向了极致。也磨炼出一面光鉴纤毫，朗映万象的神奇镜子，使千载之下的世人，得以窥见一个风云时代的侧影。”

侧影，在杜甫的诗歌中，是光芒的，灰暗的；也是繁华的，凋零的；还是欢乐的，悲伤的，体裁多样，诗意浓厚，如此的过渡，便展现了杜甫的一生。想要去了解一个诗人，最好的办法就是阅读他的作品，同时去追寻他的行迹，这就叫作“观其言、查其行”，由此可窥其全貌。诗歌是发乎于心、止乎于笔端的真情流露，是诗人和这个世界沟通的方式，是我们了解他的途径。那么，改变世界的方式有很多，每个人的选择不同、方法各异，杜甫并不是想成为诗中之圣，他更想成为的是人中之圣，与民同行。在虚实之间，杜甫选择了求实，他的诗歌体现了他的这种生活态度，体现了他的这种人生追求。

三、粉饰

关于杜甫的评传，很多珠玉在前。但向以鲜教授所写的这本评传，是从少年时代就开始的对杜诗的热爱之火集聚而成的。并且表示：“回过头来看，这些前辈大师的学问当然比我好，但不一定有我这么喜欢杜甫；就算有我这样喜欢，他们也没有我这样幸运，因为我能站在他们的肩头之上，我能从他们的杜甫研究中汲取精华和能量，从而淬炼出属于我的杜甫之血与火。”

全书通篇以专题分章节，以59个专题，串联起杜甫59年的岁月，对杜甫展开崭新的探讨。专题与专题之间，又有着严密的叙事逻辑，为我们展现出时间与事件的交织碰撞。59个小标题都是以命名为叙：除夕赌徒、长安诗歌道场、春天的泪水、第四种告别、诗歌园艺学家、乌皮几之恋、撒娇派、杜甫的舌尖等等，每一专题，或新解读，或新问题，或新发现，或新命名，深入浅出，专业又通达，显示了不落窠臼、不破不立的状态。向以鲜教授借现代文化的聚光灯，照亮了千年前的诗人，拉近了诗圣与我的距离。

再者，此评传不仅仅向我们展示了鲜活气质的杜甫，还向我们展示了向以鲜教授的著书精神。在本书中，他多次引用典籍，向我们解释现在生活中不常见的事物。处处有知识，字字讲来处，我们佩服向以鲜打破砂锅问到底以求甚解的学风。旁征博引，知识浩瀚，到此就发现，本书既是对诗的学问考察，也是对一个时代的政治、经济、文化、军事、思想的综合考察。各领域知识的多面交织与变幻，有条理而朴实；言辞严肃而活泼，厚重而灵动。

向以鲜教授以他的赤诚之心潜心对杜诗研究与钻研，成就了这本《盛世的侧影：杜甫评传》。在书中，我们可以跟随文字踏上杜甫从童年到南游吴越，到长安应试，最终暮年漂泊的人生轨迹，从中可以学到如何去理解杜甫，去了解野老的雄心壮志——志在于千里，而不佞不愚。所以，让我们一起去读杜诗吧，去品味杜甫的诗意人生，他的诗可以抵消部分生命的幻灭感。当代新诗诗人向以鲜教授，他的评传冲破了传统的桎梏，通过深度文本阅读和为之写传的方式，与先贤进行超越时空的灵魂对话。这种对话，使得古典诗歌与当代新诗消融了隔阂，除去了鸿沟。当古典与现代交织融合，便是中国新的文化发展。

四、相承

也许，在每个人眼中，杜甫的形象都是不同的，是鲜衣怒马，是壮志满怀。而他对民间疾苦的解读与关怀最让我印象深刻。杜甫少时，七岁就能作诗，为人谦卑有礼，可以说是一个意气风发的优秀少年。那个画鹰少年，年少气盛，对于一切都充满了好奇，对于自己的未来充满了信心，绦镟光堪擿，轩楹势可呼。杜甫少时是张扬而肆意的，是自信而傲然的。即使应试失利，他也懂得怎样去调节自己，云游齐赵之地，以宣泄心中愤懑。待登临泰山之巅，俯瞰山色葱郁，层峦叠嶂，自己仕途上的小小挫折，在泰山壮美的景色面前不值一提。面对自然的美景，杜甫那份热爱祖国大好河山的情感被激荡于心底，凝聚于文中。杜甫更是在归隐之中，贫困而不移，他的后半生，都是在为粮食，为蔬菜，为一口饭而兜兜转转。

林花著雨胭脂湿，水荇牵风翠带长。他的如椽巨笔伸向了普通的黎民百姓，记录下了无数的生之多艰，在文人都穷尽一生为诗与远方留下灿烂诗篇时，杜甫只关心粮食和蔬菜，关注底层小人物的悲欢离合。苍生不易，他们没有宏大的理想，他们只想吃上饱饭，住上一间不漏风雨的屋子，春种秋收，没有战乱，冬去春来，免受流离。

锦官一草堂，子美名流芳，心怀天下计，广厦空怅惘。杜甫的一生，是与诗为伴的一生，是与国为伴的一生，那个心系家国天下事，渴望成为“人杰”的人，最终却成了记录历史兴衰的“诗圣”，这既是杜甫的荣幸，也是所谓“盛唐”之悲哀。这也许就是向以鲜教授想透过杜甫来反映他平稳从容和颠沛流离的一生吧，从杜诗入手，剖析杜甫的往事，让我们得以深入认识与了解他的为人品格，感叹他的纯善多愁。然而更多的，从本评传所流露出的中华文化，丰满颇多，富有层次。从小中见大，从共性中发现个性，从杜甫放眼于整个文学时代和国家兴衰，到头来，盛世的侧影，便是那杜诗所描绘的天地，而在这一方天地之间，无论千秋也好万岁也罢，宁静致远，一叶扁舟。

（作者单位：四川大学锦江学院，指导教师：刘秋林）

江上数峰青

◎杨绍雯

一、作品简介

张岱，明末清初文学家、史学家、散文家，著有《琅嬛文集》《陶庵梦忆》《西湖梦寻》《夜航船》等文学名著。《琅環文集》为张岱自行选编的数年间的诗文合集，后手稿散失外流，四散至民间藏书家处。《沈复灿抄本琅嬛文集》是对 2016 年以前所出版的其他几种流传版本的《琅嬛文集》的补充与完善。与其他版本相比，文集收录了张岱佚文二十余篇，包括笺、启、疏、祭文、檄等题材，即使相同篇目互相比照也不乏相异之处，取之比对或可纠正今本的一些谬误。有诗四百余首多于其他抄本，是目前所知最为齐全的，解决了前版文集篇目不全、有序无诗的状况，大体呈现了张岱诗歌体构的全貌，为当代对明清文学作品的研究、晚明政治情状的还原以及对张岱其人的探究提供了更加全面的文本依据。

二、笔者其人，文集其文

关于张岱其人早有许多标签停留在文学史：遗民，浪子，仿徐渭者云云。《琅嬛文集》所收录的诗文可以说是张岱在人生波流与时代浪潮不受控地交融奔荡的情形之下，抛开一切过往年月里饱览博记的诗经理论，转而从最朴素的路径——实践，来寻求个体经验与感受的成果。在其中赫然可见张岱在文艺思维与创作能力方面最本质的特点与最突出的特色：没有了理论和框架的大手加持，肘下空空的孩童蹒跚履步而兴致勃勃，使用着最本真的姿势，经受着文学史目光最毒辣精明的审查。关于其骨头生长、关节发育的结论——小品精绝，诗赋平庸，文有精妙语而无大气魄。对于创作者来说未免是过于直露而无情的判定，然而这是文学史的公正，或许也与其审美意趣、创作渊源以及个体性格有着深切的关联。

诗文本不同，赋诗但求巧功炼句，要对内在下剔骨的功夫。而张岱因少时家学环境的缘故，早已深深烙印潇洒轻快的性格底色，断不会对自己的内在下如此狠手。若要强求其苦功，想必他倒要赌气释卷不写了。再如“苏轼渊明”之比的与徐文长的渊源。当世与后世总有意外统一的眼光，在两位才子的诗中发现一股奇异相似之精气，即使是张岱交好的族弟，亦在为《张岱诗文集》题序时有言“酷似文长”。学者夏咸淳先生也在《张岱诗文集》的序言中说道：张岱诗歌，尤其是古体诗每每参用散文句式，杂取家常语、大白话，奇字拗句，与其过于雕饰而失真，不如留其瑕疵而存完璞，正合乎徐渭轻矫饰重真率、“贱相色贵本色”的美学思想，故看似粗莽而愈见奇崛。而张岱本人也早有认识：即使后来转学钟惺、谭元春二人，甚至“涤骨刮肠” “刻苦十年”，但仍是“头面而已”“求其骨格，则仍一文长也”。每每深夜取稿灯下重读，或许也曾不自觉拊掌抚膺长喟曰：前有徐文长，诗史无老拙也！

然而这也并不是什么足令张岱挫败的事。他仍然乐于收集徐文长的佚稿，言语之间掩盖不住的敬仰亲近，除了对前辈的崇敬认可，更多也因为其“浪子心性”。

张岱身上自有一派游戏人生的自得，并不指浑不着调、“死老魅”式的无赖作风，尽管他时常如此自语，但实际上他的“游戏”是赋予人生定义的名词性状语。有关他人生之中巨大的陡山、汹涌的激流，张岱总是紧跟其后绝不掉队，好像的确真切投入地活在当下，行止之间却始终带着一派迷迷糊糊如梦似幻的恍惚感、轻盈感。无论是撰文修史，还是出仕辅政，张岱的初衷与路径总是在宏大而无可选择的使命感之下潜藏几缕游踪难觅的怡然姿态，好似无论多么倾向明显、目的直接之举，实际都无谓后果，只如船舟遇弯而拐移，至于去向何处，何时到达都不想去攥紧掌握。张岱人生中的一切，喜悲长短，就流水置泄一般陆续施施然到来，载他去往无边无际、空阔浩渺的命运之海，如此自然。故而文史并未成为他的金枷玉锁，只是心仪的一种游戏。他要记录的也并非个人的往日簿、当日名，一些宏阔到失真的景象，毕竟细数平生素日，哪里不是细芝麻烂谷子。他早早料想且于文字之中追求的，或许除了当下乐趣，还有一点渴望——无关乎交流的硕果而只关乎交流本身的渴望。因此总在小品文之中挥洒自如，有一股简洁清率。所谓简洁，并非故弄玄虚讳莫如深的简省，而是耐心诚实地叙清一件事情，以及诚恳率性地展露一种心绪。“诚”才是表达的本质与初衷。不文过饰非，不故作矜持，而只是出于一种传达话语的需求，是“交流”这一活动最初最纯粹的作用。或许于文字稍有灵毓之气的人都在舞弄笔墨之初已然伴生一股强烈的直觉，在自身的阅读活动中切割时间，在有意识的团揉搭构之下将其延展拉伸为三维单位，仿佛一个小学阶段的孩子终于拥有了将“光年”理解为距离的、不受偏狭的已知信息影响的视野。在那里，从认识到文字本身就是一种能够对抗时间的武器，终于也感受到来自对岸——又或者是几亿年以外传来的，遥远的呼声。在书写心中振动之时，恍然与别处哪行文字同频，遂以文字为坐标将知己所在命名，时间与方位惨败于符号之下。

将文字作刀剑，作鸽哨，作琴，作棋，作花，作茶，作堂前绿阶，作靥上飞霞。有一日于避雨的棚屋、粼粼的水面，灰头土脸悲喜一道地睁了眼，天地无声，忽然祈望能感应一阵频率——遂起笔，朝前后千秋万代传音，心中意潮疏紧泄滞流淌纸上，余波平缓之时，听得松涛阵阵，以为是远古，或者后世，返还而来的风。

三、回首向来萧瑟处

在他的诗文之中，也可窥见他大部分的交游生活。将所有文篇合在一起看，是要让人掩卷长叹的。张岱一生都躲不过一个“小”字。

年少时志小趣小，无虑无忧地以小辈身份生活在文雅富贵的大家族。稍大些结交的朋友，也都是宏阔朝代夹缝之中的小人物，生死际遇尽掩于时代洪流中，除张岱奔走泣告、为其中部分有义之士立传而流传的只语片言以外，再无痕迹。初时往来相交，游山踏水，咏酬唱和，小集体之中的小乐趣。友人寿宴上献出祝寿词，送友人之女出嫁要题诗，为友人之妻病愈作诗祝愿，还会打趣友人搬家匆忙、选址奇偏，来往小有温馨世故的情致。后来的故事也简单，小才未入深官场，国破任为小朝廷。许多事，比如为何多次参考而不中，鲁王小朝廷是否注定“扶不起”，这些大节点的走向，分不清是无缘无故还是早有预兆，总之都是造就如今已成了定文泛了旧的张岱人生之卷的因缘际会。在史书并不能照顾到的角落，没有天纵之才的陶庵静静蹚过属于自己的小更迭小运命，在其中经历亲散友离，年少读书游园的好梦是否也曾真正在他心头寂灭散碎？剥落后世赋予他的每一层神秘繁复又一文不值的华被，他是你我身边任何一个无能为力惶惶度日的人，清贫，凄苦，轻轻淡淡几分怨憎。几次躲避俗世之人，实际才是真正历经大热闹、大温存，而太过害怕冷清和枯燥的世俗人。

少年公子半生分与俗世，遍尝其可爱、可恨；半生付与荒山，将时日用以“回首向来萧瑟处”——会不会就是张岱折鼎病琴，抱贫山中，没有时局风波、亲友离散令人不堪其忧、不堪其扰时再起笔，分付的总结，想起的词句。想起少时富贵，侍花逗鸟，百般无赖地摆弄起文墨，不求通达，悠哉游哉，好跟风雅而已。后故朝生患，与故交别，他或递信或面见，一个个相送，眼前旧人，昨日交游，明日在下一个平静的口岸，或者战场前锋。他的笔也才逐渐笨重，担了一两道凝眉顿首殚竭心力呕血而出的政事疏议，泣了四篇、五篇祭文铭文。头次出仕，中间也生出不少枝节，一出一返。而他生于府苑天地，隔绝尘世，偶然搅入弊政乱局，并无成果，最终还是要归于洞天林地，与世不交。这时的笔还重吗？也许只是沉。那是他人生履历的累累果实与枯枝，前者厚重，后者庞杂。张岱就这样与破床碎几残书缺砚一道归山。张岱又其实只是带了自己归山。

世外几十年，破碎其心，残缺其神，折其骨，病其节。回首往日，笑泪交杂，真如隔世也！

四、轻舟已过万重山

——而属于张岱的结尾，又哪能是那么寂寞的文笔呢？

既是大梦一场，不如酣畅淋漓。

他的志向没有同辈士子那么高远，沉痛也没有同时代的义士那么真切。后来动笔反刍半生，写得最妙的当然是年轻日子，没有哀戚的底色，没有痛心的叫喊，通篇逸乐懒散，活泛轻快。在他这里，尽可以摒弃那些宏观虚空的意义，中看不中用的趣味，才是大浪漫。

《自为墓志铭》当中有我为之眼泪涟涟的片段：张岱在项王里选了一座山“营生圹”，友人为他题了碑。一场笑中洒泪的谶言。李敬泽老师曾道：“张岱的没心没肺有更广大的境界，冬天降临时，凋谢的花、殒命的鸟何曾哭天抢地？”张岱的洒脱于生死这般，于世界这般。古老繁盛的文明、恢宏璀璨的个体生命之史诗，都将平和地迎接冬天，而张岱其人，文与气与人浑融，是明的长夜与清的晴空之间一帧感怀疏朗的笑容。即使心力与才气未及天纵境界，只是小才子、小机敏，也是文字最好的小才子，天地最好的看雪客。

五、荐语

中学时代常与《湖心亭看雪》分食一整个烂番茄色的午后，霞光刺不透雪色。如今再同陶庵会面，我亦已不复从前。但于陶庵，每每念之，言之，诵其诗文，总要牵头一遍遍讲起那个场景：“余幼时共公看雪，舟中一翁一小子，俱雪色，天与云与山与水，上下一白也。”

而陶庵看雪，未尝分与何人何事一眼。

我随他着目眼前——

万般皆如初，江上数峰青。

（作者单位：西华师范大学）

怎样才能理解杜甫

——读向以鲜新著《盛世的侧影：杜甫评传》

◎师力斌

虎年春节的美事，就是欣然捧读向以鲜的新著《盛世的侧影：杜甫评传》。原来只知道向以鲜是著名的新诗人，著有《唐诗弥撒曲》，满拧且新奇的诗题。此番又见他为千古诗圣杜甫新作评传，四十多万字，可谓皇皇。杜甫是中华民族历史上影响深远的伟大诗人，宏博复杂，深奥曲折。杜甫诗学的研究已逾千年，资料浩如烟海，成果汗牛充栋，且名家辈出，系统完备，如果没有新视野、新方法，要在这个话题上发言，实属不易。本人写过一本《杜甫与新诗》，知道研究杜甫的门槛之高，难度之大。读过向以鲜新著之后，我甚是佩服，这实在是理解杜甫的一本好书，开脑洞，长知识，相见恨晚。

向以鲜所著的《盛世的侧影：杜甫评传》既是传记，又是专题研究，对杜甫生平、诗歌的一系列问题表达了独特见解。诸如杜甫童年、南游吴越、放荡齐赵、长安应试、疏救房琯、漂泊西南、饮食爱好、园艺养殖、社交活动、情感心理、老年漂泊等，以59个专题，串联起杜甫59年的岁月，对杜甫展开崭新探讨。专题与专题之间，又有着严密的叙事逻辑（时间与事件的逻辑）。每一专题，或有新解读，或有新问题，或有新发现，或有新命名，深入浅出，既专业又通达，显示了不落窠臼、不创新毋宁死的姿态。

此著作的雄心可概括为：怎样理解杜甫。其代跋《缘空一镜升》中有句话，“这是我们的秘密，只有极少数真正了解的人才能洞悉。这时候，杜甫的口吻，也是我的口吻”，透露出著者对于理解杜甫的高度自信。我深为认同，这本书的每一个字，都是向以鲜对杜甫的理解。

一、处处闪光的知识点

理解杜甫的难度很大，绝非熟读《望岳》《绝句》那般容易。我对大师树立了一种信仰，一定要报以职业的素养，否则，路人甲式的阅读，必然是门外看文，会闹笑话。

此番捧读向以鲜新著，对此感受尤深。“处处要知识，字字讲来处”，以前只是耳闻，此番才是亲历。略举几例。《登兖州城楼》有句：东郡趋庭日，南楼纵目初。此著说：“所谓‘东郡趋庭’，就是到山东兖州来看望父亲，用的是《论语》中孔子教儿子孔鲤学习诗礼的典故。”原来我仅从字面上理解了“趋庭”。对《海棕行》一诗，我曾困惑于诗题中的树到底是什么树，但也仅限于困惑，并未深究。此著说，海棕树其实就是现在的伊拉克枣树。《同谷七歌》是杜诗名作，其中有“岁拾橡栗随狙公”一句。我初读时，犹豫了一下，将“狙公”当成一个人名，之后一带而过，并未深究。此著说，杜甫此处用的是《庄子》中的典故，狙即猕猴，狙公则是养猕猴的人。向著还特别指出此处的“狙公”意在“狙”而忽略“公”，可谓察人之所未察。《戏作俳谐体遣闷二首》其一有句“家家养乌鬼，顿顿食黄鱼”，“乌鬼”是个什么鬼？此著说，“后来的杜甫研究者为此聚讼纷纭。其实乌鬼不是别的，就是善于捕鱼的鱼鹰而已”。至德二载《腊日》一诗有句“口脂面药随恩泽，翠管银罂下九霄”，此著说这是“心情甚好的肃宗向百官赏赐口脂面药，类似于今天的护肤霜或防冻药物（看来肃宗已拿不出更像样的东西）”。诸如此类的知识点，看似平常，实则背景深厚，经著者点化，闪闪发光，让我自知浅薄和不求甚解。

向以鲜则求甚解，一解到底。对杜甫在夔州西阁的讨论，引出对唐代水驿的探讨：西阁当是一处官方水驿，唐代水驿设置已相当完善，全国共有两百多座水驿。西阁水驿就筑在夔州城的西南面临长江的巨石之上，可供东来西往的官员或要人们居住。西阁主体是一座双层木构建筑，上层设有走廊和红色围栏，可以凭眺大江和山色。再请看对《今夕行》一诗中赌博方式的讨论：杜甫和客人们玩的是一种什么样的赌博游戏呢？通常认为就是一种被称为樗蒲的古老游戏。唐人李肇曾详细记载了“古之樗蒲”的玩法：有个叫崔师本的洛阳令，好为古樗蒲，其法三分其子三百六十，限以二关，人执六马，其骰五枚，上黑下白，黑者刻二为犊，白者刻二为雉，掷之全黑为卢，二雉三黑为雉，二犊三白为犊，全白为白。四者贵采也。开、塞、塔、秃、撅、枭六者杂采也。贵采得连掷，得打马，得过关，余则否。听起来有点儿像是在掷骰子定输赢。如果掷出来的五个骰子全是黑色的五条牛犊就叫卢，是最贵的彩，那就赢大了。运气差一点儿，有四个黑的或四个白的也还是不错，也算是贵采。清人俞樾认为五子皆黑就是卢，五子皆白就是雉，纯黑纯白都是高采，但是纯黑高于纯白。骰子的质地最初是用木刻而成又称五木，后来花样翻新，代之以玉石象牙等，故掷骰又叫投琼。甚至还有镂骨为窍，将相思红豆镶嵌其中的，做工越来越考究。

有如此深厚的文化根基，向以鲜理解杜诗自然与常人不在一个层次。《卜居》一诗写杜甫定居浣花溪时的情形，此著除了对诗文的解读，还示以卜居、相宅的古老智慧，以专题研究的方式彻底解决卜居问题。这一篇章的小标题是“就在这儿呆到老”，此著写道：卜居（相宅）是一种古老的择地仪式，早在殷商卜辞中就有关于卜居的记载。屈原作有著名的《卜居》，并将选择居址的含义延伸为人生理想的抉择。根据吴玉贵的研究，隋唐五代时期的人们极其重视相宅，相宅书籍也广为流行，仅官方著录的相宅著述就有《宅吉凶论》《相宅图》《五经宅经》等。敦煌唐写本中还保留着《宅经》残卷。相宅过程主要强调阴阳协调，里面包含着朴素的环境科学成分。关于杜甫的饮食，此著的讨论也很“解渴”：杜甫和司马相如一样患有糖尿病（消渴），我怀疑与杜甫好吃甜性食物有关，比如杜甫就特别爱吃蜂蜜。杜甫在《进艇》诗中，提到一种他十分喜欢饮用的甘蔗汁儿。年轻时在长安的夏天，杜甫还爱吃一种冷品——冰水浸藕丝：“公子调冰水，佳人雪藕丝。”（《陪诸贵公子丈八沟携妓纳凉晚际遇雨二首》其一）成都并不盛产崖蜜或树蜜，这儿的酒却很甜，喝成都的酒如同啜饮蜂蜜一样：“舍西柔桑叶可拈，江畔细麦复纤纤。人生几何春已夏，不放香醪如蜜甜。”（《绝句漫兴九首》其八）杜甫还提到成都的一种形制十分特别的酒：郫筒酒。杜甫在夔州期间，还吃过一种风味儿小吃（《槐叶冷淘》）。在所有的食物中，鱼才是杜甫的最爱。长安的何将军山林离丈八沟不远（韦曲西塔陂），是当年杜甫和郑虔很爱去的一个地方。在这组游览纪事诗的第二首中，杜甫写到了长安贵族家中的一道美食：“百顷风潭上，千章夏木清。卑枝低结子，接叶暗巢莺。鲜鲫银丝脍，香芹碧涧羹。翻疑柁楼底，晚饭越中行。”实际上就是鲜鱼鲙。杜甫爱吃鱼，锦江鱼尤其爱吃。在成都北边的绵州，杜甫吃到了一种他之前从未吃过的生鱼片，生鲂鱼片。此著中诸如此类的观点不只是随口说说，而是旁征博引，知识量庞大，且各学科知识交织变幻，丰富而融通，严肃而活泼，厚重而灵动。

二、丰富多元的探究

身为专业研究者，向以鲜长年浸润于古典文学，严谨的学风，材料的熟稔，可能都不在话下，挑战之处在于创新。向以鲜做足了功夫。他站在前人肩膀上，视野更开阔，理论更多元。经济学、社会学、心理学、比较文学等一系列现代学科的视野和方法，显然发挥了至关重要的作用。此著中许多探究考证，令我眼前一亮。比如，对杜甫生日的考证，对“艳歌”的考证，对唐朝租税制度与免税免役制度的考证，对大型石犀的考证，对南音的考证，对钟声的考证，对杜甫参加贡试地点的考证，无不显示出新视角、新方法多元交织的魅力。

我在读杜诗的过程中，多次遇到“隐几”一词，通过看注解，知道其是一种古老的家具，类似于茶几，但对于其具体形制、功能及历史沿革，则一无所知。此著对隐几的细究，让我彻底信服：根据出土图像文献资料，唐人直面凭几的坐姿，主要以置于身前为主，两膝则位于凭几两足之间，便于身体移动伸展，故又称“夹膝”。日本正仓院迄今仍保存着三件唐代两足直面凭几的实物，著录名称为“挟轼”。此著还认为，“乌皮几的乌皮大部分时候并不是用乌皮（乌羔皮或鹿皮）包裹的，而是运用一种髹漆工艺制作而成”。

此著的多处经济学解读精彩之至，令人信服，比如有关杜甫对松竹好恶的探讨，纠正了我此前的偏见。杜甫是喜欢竹子的，诗人从竹子那儿获得过不少收益，比如：春夏之际有大量的竹笋可供食用。杜甫早年在长安时就和郑虔一起在何将军山林中见识过（也可能食用过）竹笋，现在草堂种了这么多竹子，竹笋随处可采。关于杜甫家每日开支的探讨，满眼数字，相信你看了会张大嘴巴，惊叹向以鲜原来不仅是位诗人、古典文学教授，还如此富于经济才华：诗中写到了一场自然灾害带来的社会事件，《旧唐书》载“天宝十三载京城霖雨，米贵，令出太仓米十万石，减价粜与贫人。”当时市面上的高价米有多贵呢？杜甫在同时所作《秋雨叹三首》之二有说“城中斗米换衾裯，相许宁论两相直”，就是说一斗米可以换个太太回来。大雨下了六十天，玄宗皇帝下诏，向长安市民提供一百万斛低价太仓米共度时艰。具体每家籴多少，史书上没有明载。从杜甫诗中可知，每家每天可以购买二十分之一斛（日籴太仓五升米），亦即每个家庭每天可以用较低的价格领买到六七斤粮食。唐代一斤比现在的一斤要重百分之二十左右，也就是说一家一天可以拥有八斤多粮食，基本上是可以满足家中六七口人的需要。杜甫这时家里人口并不算太多，他和妻子，大儿子宗文，也许小弟弟杜占也住在杜甫家里（也可能已经成家）。按照杜甫的风格，可能还有一两个仆人，加起来顶多不超过七八人，勉强填饱肚子是不会有太大问题的。

从现代心理学视角展开探讨是此著的又一特色，即聚焦儿童记忆，根据人物内心研究。要进入千年前的诗人内心，就要进入他的童年、中年社交和两性情感世界。此著在探讨杜甫与父亲的微妙关系，以及与母亲，与继母，与姑姑，与舅舅，与李氏皇室宗亲，与偶遇的舞者公孙大娘等人的关系时，都本着这样的方式，入情入理，细致入微。比如，此著在分析杜甫描写赌博的诗《今夕行》时，引入外国小说家作品中的心理描写，为我们形象地呈现了杜甫罕见的好赌一面："冯陵"与"袒跣"之际，可以想见杜甫的那双激动的、激情的手怎么样在咸阳客舍的冬夜中舞动着！那情形，让人想起奥地利作家茨威格的《一个陌生女人的来信》中的那位赌徒。

由上可见，此著学识与想象并包，诗人的浪漫和学者的严谨兼容。浪漫时，谈天论地，心往神驰，放任自流，想象的翅膀无拘无束；严谨时，一毫一厘，一丝不苟，斤斤计算，颇得考据三昧与实事求是之精髓。

三、问题，发现，命名

简单的苹果落地，引出了不简单的万有引力定律。问题有时比答案更重要。问题指示方向，引发思考，激励创造。此著提出了诸多有趣的问题，这是他重新理解杜甫的动力。"那么杜甫到底纳过妾没有呢？"这一提问有勇气，也有现代感。不管那些道学家怎么看，反正我很感兴趣。"为杜甫生平系年的学者遇到了一个问题：在长安收复后，杜甫是和肃宗君一同回到长安的呢，还是先回鄜州看望妻儿后再和家人一起返回长安的？"向以鲜赞同洪业的判断：大唐天子重返失而复得的长安这样喜悦的时刻，这样盛大的庆典，杜甫肯定是不会缺席的，这种强烈的仪式感对于始终视朝廷利益高于一切的儒家诗人杜甫来说太重要了。因此，他一定是先随肃宗回到长安，在见证了光复盛典之后才匆匆赶回鄜州羌村的。

此著有对理性的偏爱，对严谨的偏爱，也有对人情的偏爱。分析《壮游》诗句“越女天下白，鉴湖五月凉”时，著者的激动溢于字里行间：很多年过去了，很多细节，比如发饰、服饰、姿态或歌声早已都忘记，只有那白色的皮肤、白色的脸庞、白色的手腕、白色的足踝、白色的幻影，一团白色的火焰在杜甫的眼前跳动，闪烁，分离又重合，如同逆光中的白色影像。一个才华非凡的年轻诗人，怎么可能不热爱美丽的女性，她们的灵魂，她们的身体！向以鲜在揣度描摹杜甫萌动的情感时，是专业的，设身处地的，情真意切的，又是青春的，无比投入的，奋不顾身的。

再就是颇具新意的发现。一点一滴，无疑都是苦心阅读、细心体会的成果。“杜甫有点儿轻微的恐水症，只要是下起大雨或者遇上深一些的水域，他就会怀疑里面有蛟龙（鱼龙）之类的异类存在（当年和岑参一起游渼陂时即是如此）。”“《负薪行》写的是女子，《最能行》写的是男子，两篇可以连读，彼此有着内在的逻辑联系。”如果说上面的发现属于微观层面，那么下面的发现则非常宏观了：杜甫在大唐帝国的东南沿岸这种广泛的游历，感受江南的“英雄与阴谋，雅致与风俗”，今昔对映，这对于哺育一颗杰出诗心来说至关重要。如果说江宁是艺术的，苏州是历史的，那么绍兴就是美的。真是才华横溢的妙论。

命名是一种经济有效的表述方式，像聚光灯，聚焦某个点，照亮昏暗的部分。此著在这方面表现出色。59个小标题都是命名。“除夕赌徒”“长安诗歌道场”“春天的泪水”“第四种告别”“诗歌园艺学家”“乌皮几之恋”“撒娇派”“杜甫的舌尖”“罪与罚”……这些命名都透露出广告策划般的精准眼光，具有高度概括力。像“第四种告别”“罪与罚”等，或取材于现代经典文本，或挪用知名句式，借现代文化的聚光灯，照亮了千年前的诗人，拉近了诗圣与我的距离。

四、新诗人这样理解杜甫

同样作为新诗人，同样讨论杜甫，向以鲜和我有何异同？这是我最关心的问题。一开始，我对此书并不太上心，以为又是古典研究的套路，添加些新资料、新考证，对诗文重新解释一遍而已。未承想，他和我竟然殊途同归！向以鲜从古典文学入手，由一个古诗爱好者，坚定地转变为新诗的支持者。我从新诗入手，结果同样是，由一个新诗怀疑者，坚定地走向了新诗的支持者。

作为诗人，尤其是新诗人，向以鲜有着精确敏锐的艺术鉴赏力，对杜甫的诗歌了如指掌，论起来得心应手，看法精到。像下面这样的判断，绝不会出自一个没有创作经验或者感觉迟钝的人：我们还注意到一个事实，杜甫使用蜀中口语方言入诗大多出现于绝句尤其是七绝的写作，而且心情都比较好的时候。这就是内行话了。再比如，杜甫的《羌村三首》确有一种动人的粗粝之美，尤其是第三首，那乱叫着斗争着的群鸡，客人还未到就已经感知到了，一个个被驱赶到高高的树上——这景象在杜甫之前的诗歌中如汉乐府、陶渊明和阮籍的诗中都曾见过，但是没有一个人能写出杜甫这种鲜活与生命力。后面的论断多关于诗学技艺，越来越让我兴奋，真的是同路人才有的兴奋。例如：杜甫诗歌的鲜活性体现在各个层面，他的确是唐代挑战腐朽语言的超一流大师。杜甫是儒家的知识分子，更是一个本质的纯粹的诗人。

在《杜甫与新诗》一书中，我曾说，书面语和口语都是技术手段，而非目的。杜甫用书面语可以写好诗，用口语也可以写好诗。百年新诗人同样如此。看到向以鲜以下观点时，我简直兴奋得要跳起来：杜甫以其万千的变化和开放的、达于自由之境的写作实践，无可辩驳地证明了无论是典雅的书面语还是直白生动的口语，都能写出名垂诗史的诗篇。杜甫爱用方言口语，以至于被宋初提倡隐晦写作的杨亿骂为“村夫子”，显然是没有真正理解杜甫的用心。杜甫不是不能雅，而是一切以诗歌的自由表达为最高原则，当雅则雅（无一字无来处），当俗则俗。

最终让我认同向以鲜的诗歌观念并决定写出这篇读后感的，是他与一位老教授关于新诗与旧诗的对话。向以鲜鲜明地表达了弃古从新的诗歌选择，以及新诗旧诗关系的观点，是在长期研究与严肃思考后做出的，可以回答众多世人的疑问和责难，是一个新诗旧诗关系的典型文本，我百分百赞同。

（作者单位：《北京文学》编辑部）

心之所向　星之所往

——评《我心归处是敦煌：樊锦诗自述》

◎徐熹微

《我心归处是敦煌：樊锦诗自述》虽然是樊锦诗的口述，但顾春芳与她十天的深入交流，以及她们在灵魂上不约而同的契合，共同打造出了这一精品之作。全书由一自序、十三章正文、一后记、一年表组成，将敦煌的前世今生与樊锦诗的一生融为一体，讲述了以樊锦诗为代表的考古工作者的生活史，为当代人展现了新时代的莫高窟精神。

一、敦煌及敦煌文学

“敦，大也；煌，盛也。”敦煌是历史上东西方文化交汇的重要枢纽。在千年时光中，不同国家、不同民族的人沿着丝绸之路在此汇聚，塑造了独具魅力的敦煌文化，演绎了丰富多彩的敦煌故事。

莫高窟始建于十六国时期，据唐《李克让重修莫高窟佛龛碑》记载，前秦建元二年（366年），僧人乐僔路经此山，忽见金光闪耀，如现万佛，于是便在岩壁上开凿了第一个洞窟。此后法良禅师等又继续在此建洞修禅，称为“漠高窟”，意为“沙漠的高处”。后世因“漠”与“莫”通用，便改称为“莫高窟”。另有一说为：佛家有言，修建佛洞功德无量，莫者，不可能、没有也，莫高窟的意思，就是说没有比修建佛窟更高的修为了。敦煌学起因于敦煌藏经洞七万多件写本（少量刻本）文献的发现，至今已经一百多年了。敦煌学对中国学术的影响是巨大的，它直接推动了中国现代学术的转型。敦煌学虽然只有一百多年的历史，但它的学术意义巨大。1931年，陈寅恪曾说：“敦煌学者，世界学术之新潮流也。”

二、简单相信　傻傻坚持

书中说樊锦诗认为敦煌是她的宿命，敦煌是她年少时的梦。她们的缘分始于1962年的毕业实习，尽管她的身体状况并不支持她在敦煌的研究，尽管在毕业被分配前往敦煌时单单是为了不辱一个北大学子的使命。“简单相信，傻傻坚持”，书中，樊锦诗老人用这八个字来概括她留在敦煌的宿命，她说：“此生命定，我就是个莫高窟的守护人。”我想她做到了，她将一生扎根于敦煌，将一生奉献给敦煌。樊锦诗与先生彭金章相守一生，相知于未名湖，相爱于珞珈山，相守于莫高窟，她们不仅是夫妻，更是人生的灵魂伴侣。樊锦诗被大家称为“敦煌的女儿”，她带领科研人员在石窟遗址的科学保护、科学管理方面走出了一条切实可行的路，初步形成了一些石窟科学保护的理论与方法。彭金章也参与了关于莫高窟北区石窟的研究，他们用一生在践行“简单相信，傻傻坚持”这八个字。

三、心之所向　星之所往

季羡林先生曾说：“前有常书鸿，后有樊锦诗。”我想这就是她作为敦煌女儿的魅力。心之所向，星之所往，只要有所追求，心中有梦，有所行动，一定可以有所收获，心中有自己为之奉献一生的事业就不遗憾。

参考文献：

［1］伏俊琏. 敦煌文学对中国文学史的重大贡献［J］. 学术研究，2022（03）：168-176+2.

（作者单位：西华师范大学，指导教师：李海蓉）

敦煌如佳赐　繁华若锦诗

——《我心归处是敦煌：樊锦诗自述》书评

◎帅乐萍

曾经有人问我，人生的幸福在哪里？

儿时的我，无忧无虑，天真烂漫，总是天真地以为人生的幸福就在与友人的嬉戏打闹和父母的永远陪伴中；迈入青春期的我，面临升学压力，梦想人生的幸福就是没有考试，没有焦虑，成为家人的骄傲；进入大学后的我，明确了自己未来的发展方向，期望人生的幸福就是成为一名教师，教书育人，桃李满天下。但在樊锦诗老先生看来，人生的幸福就在人的本性要求他所做的事情里。一个人找到了自己活着的理由，有意义地活着的理由，以及促使其所有行为来源的根本性力量，这样的人生才是幸福的。正是这种力量，可以让我们面对所有困难，并最终坦然地面对时间，面对生活，面对死亡。所有的一切必然离去，而真正的幸福，就是在自己的心灵召唤下成为真正意义上的自我。

那如何寻找人生的幸福呢？答案就在我要谈的由樊锦诗先生口述、顾春芳老师撰写的《我心归处是敦煌：樊锦诗自述》一书中。这本书是樊锦诗的口述史，它通过翔实的资料，从第一章《人生的不确定性》直到第十三章《莫高窟人和“莫高精神”》，呈现出了立体的、可感可触的实干家的精神风貌。该书书写了几代人在敦煌奋斗的精神史，既有时代生活的缩影，又有精神涅槃的重生，既展现了樊锦诗这位传奇女性50多年坚守大漠、守护敦煌、向世界展现中国传统艺术之美的动人故事，又展现了她的事业与爱情、困境与坚守，解读敦煌艺术崇高之美，为我们讲述了莫高窟“申遗”及“数字敦煌”背后的故事。

西北大漠的风沙吹硬了樊锦诗的吴侬软语，也在她的脸上留下了道道印痕，却从没改变她坚守敦煌的那颗心。毕业于北京大学历史系的她，听从国家号召，奔赴大西北戈壁荒滩。初到敦煌，这里满目疮痍，环境闭塞，没电灯，没自来水，房间里更没有卫生设备。寒来暑往，岁月更迭。“外界都认为我留在敦煌是自己的选择。说实话，其实我有几次都想离开敦煌。但是为什么留下来，这是一个人的命。”樊锦诗毫不避讳地说道。初见常书鸿、段文杰等老先生时，樊锦诗也不解：两位都是留学高才生，在艺术领域成就卓越，怎么情愿甘心到这个人迹罕至、没水没电、风餐露宿的地方，没日没夜地临摹壁画，日复一日围着石窟转，无怨无悔地守护着洞窟，一画就是数十年甚至一辈子？没有人回答她。但时间流逝让这个问题的答案逐渐明朗起来。热爱可抵岁月漫长，怀抱初心，前辈鼓舞，樊锦诗最终选择留在敦煌，长期扎根大漠，潜心石窟考古研究。细想来，答案应该是“衣带渐宽终不悔，我心归处是敦煌”。

她是备受宠爱的江南闺秀，亦是风华正茂的北大高才生，却奉献了大半辈子的光阴守护着荒野大漠的735座洞窟，人们亲切地喊她“敦煌的女儿”。《我心归处是敦煌：樊锦诗自述》于2019年出版，出版后不久便荣获“2019书业年度社科类图书”奖，2022年12月又荣获第十六届全国精神文明建设“五个一工程”优秀作品奖。我想樊锦诗先生能够得到人们的喜爱与赞赏，这本书能得到国家和社会的奖励与认可，是个人奋斗和时代进步的结果。

一、艰难困苦，玉汝于成；锦时筑梦，且待芳华

一切在世人看来最艰难的所在，人迹罕至的地方，其实是命运对于意志达成最彻底的考验之处。一切在世人看来最不可能有生之意义的地方，恰恰可以唤起生命极大的力量和信念，并且创造出常人难以企及的奇迹。从青春到白发，樊锦诗老先生始终奉行“择一事，终一生”的人生信条，选择坚守在大西北的茫茫荒漠中守护那颗绚丽多彩的明珠——莫高窟。一千多年的岁月里，莫高窟正以一种非常缓慢却不可逆转的态势消失。在与时间赛跑的敦煌保卫战中，樊锦诗披荆斩棘，饮冰茹蘗，聆听历史雄浑凝重的回响，走过莫高窟大大小小735座洞

窟，最终完成了敦煌莫高窟北朝、隋、唐代前期和中期洞窟的分期断代。此外，她致力为每一个洞窟、每一幅壁画、每一尊彩塑建立细致丰富的数字档案，通过高清数字化工作将敦煌之美展现给全世界。“寸草不生，满目荒凉”，这是曾经的敦煌；“旅游胜地，举世无双”，这是如今的辉煌。樊锦诗先生执文明之光，照万古长明。迎大漠风沙而立，用一世热忱，让宝贵文物“容颜永驻”，向世界展示璀璨的中国文化名片。当“大漠孤烟”成了故交，当“长河落日”作了邻伴，她用最实在的努力、最艰苦的付出、最坚定的信仰描绘人生底色，涤荡浮躁风气，扫除浮华市侩，也为当代青年上了一节生动的人生选择课。

二、相识未名湖，相爱珞珈山，相守莫高窟

也许有人会问我，什么是婚姻最好的模样？我想，樊锦诗和彭金章近半个世纪不离不弃的理解和守候，就是最好的答案。樊锦诗女士，人们亲切地称她为“敦煌的女儿”。她一生中最美好的时光都奉献给了敦煌，都奉献给了祖国的大好河山。而彭金章先生，不仅是她在北大考古系的同学，还一手创办了武汉大学的考古系，也是她一生的伴侣，一生的爱人，一生的知己。为了守护敦煌，更为了潜心石窟考古研究，樊锦诗与丈夫分居19年，最后彭老深知自己的妻子离不开敦煌，于是放弃了自己的事业，随妻子定居大漠。樊锦诗女士和彭金章

先生之间的相识、相知、相恋、相爱、相离、相守贯穿了彼此的一生，他们共同经历了太多太多，却始终坚定自己内心的选择，既守护了自己的“小家”，也为祖国“大家”做出了莫大的贡献。无论是他们年少时的青涩稚嫩，还是长大后的成熟稳重，抑或是老年时的返璞归真，点点滴滴，皆是真情，也是实感。“相识未明湖，相爱珞珈山，相守莫高窟。”三地呈辉，两人情深，一生不渝；“敦，大也；煌，盛也。”旷世敦煌的背后，有着不输其盛大辉煌的凡人真爱；“做梦是敦煌，醒来还是敦煌”，之于她，这是一场无悔有愧的“移情别恋”；“敦煌胜利了，老彭投降了”，之于他，这是一场甘之如饴的“让步”“成全”。由此，敦煌有了“守护神”，而我们有了“敦煌的女儿”，而彭老亦将拥有我们长久的感佩。

三、不忘初心，牢记使命；踔厉奋发，笃行不怠

鸣沙山下、宕泉河边，敦煌莫高窟静静伫立。崖壁上700多个石窟，诉说着千年的时光，黄沙漫天、驼铃声声，敦煌凝聚着古代丝绸之路的文化精粹，成为中华优秀传统文化的重要标识。一代代文物工作者坚守大漠、甘于奉献、勇于担当、开拓进取，为敦煌文物保护研究尽心竭力。正是因为有了他们的坚守，我们哪怕在空荡荡的石窟面前，依然能够感受到千余年的历史厚重感，眼前不由得浮现出当年那些筚路蓝缕的开窟僧人在茫茫戈壁滩上苦行游吟的身影，心中顿时生出一种敬畏

之情。有一天我会去到敦煌，听着声声驼铃，望着漫漫黄沙，走进莫高窟，也许尘世间人们苦苦追求心灵的安顿，而在这里就无需寻找，只要九层楼的铃声响起，世界就安静，时间就静止，这便是永恒。

在这个时代，这个不凡的时代，中国特色社会主义进入新时代，世界正经历百年未有之大变局，中华民族伟大复兴正处于关键时期，当代中国青年生逢其时，施展才干的舞台无比广阔，实现梦想的前景无比光明。让我们以樊锦诗先生为榜样，做一个不忘初心、肩负使命的新青年！像樊锦诗院长一样，擎文明的火炬，照亮过去与未来；让我们将所有的春光静好还给疏疏篱落，所有的庸庸碌碌还给过去的自己；让我们用自己的一生去诠释和践行生命的意义，在随风飘摇处依然能坚定自己的步伐，让有限的生命拥有无限的精彩！

参考文献：

［1］朱必松. 与时代同构的敦煌精神生活史——评《我心归处是敦煌——樊锦诗自述》［J］. 长江文艺评论，2021（02）：124-128.

［2］赵声良. 樊锦诗对敦煌学术和事业的贡献［J］. 甘肃社会科学，2014（05）：252-255.

［3］樊锦诗，顾春芳. 我心归处是敦煌：樊锦诗自述［M］. 南京：译林出版社，2021.

[4] 云兮. “最美奋斗者”樊锦诗：我心归处是敦煌［J］. 青春期健康，2020（02）：48-51

[5] 宋晓颖. 执文明之光，照万古长明——读《我心归处是敦煌》有感［J］. 电脑迷（教师研修），2021（08）：87-88.

[6] 秦远. 我心归处是敦煌［J］. 中国减灾，2020（04）：54-57.

[7] 王珏. 走出中国特色的文物保护利用之路——回访敦煌研究院名誉院长樊锦诗［J］. 人民周刊，2022（03）：47-49.

（作者单位：四川师范大学）

吟就停云落月诗

——评《灵犀：一位法国诗人与苏东坡的心灵交会》

◎雷杨

苏东坡是宋代文坛巨擘，著述丰富，成就斐然，古往今来研究苏东坡的文章著作不知凡几，为其作传者亦不乏名家。克洛德·罗阿的《灵犀：一位法国诗人与苏东坡的心灵交会》（以下简称《灵犀》）是一本稍显独特的东坡评传。本书无意全面介绍苏东坡的生平，而是以游记的角度切入，向读者展现一位20世纪的法国诗人与一位中国宋朝文人的跨时空友谊。罗阿文字精练，于东坡诗词翻译上匠心独具，加之译者宁虹教授精妙细致的移译，使得叙事中兼具诗文之美，书末又附录东坡诗文翻译赏析24篇，是以该书体量虽小，却情谊深重、品质上乘，是法语世界中苏东坡研究的佳作，在中西文化交流与共建中展现出巧妙的姿态。

本书的独到之处，在于交织叙述罗阿在中国的经历和苏东坡的事迹，文字背后可见两个时期的中国相互映衬，亦可见中法两国各自的文化基因。1952年，北京举行亚洲及太平洋区域和平会议以纪念世界四大名人，罗阿应邀参加，罗大冈担任罗阿的翻译，两人由此相识。那年春夏之交，罗阿和罗大冈来到杭州，在一个宁静的夜晚，罗阿看到月亮后兴奋地嚷道："月亮！简直就像挂在柳枝上似的……"，此时罗大冈心中一定有所触动，他答"像一面蛛网"，将那句"落月挂柳看悬蛛"（《舟中夜起》）补全，也将苏东坡"介绍"给了罗阿。

罗阿是集诗人、小说家、评论家等于一身的法国知名学者，读者透过他开阔的文化视野，总能找到不同的方式去理解东坡，其中常见的便是中西比较。如罗阿从《西园雅集图》谈西方绘画和宋代文人画的区别，他引用了迈克尔·苏立文的讲话来解释一幅文人画为何有多个人的题跋和钤印：中国人并不是把画作仅仅看作一幅画，而是把它当作一个鲜活的机体，是想象力、文学、历史和个人因素相叠加的产物，随着时间而丰富，不断发展出多重意义，是各种思想与评论的集合体。由此进一步阐释书法的思想性与艺术性，墨痕即为心迹，个中滋味恰如东坡所言："适意无异逍遥游。"

罗阿在思考苏东坡的同时，也在思考中国的现实困境。来到中国后，罗阿结识了老舍、梅兰芳等友人，他称赞《龙须沟》"展现了老舍细致敏锐、悲天悯人、诙谐幽默的特点，丝毫不煽情，风格偏冷硬"，并对老舍的去世感到痛惜；他认为梅兰芳是一位高雅的绅士，对他在席上关于文化的调侃记忆深刻。罗阿可谓20世纪法国历史的见证者，生于第一次世界大战期间，参加过第二次世界大战和法国抵抗运动，从莫拉斯主义走向共产主义，后又脱离法共，政治与文学贯穿了他的一生，这样的经历使他在写作东坡传记时多了些对于现实的观照，这也是本书区别于其他东坡评传的独特与珍贵之所在。

传记以“灵犀”为题，这一充满中国式神秘与玄思意味的词语道明了罗阿与苏东坡之间的交往状态——刹那之间灵犀一点，无须多言已心领神会。当罗阿站在杭州西子湖畔，千年前照耀过东坡的月光又温柔地落在了他的肩上时，自我发现之旅便开始了。罗阿读到的第一首东坡诗歌是《和子由渑池怀旧》：“人生到处知何似，应似飞鸿踏雪泥。泥上偶然留指爪，鸿飞那复计东西。”人生在世的行迹像是鸟儿偶然踏在雪地上，一旦振翅飞走了，哪里还去计较那些痕迹在何处呢？这首诗反映了人生如寄的惆怅。苏东坡一生宦海沉浮，几经流放，对于世事的无常早已看透，但他始终不忘对生命的欢歌，昂扬与达观才是他诗歌的主调。罗阿从翻译诗歌开始，进入了苏东坡的精神世界。《灵犀》全书不分章，基本上由东坡诗歌串联起26小节，通过选取的这些诗歌，罗阿展现了苏东坡如何为官、为父兄、为丈夫，也展现了苏东坡的美学倾向和人格魅力。他从这位永怀赤子之心的天才身上获得强大的精神支撑，以至于跨越语言与文化的藩篱，赞颂苏东坡并颇为大胆地说：“他，就是我。”

罗阿一定也从他的中国朋友，特别是罗大冈身上看到了苏东坡的影子：罗阿和罗大冈这两个因诗结缘的人低语如何将西湖的美丽与东坡的优雅转化为另一种语言；罗大冈在文革时期用法语写了一本诗集，自述写作是他得以进入自由世界的时刻，后来罗阿帮助他在法国出版了这本诗集。困厄中以诗觅自由、长精神，这体现的正是中国自古即有的“诗教”传统，罗阿从苏东坡和罗大冈那里感受到的或许就是这一点，诚如林语堂所言：诗又曾教导中国人以一种人生观，这人生观经由俗谚和诗卷的影响力，已深深渗透一般社会而给予他们一种慈悲的意识，一种丰富的爱好自然和忍受人生的艺术家风度。经由它的对自然之感觉，常能医疗一些心灵上的创痕，复经由它的享乐简单生活的教训，它替中国文化保持了圣洁的理想。罗阿还以罗大冈给他留下的最后的言语为本书作结：

罗大冈在给我写的最后一封信中，附寄了一首苏东坡的诗，“你千年前的朋友写的一首诗的片段，由你的20世纪末的朋友翻译”：

咫尺不相见，实与千里同。

人生无离别，谁知恩爱重。

……

秋风亦已过，别恨终无穷。

罗阿怀念苏东坡的同时，何尝不是在怀念着罗大冈？

《灵犀》不是一部以考据严谨见长的评传，罗阿的讲述十分感性且富有想象力，行文舒展而自由，将一个真实感人的东坡形象徐徐铺展开来，令人忍不住与之亲近、与之共鸣。他由衷地敬佩与怀念苏东坡，这位素未谋面的心灵挚友饱经忧患拂逆，却依旧在风雨中身姿落拓。“我心本如此，月满江不湍”，这也是苏东坡给予罗阿的人生智慧。对于法国读者来说，通过这样的表达或能更直接地领悟苏东坡的为人与为文，而对于中国读者，则是一种新意与启迪。

参考文献：

［1］杨哲,宋敏. 罗大冈传［M］. 石家庄：河北教育出版社，2000.

［2］林语堂. 吾国与吾民［M］. 黄嘉德，译. 长沙：岳麓书社，2021.

（作者单位：四川大学文学与新闻学院）

“合二而一”：跨越文化的具身性拯救

——评《灵犀：一位法国诗人与苏东坡的心灵交会》

◎卢鸽

时隔千古、跨越东西的结合与共鸣有实现的可能性吗？仅凭单一的翻译文本，语境韵律悉数丢失，加之以偏见与误读，实现跨文化交融的可能性微乎其微，个体仍旧散落在天涯海角，茕茕孑立。那么，时间长河中的人们该通过怎样的方式寻找远隔重洋甚至此生不曾踏足的故乡？在《灵犀：一位法国诗人与苏东坡的心灵交会》（以下简称《灵犀》）一书中，法国诗人克洛德·罗阿通过与苏轼相期云汉式的相遇给出了拯救式的实践性解答。

《灵犀》中，法国人罗阿书写了在1950年访问中国途中意外与苏轼的诗词与历史痕迹相遇时的所思所想，也收录了其以法语尝试翻译的一系列苏轼的诗词作品。罗阿是法国著名诗人、小说家、评论家，曾获1985年龚古尔诗歌奖，也是一位关注中国文化、撰写论述中国和中国文化著作的汉学家，在文学生涯中不断保持着与中国文化的对话。初看书名，读者大概会误以为本书是从法国“自我”文化的视角研究“他者”文化的汉学专著；翻看内页后，我方才发觉罗阿持有平等而亲切的探寻态度，以收放自如的散文文体写下与兼备绝世文才和士大夫责任的苏轼相遇时的所思所想。本书随笔式的写作并非充满可考史实的传记书写，书中的东坡居士由历史中的苏轼留下的种种痕迹通过作者心灵折射、投影所产生的光晕聚合而成，因而独具法国文化梦幻灵动的气息。书中充满了罗阿对苏轼经历充满浪漫情怀的转述与跨文本、跨文体写作，读来与另一位颇负盛名的法国符号学家罗兰·巴特所写的《恋人絮语》一样，以缠绕着生活现实情境和情丝的分析话语，在兼并感性与理性的共同维度使读者心醉神迷。

罗兰·巴特在《恋人絮语》中这样描述一对深陷爱情迷狂的爱人所期望的“共同的闪光”：我所臆幻的是经验范围内不可能的事：我俩的呼唤能同时发出：一方用不着像是靠对方眼色行事似的应答另一方。呼唤又不能拖沓（重复）：只有瞬间的闪光才有效果，两种力量彼此交汇（两者如有隔阂，就连一般的和谐也无法达到）。只有瞬间的闪光才能创造奇迹：将种种约束抛到九霄云外。不仅爱情，对人际领域任何神魂交融的期许都会败落在现实面前；以现实中具体的人比对光洁而高悬的月轮，无论如何都相形见绌。然而历史里的人物不存在缺陷的褶皱，当读者问出“明月几时有”，柳梢之上、高悬天中的圆月便存在于读者仰望夜空的每一个时刻。在书中，罗阿把与罗大冈一起赏月时的心境形容为“（我）只觉身处世界的中心，在银色空洞里，在夜与昼之间，在月与日之间，在此刻和当下”。

此处，罗阿的心境具象化于文本和场景中，体现了融合跨文化视角的“具身性”写作方式，苏轼的人生经历、思想境界、审美取向被与身体感受关联的作者思想历程串联。关于具身性的概念，燕燕在《梅洛-庞蒂具身性现象学研究》中进行了以下概述，即具身性既不是知识，也不是结果，而是，让知识与认知成为是其自身或可能性的条件并在知识的形式或认知的现象中显达自身的与身俱有。具身性也不是独立的实体、不是自在自为，而是作为身体存在的主体是历史的唯独与文化的纽结的意义的沉积。苏轼所实践的生活绝非概念化的抽象世界，神思和实践都并非人生一端单一的终点，此二者相互环绕，生命能量即循环于其中。本书中，罗阿的文本形式和内容一并实现了与苏轼具身生活方式（即思想和实践层面双重的儒、释、道三教合一）的同构性，可谓绝妙。

《流放之苦》一篇显著地体现了跨文化的具身性特点。罗阿不解为何苏轼贬谪儋州期间感受到了刺骨寒风和轻盈雪花，最终认为苏轼是携带着被时间偷走的冰洁的瞬间，生活在心境所营造的清凉之中。冰冷刺骨和闷热潮湿有着同等极端体感的量级，身处一种极端而想象另一种极端，在具身性/物我合一的境界中用精神感受和身体感受才能实现“存在”的延续。起源于亚里士多德的关于具身性理论的种种悬而未决的探讨，早已为宋代以苏轼为首、习染三教合一人文气息的落寞士人所实践。书中写到，演员乔治通过把屠格涅夫的《乡间一日》搬上舞台，以此为苍白的柳德米拉治病。读至此处，我感到阶级、地域、种族等几乎无法互通的文化隔阂，在罗阿关联性书写的作用下达成了穿越时空的联结互通。巴别塔被分裂的语言所摧毁，那么超越可言说世界的神性直觉可能带来重建人类共同体的希望。

在跨文化书写为罗阿集合丰富语意场的同时，自法兰西文化出发的视角也无可避免地阻碍了罗阿深入苏轼的现实“语境”，只能停留在贬谪环境艰苦、仕途坎坷、壮志难酬等具体处境层面。例如在谈及苏轼饮酒的经验时，罗阿将其描述为“苏东坡礼赞米酒带来的微醺体验”的定论，苏轼的凄凉处境也被作者以浪漫的情调玩味。在《微醺》一篇中，作者认为苏轼通过自己搜寻的秘方酿制酒所寻找的是一种释然的微笑，一种介乎梦幻与失态之间的优雅状态，或是一种让思想随风自由飞翔的方式，然而，苏轼寻觅的落脚点绝不可能是“微笑”“优雅”“自由飞翔”等充满了中产阶级色彩的处世态度，应是儒士生涯败落后“淡然”“恒常”“与自然景物融为一体的超然物外”等从社会与政治关切转向内部心灵的探索。罗阿通过苏轼诗词和对其生前所到之处观光式的游览能够捕捉苏轼豁达、隐逸的精神表层，却缺少对苏轼生命悲剧性境遇的进一步探查。罗阿具身停留在个人主义和自然世界的层次，在结合苏轼作为志于治国济民士大夫仕途不顺、怀才不遇的中国古代语境的层面稍显欠缺，可见具身性的跨文化方式确有其局限。

作者罗阿曾尝试学习汉语却未能学成，因而以语言为首的一系列文化隔阂阻碍了罗阿完全地进入中国古典语境，以像中国人接受传统文化教育的方式为苏轼的命运叹惋。但罗阿以中国文化为镜，鉴照独立于当代法国存在主义和超现实主义的人文主流的自我身份，为当时的中国正名。费孝通有言：各美其美，美人之美，美美与共，天下大同。如果说单一个体或文化的具身体验是经纬网格交错产生的节点，那么跨文化的尝试能够弥合不同的网络体系，将确定的零点固定在世界的版图之中，使东西方文化的共存与交融的实践结果终究为一切人所用。因而本书适宜心怀天下的理想家们阅读，以圆月的完满形象充实奋斗动力，也同样适合匆忙的生活家在闲暇之余跃出愈发卷积与偏狭的池沼——毕竟，人类的文明本身，丰饶而多样。

参考文献:

[1] 燕燕. 梅洛-庞蒂具身性现象学研究［D］. 长春：吉林大学，2011：2.

[2] 克洛德·罗阿. 灵犀：一位法国诗人与苏东坡的心灵交会［M］. 成都：四川大学出版社，2019.

（作者单位：四川大学）

洗净浮华　终归于爱

——《我心归处是敦煌：樊锦诗自述》书评

◎魏诗雨

茫茫大漠，霞光万丈；阳关重重，驼铃声响。《我心归处是敦煌》是樊锦诗的自述，但它更像是一部敦煌学发展史，以及她与先生彭教授的恋爱史。樊锦诗老师细数了敦煌大量文物流失的历史背景，也讲述了几代敦煌人用自己的智慧与辛劳守护敦煌的点点滴滴：编写考古报告，植树防风沙，延续着敦煌文化。他们说："历史是脆弱的，因为她被写在了纸上，画在了墙上；历史又是坚强的，因为总有一批人愿意守护历史的真实，希望她永不磨灭。"

"此生命定，我就是个莫高窟的守护人。"樊锦诗放弃了在繁华之地任教工作的机会，凭借一腔热爱奔赴敦煌，为敦煌文化做出了卓越的贡献。她轻抚敦煌佛像，抚去风沙，使它露出深邃的眉眼；她慢慢地爬上莫高窟的长坡，登顶瞭望，看见善舞的飞天，那是敦煌独一无二的风景。有人问我，人生的幸福在哪里？我觉得就在人的本性要求他所做的事情里。一个人找到了活着的理由，有意义活着的理由，以及促成他所有爱好行为来源的那个根本性的力量。正是这种力量，可以让他面对所有的困难，让他最终可以坦然地面对时间，面对生活，面对死亡。樊锦诗正是在敦煌文化中找到了真正的自我。

我虽未曾到过敦煌，但我在樊锦诗教授的话语中，感受到了大漠的大气磅礴，也感受到了飞天的窈窕身姿。敦煌壁画中的飞天是印度文化、西域文化、中原文化共同孕育出的艺术。它是印度佛教天人、中国道教羽人长期融合的产物。樊锦诗教授对敦煌壁画的研究在今天仍是我们了解敦煌文化的必备参考，那是多少黄沙堆积而成的探索，那是多少白发凝聚而成的研究啊。

另外，在《我心归处是敦煌》一书中，我所看到的热爱并不只是樊锦诗对敦煌文化的一腔热爱，更有樊锦诗与丈夫彭教授的相恋相守。在《我的老彭走了》这一章节中，我为他们的爱情流下了泪水。那是一种知己般的相恋，那是一种亲人般的相守。两人相识于未名湖畔，相爱于珞珈山，相守于莫高窟。彭教授为了樊锦诗，也为了心中向往的敦煌文化，毅然放弃了武汉大学创办的考古学专业，跟随樊锦诗一起深入大漠。他们的爱情相守一生，莫高窟见证了他们的爱情，他们也见证了敦煌的发展。

对于敦煌的保护，除了樊锦诗外，还有常书鸿、段文杰等一众老先生的坚持与守护。“一个人必须对自己的选择无怨无悔”，一个人也必须有自己所热爱的东西。当繁华散尽、浮华洗净之时，留在人们心中的是那一生的热爱。

（作者单位：西华师范大学）

匠　心

◎董坚

初读《我在故宫修文物》这本书，手里摸着细腻纸张的厚度，眼里呈现着文字的质感还有美学的特殊体验：严谨大方的蟠龙墙壁，大红的宫墙，复古的祥云纹。慢慢翻开，故宫博物院的全景图，承载着熙熙攘攘的人群和一水儿的琉璃瓦片与青砖。翻书即叩门，仿佛是等待一层层宫门开启。书中用了白描般的笔触，文字质朴如白开水般温软而缓缓道来，故宫书画、青铜器、宫廷钟表、木器、陶瓷、漆器、百宝镶嵌、宫廷织绣等古拙之宝也逐渐映入眼帘。

在这场漫长的修复之旅中，故宫博物院的修复师们身居西三所的院子里，任由宫墙外的世界斗转星移。路边车辆伴随着夜晚闪烁的霓虹呼啸而去，面对外面如此"快"的生活，宫墙内的他们却要用几年甚至一生的时间去摩挲、了解一件不会言语的文物：一座宫廷钟表上千个零件要严丝合缝，一件碎成100多片的青铜器要拼接完整，一幅古画揭一两个月，一幅画临摹耗时几年到几十年。跨过喧嚣的涟漪，手艺人们日复一日地认真慢下来，动辄以年论，将心血浓缩在文物的方寸之间，在安静的悠然中慢下性子，稳下心神，将所有的经历融进延续文物的生命轨迹中。

日日研磨挥毫是慢动作的回放，屡屡青灯古佛般的垂灯作画是慢时光的相守。那些毕业于清华大学美术学院的高才生们充满着恒心与耐心，跟着老师傅们用数个小时搓唐卡褙纸，甚至从漆树中炼制生漆都亲力亲为；不紧不慢，严谨地做一件看似简单而又不凡的小事，更是精神的传递。书中有个瞬间描绘得特别令人难忘：陶瓷修复专家纪东歌和其他故宫女修复师一样不施粉黛，享受着末代皇帝溥仪一样的待遇，在故宫里的专属通道中骑着自行车，迎着前方浮动的光线还有古木的清香，干净青春的脸庞在树荫下一闪而过，在远方忽慢忽快，把握着手里的弧度。

修复师们沉浸于此间，循序渐进，超然物外，每天慢工出细活，时刻都有成长感，没有急功近利，余事都是打扰。

人这一生能遇见多少人？而一个修复师一生能见多少奇珍异宝，能修多少国宝级文物？他们慢工出细活，同时也在紧张与松弛的状态中不断切换，然而能被称作精品中的精品的，数量自然有限。孜孜不倦、伏于案边之际，大师们也严谨遵循着张弛有度的规章制度，在状态不好的时候也不强行开展修复，因为如若不能全身心投入，就是对文物的损伤，更是亵渎。一松一紧之间，一张一弛之间，不仅仅是一枚刻刀与印章间的距离，还是书画修复中的马剃刀与作者的磨合，更是对“度”的把握。“多一分则娇，少一分则淡”，犹如女子般多一分则俗艳，少一分则无韵味。修复师们更是把这种韵味捕捉得恰如其分，不工作时侍花弄鸟，看着明清时期就有的御枣谈笑风生，在树下弹着吉他，舞文弄墨。

笑容与释然都浸透在御猫被风吹动毛发的那个下午，宫门四开，嫩黄的杏儿掉落了一地的晴天，种的果蔬也缓慢地在阳光里吸满了养分，浸透了历史的沉稳气息。但到了真正紧张的时候，极力追求颜色的准确，精确到每一青丝的刻度，追求塑造群体的质感，甚至是对色彩的掌握度、绢丝的薄厚度、着笔的力度都精益求精。“可以巧手以做拙作，不能庸工以当精致”，这是修复者们的追求，力求在修补中、临摹上达到“修旧如旧”，以呈现文物最原始、最佳的状态。

岁月与光阴在他们手中不断游走，在冰冷的文物与这些鲜活的人物看似平常的工作中缓缓流逝。修复师们让冰冷的文物焕发光彩，让古琴发音，穿越千古通过修复他的人说话，发出历史的振聩，展现文物修复领域“庙堂”与“江湖”的互动，展现传统中国四大阶层“士农工商”中唯一传承有序的“工”的阶层的传承。在日复一日的专注与平静中处身立世，在无名无我中达到永恒，是哲学的命题，也是自我的追求。静下心来研究、磨性子，了解直至攻破，亦是一种修行。

古人讲究格物，以自身来观物，又以物来观自身。玉有六德，“君子比德于玉”；琴有九德，“清远绵长不乱其声”。

物品的世界安静而美好，通过修复文物，他们与文物产生共鸣，感受到更多的欢欣与愉悦，这也是修复者们匠人精神的传递。做学问、写文章也大抵如此。初读只是皮毛，再读是深入，三读是感慨，在循序渐进中耐得住寂寞，坐得住板凳，反复推敲字里行间的留白与坦然。由品文及自省，由人物想到了品格，也不再是歌颂与赞美的皮囊，更是深入的探索与路途的追问，是处世哲学。稳得住心，做好眼前，选择一份事业便视为一生的追求，方能在专注中格外平静，获得自己的成就感。

《从前慢》里，木心先生说一生只够爱一个人。而此生很长，我们也许只来得及做好一件事。“读书破万卷，下笔如有神”，读书，做事，为人，格物，致知，大概皆是如此。

下一次，去故宫，不再伴着熙熙攘攘的人流，也不再只踩着每一块有着千年历史呼吸的砖瓦驻足停留，暗自嗟叹。那里自有乾坤天地，也有深藏的妙手丹心。

看人潮如流，物是人非，深宫蝶影，御猫正酣，红杏未落。岁月，迢迢远去而又重新相逢。

“吱——”故宫博物院的大门即将关闭，我看到的是——

红墙绿瓦，国之匠人。

（作者单位：电子科技大学成都学院）

浅评《我心归处是敦煌：樊锦诗自述》

◎文曦

凡心所向，素履所往。

“敦者，大也；煌者，盛也”是敦煌，“寸草不生，满地荒凉”亦是敦煌。书中“敦煌的女儿”——樊锦诗，默默守护了这片土地57载，正因为她和许多敦煌人坚持不懈的奋斗，才有了如今敦煌的精妙绝伦。2014年，樊锦诗和学者顾春芳邂逅，自述宝贵经历，于是有了这本《我心归处是敦煌：樊锦诗自述》。

这本书是敦煌研究院名誉院长樊锦诗的口述回忆录，以时间为序。我原以为会读到一个从小向往敦煌并立志为这个艺术宝库奉献终生的英雄，结果读到的却是一个集女儿、母亲、妻子等普通角色于一身，受着挣扎，忍着孤独，熬着苦难才逐渐与敦煌无法割舍的凡人；我原以为会读到一个传奇女子披荆斩棘、波澜壮阔的璀璨人生，结果从文字里溢出的是对敦煌满满的热爱、对家人的歉疚和对老一辈专家学者的崇敬。

樊锦诗出生于北京，从小饱读诗书，后来成功考入北京大学考古学专业。人生的不确定性，让樊锦诗与小时候感兴趣的化学告别，奔向另一个兴趣爱好——考古。大学毕业后，她被分配到离家千里的敦煌做研究工作，与自己在武汉工作的爱人彭金章开始了漫长的异地恋，这一别就是19年。如今又有多少青年人能像她一样坚定选择为国家做奉献？除了与家人的分别之痛，还有对一个全然陌生又极其恶劣的新环境的适应之痛。樊锦诗从小习惯北京、上海的生活，初到敦煌，处处沙尘，住着土房土炕，还因水土不服多次晕倒。然而，这并未让樊锦诗就此屈服，相反，她选择克服困难，恪尽职守，直至现在。樊锦诗的经历，让我感慨，如今新时代的青年亦怀揣如此炙热的赤子之心，不怕吃苦，舍小家为大家，为祖国献出自己的一份力。

樊锦诗潜心研究敦煌，运用考古类型学的方法，完成了敦煌莫高窟北朝、隋及唐代前期的分期断代，做出学术界公认的敦煌石窟分期排年成果。她前进的步伐从未停止。1989年，与美国文物研究所签订合约，共同保护敦煌。2003年，樊锦诗发现游览敦煌的游客呈指数级增长，影响了敦煌的保护工作，她为解决此问题绞尽脑汁。终于，她和她的团队利用数字技术，构造了“数字敦煌”，完成了敦煌149个A级洞窟的文物影像拍摄、加工处理和数据库建设，游客可通过科技远程观赏敦煌、了解敦煌。季羡林先生用四个字对樊锦诗评价到：“功德无量。”

为了国家的敦煌文物保护事业，樊锦诗如此；王继才、王仕花夫妇坚守海岛32年也如此；袁隆平为了粮食产业，潜心研究水稻一辈子，亦是如此。他们一生只做一件事，拼尽全力，做出自己的成果，实现自身的价值。而当代很多青年心浮气躁，对人生长路感觉茫然。看过这本书，我想，每个人都应该有自己的人生选择，一旦选择，就要为这件事负责，专注地去探索，去实现自我价值。

问起樊锦诗留在敦煌的原因，她说：“此生命定，我就是个莫高窟的守护人。”她说守护敦煌是她的使命，为此她付出了自己的一生。我们每个人来到这个世界上都有自己的价值，究竟如何去选择，如何去实现，则需要自己去探索，去尝试，去创新。“路漫漫其修远兮，吾将上下而求索。”像樊锦诗一样，坚定自己的选择，凡心所向，素履所往。

（作者单位：西华师范大学）

国之英者　鉴我之辈

——阅《我心归处是敦煌：樊锦诗自述》有感

◎匡思沁

翻开《我心归处是敦煌：樊锦诗自述》这本书，仿佛打开了一段虔诚的历史。无论是对敦煌诸位研究者个人故事的娓娓道来，还是对敦煌莫高窟的详细介绍，都那么引人入胜，令人动容，甚至眼角在阅读中恍然未觉就已经湿润，不得不从书中抽身出来，思考一个人有限生命中的无限可能性。

仔细想来，第一次接触敦煌莫高窟还是在课本上，我从这里了解到，那是一个奇幻而瑰丽的地方，有着美轮美奂的建筑群，被誉为20世纪最有价值的文化发现、“东方卢浮宫”，它就那样安然坐落在河西走廊的西端，不声不响地以精美的壁画和塑像闻名于世。这一次，我在浏览器上输入“敦煌莫高窟”，映入眼帘的是“白雁西风紫塞，皂雕落日黄沙”，是血与泪铸就的中华文明。进一步了解遥远宏大的敦煌莫高窟之后，我似乎窥得了一丝樊锦诗甘愿从一位江南闺秀、北大才女转变为“敦煌的女儿”的原因。敦煌莫高窟给人那种扑面而来的历史震撼感，实在是值得成为一生的热爱，实在是值得用一生去探寻。

有言道，君子之风，泽被后世。《我心归处是敦煌：樊锦诗自述》这本书以自传的方式，既全面真实地写出了樊锦诗的生平，又绘声绘色地写出了樊锦诗在敦煌考古、学术研究和文物保护事业中的风雨兼程。读其书，闻其事，如见其人。樊锦诗的人生与敦煌是密不可分的，她在自序中说：“我一生的事业以及我绝大部分的时间都在敦煌，写樊锦诗这个人如果脱离了莫高窟的保护、研究和弘扬，而只是简单重复网上多次发布的那些报道，就写不出一个真实又完整的樊锦诗。”是的，樊锦诗怀揣着一份滚烫的热爱、一份始终如一的真挚，听从内心的抉择，挑起了敦煌莫高窟的研究重担。这个担子，一挑就是半个世纪之久。从绿鬓朱颜，到迟暮之年，樊锦诗将生命毫无保留地交付给了大漠流沙和洞中光影，与敦煌一起抵挡着岁月的侵蚀，坚守着一方阵地，甘做莫高窟巨变和敦煌研究院事业日新月异的亲历者、参与者和见证者。

此外，这本书还有一个打动我的地方，那就是真实。樊锦诗毫无保留地在书中说出，人们叫她“敦煌的女儿”，而她因为家庭，其实也曾不只一次地想过逃离。她说，她有愧于家庭，但是，她无愧于敦煌！不觉寂寞，也不觉遗憾，因为值得。每个留在敦煌的人，其实都有着说不完的心酸事，一切似乎并不十分轰轰烈烈，但每个阅读本书的人都会为这份坚守动容。樊锦诗背后，是一代又一代拥有“坚守大漠、甘于奉献、勇于担当、开拓进取”的崇高精神的莫高窟人，一颗心，一辈子，一件事。

人的一生注定是短暂的，而这短暂的一生里，所能迸发出的能量，所能做之事的意义却是无限的。意义是主观的，对他人和国家做出的贡献却是实实在在的。书中有这么一段话：有人问我，人生的幸福在哪里？我觉得就在人的本性要求它所做的事情里，一个人找到了自己活着的理由，有意义地活着的理由，以及促成他所有爱好行为来源的那个根本性力量。正是这种力量，可以让他面对所有困难，让他最终可以坦然面对时间，面对生活，面对死亡。所有的一切终将逝去，而真正的幸福，就是在自己。这段话便是对人生意义的极佳诠释，而以樊锦诗为代表的莫高窟人，就是这种诠释的生动证明。

透过樊锦诗这面窗，我们可以读到专注的力量，品出坚定的信念，并从中领略到莫高窟人精神的恒远价值与意义，这也是这个时代需要践行并传承的精神力量。也许我们躺在生活的阴沟里，但只要胸中怀有热爱，它就会成为你抬起头可以仰望到的星空，照亮独行的路，因为热爱可抵眼前苟且，热爱可抵岁月漫长。

（作者单位：西华师范大学，指导教师：郎�、王黎黎）

她的岛　他的国

——读《海魂：两个人的哨所与一座小岛》

◎王梦灵

长篇报告文学《海魂：两个人的哨所与一座小岛》是第一部描写守岛32年的民兵夫妻王继才、王仕花的报告文学作品。王继才、王仕花夫妇用生命里最好的32年时光守护着一个家，他们的家很大，大到九百六十万平方公里；他们的家也很小，小到只有两个足球场那么大。而在家的四周，是与世隔绝的茫茫大海。他们的家叫国家，他们的岛，叫开山岛。

1986年7月14日早8时40分。

丈夫王继才把第一次登上开山岛的时间记录到了“分”，从那一刻开始，他便知守岛不是一两日，此时，他才26岁，大女儿刚满两岁。

过去，这里驻有一个加强连。20世纪80年代中期，连队撤了。县人武部先后找了十多个人守岛，最长的只待了13天，皆因太苦而离开。在丈夫独自守岛的第48天，妻子登上了这个小岛。因放心不下丈夫，王仕花决意辞去工作上岛陪着王继才。

两个人一个哨所，王继才是哨所所长，王仕花是哨员。

两人既是夫妻，又是同事。

一间20平方米的旧营房，成为二人简单的家。屋里有一个煤气罐，一个小灶台，一个小方桌，一张木板搭的床。

王仕花刚来时，什么都怕。

没有电的晚上，整个小岛都漆黑一片，海浪拍打礁石的声音在夜晚听起来很恐怖，她的眼睛看哪里都感觉阴森森的。没有水电，却常有雷雨交加、狂风暴雨，还有成群结队的老鼠、蛇和蛤蟆。

但有丈夫在身边，她又感到很安全。

夫妻二人一起巡逻，一起劳动，王仕花很快适应了岛上的生活。

他们在开山岛种树，种蔬菜。养了两只小狗，几只母鸡，给枯燥乏味的岛上生活带来一点生气。然而岛上没有土壤，也没有淡水，种活一棵树比养个孩子都难。夫妻俩就像燕子衔泥一样，从陆地上背土到岛上，尝试种菜、种树。

没有水，就把自己吃的水省下来浇树。各种品种的树种了无数，但最终活下来的只有三棵无花果、一棵苦楝和几棵松树。

1987年夏天的一个台风之夜，他们的儿子在岛上出生。没有别人，是王继才给妻子接了生。当听到孩子的第一声啼哭时，王继才瘫坐在地上，大哭起来。

儿子生下来后直到七岁，都跟着王仕花和王继才在岛上生活。

人们难以想象他们是怎么坚持下来的，开山岛，被当地人叫“水牢”。只要赶上台风，人十天半个月上不去也下不来，比坐牢还苦。没有蜂窝煤时，只能吃生米；台风被困时，饿上好几天，没有力气说话；海浪打过来，他们差点丢命；没有电，看不成电视，只有一台收音机，才能听一下外界的声音。

夫妻俩一年五千多元的工资，要养三个孩子，生活捉襟见肘。他们只能力所能及地做点最辛苦的事：在岛上摸些鱼虾、放个蟹笼、捡拾贝类，托渔船捎回港口去卖点小钱。一年额外赚个三五千元，贴补家用。夫妻俩平时特别节俭，不买衣服，哪里破了就缝缝补补接着穿。干活手裂了，两块钱的护手霜都舍不得买。可只有一样东西，他们是买了又买。

那就是国旗。

升旗，是他们守岛生命中最重要的部分。

王仕花上岛两个月后，王继才开始在岛上升国旗。

每天早上，天刚蒙蒙亮，王继才就招呼妻子起床升旗。一人升旗，一人敬礼，国旗伴着太阳从海平面缓缓升起。没有国歌伴奏，却依然庄严肃穆。

因为海上空气的腐蚀，国旗容易掉色，夫妻二人在守岛的32年里，自费买了几百面国旗。

有人问他，两个人的小岛，没有要求，也没人监督，升不升国旗有啥影响？

王继才说：开山岛虽小，也是中国的国土，必须升国旗！只有这样才会觉得这个岛是有颜色的。

夫妻俩这一守，就是32年。

冬天站在冰冷的海水里摸螃蟹、捞海螺，浑身冻得僵硬，腰都直不起来。岛上的母鸡下了蛋，夫妻俩也舍不得吃，带到岸上去换钱。一年四季，他只穿民兵的迷彩服……

32年里，夫妻俩以岛为家，升旗、巡岛、观天象、护航标……当太阳落下海面，王仕花的一天并没有结束，往常夫妻俩会打着手电，一起写守岛日记，记录日常。2018 年，58岁的王继才在执勤中因病去世，兑现了他“守到守不动”的诺言。丈夫走后，王仕花继续守着岛，所不同的是，她一个人做完这一切，会独自坐在宿舍门口的台阶前看星星。

守岛，对于一个女人而言，面临最大的难题就是放弃。可以说这三十多年来，王仕花的内心是痛苦而煎熬的。从踏上这座荒芜的小岛第一天起，她心里清楚，今后每一天的生活都是放弃：放弃了天伦之乐，放弃了亲友之情和生命中的娱乐，甚至放弃了电灯、手机、淡水等最基本的生活条件。从此以后属于她的家，是更广阔、博大的国家；而自己的那个小家，和她的感情一样被分为两半，一半是岛上夫妻相濡以沫，一半是与隔岛相望的儿女相依为命。

在过往的漫长岁月里，夫妻两人升旗时并无人旁观，只有一条不会说话的狗。他们在守岛之前并不能预知未来，不知道自己要守多少年，甚至不能确定能不能下岛。32年一座岛，呼啸的海风，陡峭的悬崖……没有想象中的浪漫，而是清贫与寂寞。作为一位普通的妻子和母亲，究竟是什么样的力量，能够让她做了一件常人难以理解、难以坚持、难以企及的事情?

很多人都读过《钢铁是怎样炼成的》这本小说，其中有这么一段话：一个人的一生应该是这样度过的，当他回首往事的时候，不会因为虚度年华而悔恨，也不会因为碌碌无为而羞耻，这样，在临死的时候他就能够说：我的整个生命和全部精力，都已经献给世界上最壮丽的事业。这段话引发了无数人对于生命价值的思考。王继才、王仕花夫妇守岛卫国，甘洒青春献国防，就彰显了共产党人的信念。

如今，开山岛也有了新的接班人，有了民兵执勤班。在这里，五星红旗每天升起，迎风飘扬。

32年光阴让小岛改变了模样，但是岛上的哨位和坚守国土的身影始终不变。浪的执着，礁的顽强，民的本分，兵的责任，岛再小，也是国土，家未立，也要国先安，32年驻守，三代人无言付出，两百面旗帜，收藏了太多风雨，涛拍孤岛岸，风颂赤子心。

山有山魂，海有海魂，军有军魂，国有国魂，从王继才、王仕花身上，体现出的不仅仅是两个独立个体之魂，更是中华民族应当有的民族之魂。海魂的品格，不在一个人、两个人，不在一时，更可贵在它如不熄的火种，代代相传。

家国是永恒的情怀，爱国奉献是中华民族世世代代自强不息的精神财富和力量源泉。多少年来，千千万万中华儿女立足本职岗位，弘扬爱国奉献精神，不讲条件、不求回报、不惜代价，甘愿付出汗水、心血乃至生命，把祖国建设得日益繁荣昌盛。新时代是爱国奉献者的时代。建功新时代、担当新使命，在血液和灵魂深处，每个人都应该有新时代奋斗者的价值追求，有一方自己坚守的“开山岛”。

（作者单位：江苏省连云港市文化馆）

读《灵犀》有感

◎周海艳

《灵犀：一位法国诗人与苏东坡的心灵交会》（以下简称《灵犀》）这本书，我读得很细，带着思考与问题去读，还原一个历史人物的生命、政治、文化、生活，以及一个异国人超越时空的情感。法国文化与法国文化人，对苏东坡好像情有独钟。克洛德·罗阿是法国著名诗人、小说家、评论家、汉学家，他在文学生涯中不断保持着与中国文化的对话，撰写了大量专门论述中国和中国文化的著作，还将从中国诗歌中得到的灵感运用于创作中。苏东坡的粉丝，从古至今，不计其数。从他春风得意，到他颠沛流离；从与他同时代，到现今时下；从与他同样黑头发、黑眼睛，到发色肤色不尽相同……而罗阿，却是与苏东坡最心有灵犀的一位。冥冥之中，他们就是“千年前的朋友”。他对苏东坡的解读最为透彻，就像是一位知己回到了北宋，与苏东坡一起生活，一起爱恨。

东坡是生活在中国11世纪的文人士大夫，而罗阿却是与之相隔千年之久的法国诗人。他们中间隔着的不仅是一千年的时光，还有人种、语言、文化、思维等种种差异。但他会倾听到自己和苏轼用同一个声音说：“我，就是你。”罗阿与苏轼，在对蝴蝶的凝视中完成了超时空同体。瞧，我者与他者不仅会转化，还会浑然一体，难分彼此。“我，就是你。”那到底是什么让罗阿对东坡以“朋友”相称？是什么让罗阿对东坡热爱到“有时会凭借某种假定、某种倾向、某种狂妄对自己说：‘因为，他就是我’”？除了苏东坡独特的人格魅力、卓越的天赋之才所带来的不可抗拒的吸引力之外，当然还有罗阿对中国文化天然的亲近与喜爱。不同于其他惯以高高在上的姿态审视中国的西方作家，罗阿在接近、观察、了解和理解中国及中国文化时，始终保持着欣赏和平等的态度。他具有西方视角的独立和客观，却又对中国文化保持着亲近和喜爱。

他曾来到中国，与老舍、梅兰芳、罗大冈等人相交，并借由罗大冈的介绍认识了苏东坡及其诗词。罗阿开始真正接触苏东坡，是在20世纪50年代来杭州，与中国的法语翻译家罗大冈合译东坡诗词——他对于月亮的感叹“像是挂在树梢上”，促使罗大冈将写下了“落月挂柳看悬蛛”的苏东坡介绍给他。由此，月亮成为苏东坡和天才诗人罗阿相知的媒人，成为罗阿追随苏东坡的源头。在这个过程中，他越发觉得苏东坡是个有趣有味的人。他与罗大冈的友谊也在翻译苏东坡诗词中得到了升华，而他与苏东坡也滋生出穿越千年、跨越国籍的友谊。这种友谊，是一种精神的共鸣、心灵的交会，罗阿感叹：“同一轮挂在柳梢的月亮触动了一位远在宋代的中国人和一个20世纪末的法国人。” 那月光仿佛一道可以逾越人种、语言乃至千年时光的人文主义光辉，同时照耀在苏东坡及罗阿的身上。

如果你寻找的是一本极其详尽而精于考证的东坡传记，这本小书恐怕并非最佳选择。如同罗阿自己所说，这是一本由“一束诗歌集成的小书”，也如“两者，我与他”从书给自己下的定义：“……是主观的叙事，与传统的传记相去甚远。”《灵犀》所写的，是罗阿心中的东坡，书中充满了罗阿的主观叙事。他以法国诗人的视角与笔触，为我们呈现了一个与往常不甚相同的东坡形象。

这是一部颇有文学价值和品位的作品，主要通过一篇篇富有个性的散文随笔，描写了作者与苏东坡的“心灵交会”，抒发了作者对中国这位伟大文学家的敬仰之情。作品描写细腻，眼光独到，对于读者进一步认识、了解苏东坡很有意义。对于法国读者和其他外国读者，本书能为他们打开一片天地，使其品读、欣赏到这位颇具代表性的大家超凡出众的文学魅力，对于中国文学、中国文化走出去起到很好的效果。就中国读者而言，也可从这本译著中进一步认识苏东坡，还可从当代法国名作家的视角重新看待苏东坡，其意义不言而喻。

《灵犀》这部随笔，史料并不多，却有着国际视野的第三只眼，一颗没有杂质的中国诗心。一个局外人，却以局内人的行云流水、安静从容，以随笔式的、罗阿特色的语言，带领读者跟随苏东坡一起经历山川河流、诗词书画、悲喜荣辱，诗意与思想起伏着重走了苏东坡的一生。他以法语、汉语等“多声部”的合奏，立起了一个“国际化”的苏东坡，也让不朽的苏东坡在国际的土壤上开花结果。《灵犀》的迷人之处，在于它既是一部苏东坡的评传，又是一部带着强烈个人旅行色彩的著作，在学术写作、中国游记及叙述口吻之间，赋予了珍贵的在场感和梦幻气质。这种法兰西式的跨文本跨文体写作，我们在罗阿的同胞，也是他的同时代人罗兰·巴特的《恋人絮语》中也能感受到。罗阿因结识艺术家赵无极而爱上中国文化，又因结识法国文学学者罗大冈而爱上苏东坡。当他踏上中国大地时，终于从一个他者变成了我者。作为阅读者的我们，是幸运的。在感受节奏和韵味美的同时，也收获了人生的许许多多。

在这本书中，你可以读到东坡生平，也可以读到作者在中国的亲身经历；可以读到东坡的诗文、书画理论，也能读到西方与之相应相通的诗歌、绘画理论；可以读到具象而血肉丰满的人物，也可以读到空灵缥缈的思维意象……

然而这些内容却都被容纳在一本不到十万字的小书中，令人不得不对罗阿铺陈有序、详略得当、虚实交融的笔力由衷赞叹。

读《灵犀》的时候，我的脑中便不断跳出我者与他者的纷纭意象，人物与时间和空间的交错此起彼伏：跟随苏东坡的脚步，罗阿也一生“逐月求光，以照亮本心；向水求净，以濯洗凡尘”。他在一个明月夜、一片短松冈，梦苏东坡的梦，悲苏东坡的悲。父母离世，结发妻子亡故，事事断肠，苏东坡坦然接受煎熬着的痛苦与慷慨。这也让罗阿读出了一位伟人心中的祥和与快乐。我者既是翻译者宁虹、宋代的苏东坡，也是蜀地的山水、瑰奇的中国，甚至还包括神秘的东方；他者呢，当然有诗人罗阿、繁华的巴黎、浪漫的法兰西，以至整个西方世界。当作者行文至有关乌嘴的段落时，法国人对狗天然的喜爱跃然纸上，读之便会露出温暖而会意的微笑；然而在读到苏东坡人生进入最后时间的时候，罗阿细腻而感伤的笔触，又会让人不禁落泪。罗阿以寥寥数言，用哲学和生活学的敏锐和洞察力，独特地、鲜活地诠释了苏东坡对快乐的理解。在罗阿的眼里，苏东坡从不认为人生之路全是玫瑰花瓣铺就，他自认为不是一个驯良的愚忠之臣，更愿意把自己比作林中麋鹿。苏东坡的一生，其实大多数时间，都是在随心而活，放养自己——放养灾难，放养疾病，放养牢骚，也放养灵魂。因此，罗阿把苏东坡的一生比作一个球：不停滚动，走过千山万水，“从驿站到任职地，从北宋东北边陲到海角天涯，从大陆的温润气候到海南荒岛的酷热难耐。”好像，他就真真切切地和苏东坡一起，在黄州做一介农夫，修建雪堂、开辟荒地，在徐州抗洪，在杭州修浚西湖，在琼崖和黎民打成一片，在发配或被重新起用的路上，在这条风雨泥泞、花草烂漫的路上。他时时刻刻都睁大眼睛，竖起耳朵，心中装着一个领路人，笔下游历一个灵魂。他与他一起南行，或回乡奔丧，或走马上任，或踏上一次次惊心动魄的冒险之旅。骑马，走路，乘船，翻山，越岭。沿途的逆境顺境，都是风景；逆流顺流，都是上游。罗阿所使用的语言，是较少被中国读者所熟知的法文。他将苏轼诗词文赋译成法文，希望用西方的话语方式展示东方的美学精髓，这是常人难以企及的境界，然而他的尝试却为我们推开了一扇窗。东西方语言的异同，恰恰证明了文化可以移情，却不能被代替。所幸宁虹教授极其细腻，将罗阿的感性笔触原原本本译介给了我们，译文流畅优雅，与罗阿文风令人惊讶地贴合。

我坚信，随着东西方之间理解和交融的不断加深，被唤醒的不仅仅是东西方诗歌界的兄弟姐妹们，法国诗人兰波说过，天下诗人是一家——还有更多东西方的我者或他者将被唤醒，更深的意志、美、自由和爱也必将一并被唤醒。罗阿遇见苏轼是幸运的，他遇见的是一颗干净的、没有杂质的中国诗心。苏轼遇见罗阿也是幸运的，不朽的苏轼不仅在中国，也在法兰西找到了开花结果的土壤。当两国语言智慧的火花相互交织，两条孕育古老文明的长江、莱茵河相互交汇，苏东坡仿佛看到了方块字和“蝌蚪字”诗意与感性的握手拥抱。

（作者单位：四川大学锦江学院）

“我与他者”：法国诗人克洛德·罗阿与苏东坡的千年灵犀交碰

◎修梦瑞

提起苏东坡，相信大家都耳熟能详，有不少的近现代作品以这位北宋年间伟大的诗人为描写对象。但是这些作家、诗人们，大多是以中国本土为主，鲜少有国外作家对苏东坡进行专门的描写。我始终觉得，苏东坡的一生用“人生精彩，经典流传”八个字来形容是很贴切的，所以法国著名诗人、小说家、评论家克洛德·罗阿致敬苏东坡的著作《灵犀：一位法国诗人与苏东坡的心灵交会》（以下简称《灵犀》），与我有着共同的认知。

《灵犀》这本书，我读得很慢，因为是带着思考与问题去读的：为什么一个法国人能对苏东坡有如此深刻的感悟？在本书中以苏东坡为代表的中华文化与以作者为代表的西方文化之间又能擦出怎样的火花？对于《灵犀》的创作，作者克洛德·罗阿以第一人称的视角去解读，采用了随笔的方式，将自己在中国对苏东坡的所见所闻以及感悟记录了下来。在罗阿的世界中，他把苏东坡想象成自己的朋友，穿越数个世纪去与苏东坡进行心灵上的交流，他们既是“我与他者”，也是“他就是我，我就是他”的关系，罗阿以一位诗人的赤子之心打开了研究苏东坡的朝圣之门。《灵犀》既是一部苏东坡的评传，又是一部带着强烈个人旅游色彩的著作，在学术写作、中国游记及叙述口吻之间，赋予了珍贵的在场感和梦幻的气质。

书的开篇，罗阿在窗棂下看见了一只蛱蝶，由此思考着“对于一只蛱蝶来说，扑扇翅膀的‘此刻’意味着什么？对我意味着什么？对他又曾经意味着什么？”他感受到，虽然跨越了一千多年，但是“他”就站在那里，罗阿能感受到“他”的一言一行，悲欢离合。但是为什么自己要跨越一千多年去喜爱他呢？所有疑问，只是“因为一个是他，一个是我。”在罗阿的世界里，他与苏东坡已经在刹那间进行了身份上的重叠，他们跨越了一千多年用着同一个声音。

罗阿第一次阅读苏东坡的诗，是在杭州旅游时，由罗大冈引荐，与“他和他的作品”相遇，因一句“月亮好像挂在树枝上”真正结识苏东坡。罗阿在月亮的指引下一步一步去探索苏东坡，月亮成为罗阿与苏东坡相识的契机，也坚定了罗阿要追随苏东坡的决心。

在罗阿的探索中，苏东坡在经历了妻子的亡故、父母的逝去、官场的失意之后，虽然日渐消沉，但是仍然没有失去对生活的热情。罗阿认为，世界上有两种不易得的状态：祥和和快乐，而苏东坡却能集二者于一身，虽然“苏东坡从不认为人生之路全是玫瑰花瓣铺就”。快乐之后是痛苦，欢笑之后是眼泪，但是他在经历了一系列的苦难之后依然能做到大智若愚，欢乐的情绪本身就是大智若愚。虽然因为“乌台诗案”，导致他被流放，但是苏东坡并没有颓废不安，他以积极乐观的态度去面对自己所经历的一切。在当时，儋州可谓是艰苦无人之地，炎热的天气，肆虐的虫病，无不侵害着这位年迈多病的诗人，但是他却很好地融入了当地生活，甚至认为自己是“儋耳人”。苏东坡的一生，其实大多数时间都是在随心而活，放养自己，放养灾难，放养疾病，放养牢骚，也放养灵魂。

《灵犀》这本书，不仅是致敬苏东坡的一本随记，也是作者克洛德·罗阿对中华文化的探索与学习，在他的创作中，他始终与中华文化进行对话，将从中国诗歌中获得的创作灵感，运用到自己的作品中去。虽然隔着国家、种族、语言的屏障，但是在《灵犀》上，是没有阻碍的。作者常常以自己的认知去解读苏东坡，在书中也引用了大量苏东坡的诗词。这一点，在宁虹教授的翻译过程中也有体现，翻译这本书时，面对用法语写成的诗歌，宁虹教授也查阅了大量资料去匹配原著。同时，宁虹教授也介绍到了书中不仅有苏东坡的诗文，也有书画理论，西方与之相通的诗歌、绘画理论等，足以看出罗阿在接近、观察、了解和理解中国及中国文化时，始终保持着欣赏和平等的态度。具有西方人的独立和客观，却又对中国文化保持着亲近和喜爱。

在我看来，世界各类的文化基本上都是互通的，纵使语言、国籍、种族不同，但是作为一个有个体意识的载体，某些程度上，我们灵犀上的感受都是可以彼此感知的，就像作者克洛德·罗阿跨越了千年去同苏东坡“对话”一样。“他将苏轼诗词文赋译成法文，希望用西方的话语方式展示东方的美学精髓。这是一个难以企及的境界，然而他的尝试却为我们洞开了一扇窗户。东西方语言的异同，恰恰证明了文化可以移情，却不能被代替。”这是宁虹教授对罗阿的评价，同时也说明了文化之间的转换是存在屏障，但并不是难以跨越的鸿沟。

同时，中华文化几千年的魅力也通过不同的文化作品感染着许多其他国家的人们。近年来，日本、韩国、法国等国家也掀起了一股“探索苏东坡”的热潮，这种现象是令人欣喜的，日本甚至还专门和中国合作纪录片来致敬苏东坡。在“东坡文化”传播的过程中，我们仿佛又看见了那个一身素衣，背着手走于历史长河边，惊艳了一个时代的苏东坡，目光含笑地朝着我们走来，再次与其他国家的文人进行灵犀上的交流。

（作者单位：四川大学锦江学院，指导教师：梅庆欢）

看见·自然

KANJIAN ZIRAN

看见·自然

KANJIAN ZIRAN

“人文森林”里的中国信念

——评《树梢上的中国》

◎郑莹

“树木是与语言文字、文物并行的人类的第三部史书。因为地球上比人年长的植物只有树木。树木一直在默默地注视并记录着人类的活动。”在著名学者、新闻理论家及散文家梁衡教授的眼中，树木不仅是一个木本植物的统称，还是一部记录着人类活动的绿色史书，是见证人类社会发展的历史坐标。他踏遍我国天南地北，探寻古树背后的历史，挖掘其中的人文故事，最终著成了这部以树为媒的专题散文著作——《树梢上的中国》。他以一种前所未有的角度，将文学、林业与历史结合起来，通过探访我国境内二十多棵人文古树背后的故事，揭秘树与人、树与中国、树与生态之间的紧密联系，借树述说着中国故事，传递着中国精神与信念，向我们展现生态保护的重要意义以及中国人民源远流长、接续奋斗的生态保护史。

一、树木，作为人类历史发展的见证者

建立“人文森林”，推动“人文森林”学科发展是《树梢上的中国》的创作宗旨，这一理念贯穿着全书始终。“人文森林，从生态文学的角度看是文学，或从学术研究的角度讲则是文化，但它都是新的，自成一体的。”作者深入大漠戈壁，探访原始丛林，登长城望红柳，手抚项羽桐槐，只为找到那承载着历史内涵，寄托着人文信念的古树。“人文森林”意在构建起人与森林之间的文化关系，将森林保护上升到人文层面，借森林来保护文化，借文化来保护森林，展现人与自然之间的紧密联系，构建起人与自然之间的可持续发展。

作者带领我们探访云南腾冲的热海、深入海南黑冠长臂猿所生存的热带雨林，向我们证明人类与树木自古以来便存在着密不可分的联系。纵使人类走出了森林，树木依然在背后注视着、庇护着人类，而人类社会的发展却造成了森林面积的锐减、水土流失、物种灭绝以及空气污染等一系列生态环境问题。雨林中的猿啼仿佛是在哀叹家园被破坏，意识到错误的人类也开始进行补救。树木每年新生的生长轮，记录着与人类共同成长的时光，它以数百年的坚守见证着朝代的兴衰更替，目睹着人类文明的发展。它犹如一部绿色史书，记录着人类由适应自然、改造自然、征服自然再到与自然和谐共处的过程。一圈圈的年轮不仅记录着树木与人类共同成长的岁月，更凝聚着

人类发展的精神信念。

二、树木，作为中国精神信念的凝聚物

“中华文明五千年，有说不完的故事。可以读正史如《左传》《史记》，可以读小说如《三国演义》。也可以听人说书。但我们还有另一种方式，就是去读一棵活着的老树。”每一棵古树记载着一段历史，它在历史中凝结出了独属于中国的理想信念。《树梢上的中国》带我们探访了距今约三千多年的老银杏，这棵老银杏种植于春秋战国时期，见证了中华民族三千多年的文明史。它见证了莒国由建立到灭亡的过程，见证了朝代的盛衰兴亡，也见证了新中国的百年抗争与新时代社会主义的发展。望着老银杏树树干上的沟壑，仿佛看见了中华民族上千年的历史沉浮，这棵春秋银杏犹如一位饱经沧桑的老者，与我们进行跨越时空的对话，向我们轻声倾诉那风雨飘摇、动荡不安的过去。我们从中吸取经验，同齐桓公一同牢记“毋忘在莒”，在中华民族上千年的历史沉浮中砥砺前行。

树木记录着历史，也述说着历史。它在每一次记录中凝聚着中国信念，在每一次述说中传递着中国精神。世人都道左宗棠收复新疆功绩显著，而我在阅读《树梢上的中国》后遥望西北左公柳，更惊叹于他在西北植树千里的卓越成就。左宗棠戎马一生，领平乱之命进驻西北，却为西北荒漠开辟出了一道绿色长廊，开创西北生态治理先河。这三千里的绿柳见证着西北

由“弥望黄沙白骨，不似人间景象”到“新栽杨柳三千里，引得春风渡玉关”的沧桑巨变。左公柳将人类艰苦卓绝、奋勇当先的精神凝结入魂，它早在百年之前便将“和平终于战争，生态高于政治”的理念置于中国人的精神信念之中。左宗棠开创了西北生态治理的先河，用实践告诉我们大漠亦可生绿洲的真理，传承了百年的“左公精神”时至今日依然熠熠生辉。后世瞻仰左公柳，叹其伟大，引以为傲，更视其为丰碑。承载于左公柳中的“左公精神”时至今日依旧指引着中国人民为西北的生态文明建设奋楫笃行。党的十八大以来，我国将生态环境保护放置在了突出地位。党的十八大首次将“美丽中国”作为生态文明建设的宏伟目标，把生态文明建设摆上了中国特色社会主义“五位一体”总体布局的战略位置。在党的二十大报告中习近平总书记再次强调：“大自然是人类赖以生存发展的基本条件。尊重自然、顺应自然、保护自然，是全面建设社会主义现代化国家的内在要求。必须牢固树立和践行绿水青山就是金山银山的理念，站在人与自然和谐共生的高度谋划发展。”生态文明建设是在“左公精神”上的继承与发展，是中国人民刻在骨子里的对于环境保护的道德感与使命感的体现。

除了凝聚“左公精神”的左公柳，还有见证着中国近代海军诞生的沈公榕，“曲线救城”的长城红柳以及历经中国贫困时代拯救百姓免于饥饿的中国枣王。这些人文古树凝结着时代的记忆，最终汇聚成为中国人民不屈不挠、艰苦奋斗的精神信念。它们的存在代表着中国精神信念的凝结，它们以一种无声的方式向我们诉说着中国社会的发展史与中国生态环境的保护史，人文古树的茁壮成长代表着凝结于其中的精神信念永垂不朽，以其勃勃生机时刻提醒着我们砥砺前行。

三、结语

《树梢上的中国》这部以树为题的专题散文著作，以前所未有的角度带领读者深入祖国大地，探访人文古树，挖掘古树背后的人文精神，展现着人与自然的命运联系。“人文森林”将人类与树木联系起来，它将古树视为中国文化的载体，将人类的精神信念凝结于古树之中，借助“人文森林”学科的建设，将古树中的文化意蕴挖掘出来，借树育人。古树中的文化意蕴滋养着中华民族，中华民族之文化素养保护着古树之根。《树梢上的中国》开启了“人文森林”的大门，以中华民族经久不衰的历史文化内涵滋养着神州大地，让承载着中国人民精神信念的古树在神州大地上茁壮成长，让更多的树木成为生态文明的见证者，持久记录着中国人民源远流长、接续奋斗的生态保护史。

参考文献：

[1] 李景平. 人文森林：生态文学的这边风景——梁衡访谈录[J]. 中国生态文明，2021（3）：9-20.

［2］习近平. 高举中国特色社会主义伟大旗帜为全面建设社会主义现代化国家而团结奋斗——在中国共产党第二十次全国代表大会上的报告（2022年10月16日）［J］. 求是，2022（21）：4-35.

（作者单位：西华师范大学，指导教师：刘麒麟）

以草木为城市立传：论阿来对蓉城的植物书写

——《成都物候记》书评

◎宋雨霜

2019年4月26日下午，由成都时代出版社推出的新书《花重锦官城·成都物候记》（后文简称《成都物候记》）在见山书院举行了分享会。成都阅读协会会长米瑞蓉，以其女性的视角和细腻的心思，与阿来对谈，打开一个成都草木的世界。那个阳光明媚的午后，我手捧《成都物候记》，听阿来分享此书背后的故事，感触很多。这本书置于我的书架中，仿佛散发着淡淡的草木芬芳，不时吸引我亲近它。

在这本书的启迪下，加之自己从小长在农村，对植物有种天然亲近感，我开启了草木系列写作。书写豇豆、木瓜、芭蕉、鸭子花等植物的文章，于2021年收录进首部散文集《生命的芭茅花》，我在后记中表达了对《成都物候记》一书的谢意。恰逢书评大赛，再次欣然仔细品味此书，如与老友重逢，似品陈年佳酿，醉在其中。毋庸置疑，《成都物候记》是一本造型精美、设计别致、意韵深厚的好书。那就跟随作者阿来，踏上蓉城植物的发现之旅，畅游蓉城的美学世界。

一、书籍设计别出心裁，形式之美引人走进文本深处

在电子化阅读、碎片化阅读盛行的当下，能够捧着一本装帧精致、意蕴丰富的纸质书慢慢地品读，是一种难得的体验，也是热衷于阅读之人独特的幸运。《成都物候记》就是这样一本设计独特，以形式之美引人走进文本深处的好书。

仍记得第一次看到这本书的惊喜之感，这种与众不同的体验源自封面、扉页、正文、装订方式等散发出来的设计感。没有过多专业的图书设计知识，只是凭着一个爱书人的本能，我感到这本书温润可爱。它就像一位身着汉服的古雅女子，唤我走进一个美好的世界。

2019年年度“最美的书”名单出炉，我看到《成都物候记》在列，它成为四川出版唯一获此殊荣的图书。我再次拿起它细细观赏：从封面到内页，从图形到字体设定均呈现出朦胧美感，纸张内侧反印隐约可阅读的文字，包背筒子页内部印刷的抽象图形反衬烘托正面文字的气氛……每一个筒子页的内侧均有与文字相呼应的视觉处理，内外贯通，气息相连的花之世界加强了主题的表现力和设计的感染力。诗词与文本的字体设

定进行了有机分割，章隔页的文本处理独具特色，既方便了阅读，也显现文本编排的设计用心。

此书入选“最美的书”，与图书设计师许天琪密不可分。在许天琪看来，“最美的书”除了作为承载文本的容器之外，还应内外浑然一体，对最美图书的定义是形式和内容都要美，而且形式和内容之美要高度统一。在出版界有这样一个共识，“书是语言的建筑，建筑是空间的语言”。我认为《成都物候记》这本书就很好地体现了书籍作为语言建筑的形式之美，美得恰当，与作者的文本相得益彰。

二、古今融合的植物书写，描绘蓉城文化地理图卷

如果说领略书籍设计的外观之美，是对图书设计师良苦用心的体会，那么对文本的品读就是和作者来一场深度的精神交流。我多次阅读此书，流连在阿来勾勒的蓉城文化地理图卷里，徜徉在穿越古今的植物书写里，乐不知返。

从观察空间来看，阿来的植物书写大致可以分为内外空间两个视角，即一个是以居住的小区庭院为内视角，另一个是放大到整个成都的外视角。“花重锦官城”是对成都花木葱茏的整体描摹，这种整体印象离不开一个又一个居住区的生态风貌——无论是古代的自然村舍，还是现代化的小区空间。阿来说自己是幸运的，居住的小区庭院里四时有花，足以慰藉心灵。借由他的文字，我们得以窥见庭院里的蜡梅、红梅、海棠

树等。这些花木作为日常图景装点了小区环境，更让阿来感受到时间和季节感。立足于自身小区庭院的观察，微小却真切，能代表千万个成都居民观花之情态，即在成都处处可观花，时时可观花。

纵读全书，稍作梳理便会发现阿来的脚步遍及成都各处草木葱茏之处。浣花溪、幸福梅林、望江楼、杜甫草堂、塔子山公园、龙泉桃花故里、百花潭、青羊宫等成都文化地标性的空间，它们所具有的植物品类、形态等都被作者一一呈现。如果是成都本地人，或者长期居住在成都的人，翻阅此书会觉得亲切无比，因为这是在纸上和阿来一起感受的成都出游记。对于不熟悉成都的读者而言，也能徜徉其间，跟随阿来的文字穿梭在成都各处，感受蓉城花事。从主城区到郊区，阿来把成都各处的赏花空间铺陈介绍，也是对“花重锦官城”的立体化展现。

阿来观草木之旅，不仅仅体现在空间范围广阔、品类丰富，更在于和古代诗词、历史文化的互动。现在的城市空间带有历史的韵味，现在被观察吟咏的植物，它们的祖先也在千百年前被我们的前辈观察吟咏过。从陆游的“二十里中香不断，青羊宫到浣花溪”可以看到历史上成都的草木盛景；从杜甫的“冰雪莺难至，春寒花较迟”，可以感受那份春寒气息对花事的影响；从刘禹锡的“蜀国花已尽，越桃今已开”，能感受到栀子花开揭开夏天的序幕。

花木葱茏的成都，无数文人墨客描摹过的成都，现代人正在生活的成都。这座城市，令人心动，正如阿来在本书末尾的答记者问中所言：我喜欢这个城市，融入这个城市，是因为现在生活在这座城市里的一些人，和过去生活在这个城市、书写并表达了这个城市的那些人。因为这些书写，城市才具有了审美的价值。阿来观察成都的草木，想到历史上的人物也曾在这片土地上生活，一样地经历悲欢离合，也曾在观花赏月中进行心灵对话。

书中大量诗词的引用增加了文学性和历史感，也能体现出观草木这一雅事的历时性。阿来对成都草木的书写，也将汇入城市植物书写的历史长河，为后来人提供借鉴与启迪。

三、由草木意象到生命哲思，深厚的植物美学世界

在阅读本书的过程中，我能感受到阿来仰观宇宙之大、俯察品类之盛的观察领悟能力，并为之敬佩。阿来是感性的，他触摸到并扩大了生活中的美，经由观察、拍摄、查阅植物学资料、书写植物笔记，观照了一个众彩纷呈的植物美学世界。

和纯粹的植物主题抒情散文不同，阿来的文字除了具有文学的美感，更在于具备科学小品文的严谨性。他说，植物会把我带入它们的世界，它们生命的秘密世界。他的文字有科普小品文植物描写的细腻感，让读者得以细细观花本身。如对蜡梅的观察与考证，从花径大小、花被片颜色、花被片形状等展开，向读者介绍了一个庞大的蜡梅家族。再如《桐》一章中，

他如此记录：花冠的构成也奇特而精妙，五裂的花瓣分成上下两部分，上部两片翘起来，退缩，又向上翻卷，下部的三片却直伸而出……若干朵花形成一个聚伞花序，若干个聚伞花序相复合，又构成一个圆锥花序。

这样的观察与表述具有植物学的严谨与精确，与阿来博览群书、掌握扎实的植物学知识有关系。多年前他自青藏高原植物考察起，便开始系统学习植物学知识，带着专业的眼光再来观植物，他抛去文学家的感性滤镜，更能看到草木本身的自然属性。

阿来在对草木进行观察描摹的基础上，表达了自己的生命哲思。如《贴梗海棠》里提到：红海棠树形高大，花开热烈；白海棠只是低矮浑圆的一丛，捧出一朵朵娴静清雅的白色花。这种热烈与安静的相互映衬，比那一律红色的高昂更意韵丰满，低调的白却比那高调的红更惹眼。在《玉兰》一章中，他如此写道：而当我凝神屏气，在镜头里注目那些花朵，它们更美了，一朵朵像是将要向着那淡蓝的天空飞升……而我无法把这些美不胜收的花朵的实体留在尘世，只是在一声声快门中，留住一朵朵虚幻的光影。就是这样，极致的美带来怅然若失的伤感，这是一种有关生命、有关美的深刻的伤感。这样的画面描述和生命哲思，可触发读者对生命、对美的思考，余味悠长。

四、识草木观当下，多重维度的精神反思

阿来受中国古典文学的草木传统浸润，却又不拘泥于此。阅读《成都物候记》一书，能感受到阿来的率真，他不会刻意地为花赋予文化意义，他不管比兴，不管象征，不把景语作情语，就是为了看看花木自然的呈现，这是一种返璞归真。文中提到梭罗《瓦尔登湖》对野果的记录，阿来对草木的植物学观察与梭罗的记录形成遥远的呼应。在中国古典文学中，草木大多作为文化符号出现，先赋予意义，再兼及形象，而阿来对这一传统进行了适当的打破与超越，回归到对植物生命自然属性的书写。

在他看来，当下的城市空间呈现出来的植物景观面貌，也是人为驯化、秩序化管理后的结果。作为久居成都的作者，阿来对城市的园林设计和道路街巷的植物布局有自己的思考，表露了自己的一些遗憾，或者说是建议。他在《丁香》一章中提道：一个城市还有什么始终与一代一代人相伴，却比人的存在更为长久，那就是植物，是树。对于成都来说，就是那些在这个城市出现时就有了的树：芙蓉、柳、海棠、梅、槐……面对这些构筑人们集体记忆的土著植物日渐消逝，他感到悲伤。面对蜀地土著植物与外来植物的平衡问题，阿来呼吁让成都多一些土著植物，因为它们不只是美化环境，也可给充满了新建筑的城市增加一些历史感。

再如谈到成都市花芙蓉花时，他发现成林成片的芙蓉花很少见，认为对于一个城市来说，物理上的美感是一个方面，精神与文化上的，与集体记忆有关的植物，还是应该成为景观上的主调。这或许可以为成都的城市空间植物景观设计提供一些思路。作为成都市民，这是阿来对城市生活空间的自然诉求。作为知名作家的阿来，他的思考也是对城市文化建设、城市空间设计的建言。

帕慕克说过：我们一生当中至少要有一次反思，引领我们检视自己置身其中的环境。阿来也曾对记者说过，他不能容忍自己对置身的环境一无所知。他的意思是生活在这个世界上，就要尽力去了解这个世界，既然身处的这个世界如此开阔敞亮，不妨以谦逊的姿态进入它，学习它，而观察草木、记录它们、讲述它们有关的故事是亲近世界的有效方式。

五、结语

阅读《成都物候记》，走近阿来超然洒脱、随缘自喜的作家风度，感悟他的生活美学、植物思想、人文情怀。草木有情，众生有情，共享天地。整本书读来，会感到阿来的确是以探索的、谦逊的、学习的姿态在探索城市空间里的植物，思考人类与自然如何相处，找寻如何安放身心的方式。他置身于广袤的、或近或远的植物世界，心存谦卑，敬畏生活，挚爱平常而温暖的事物，也给予我们一份关乎生命的思考与启迪。掩卷沉思，思绪依然跳跃在那些草木间。愿蓉城岁月静好，草木葱茏，花事不辍。

参考文献：

［1］卢春苗. 论蒋勋散文中的自然意象书写［J］. 海南广播电视大学学报，2020，21（03）：12-20.

［2］华珉朗. 汪曾祺作品中的植物书写［J］. 创作评谭，2019（03）：45-50.

［3］牟净. 论先秦文学中的植物书写［J］. 江西社会科学，2022，42（04）：106-113.

［4］杨舒蕙. 内容与形式统一：书籍设计的诗学［J］. 中国艺术，2022（06）：38-45.

［5］王晶. 对现代城市植物景观艺术环境设计的思考［J］. 植物学报，2022，57（04）：554-555.

（作者单位：成都文理学院文法学院）

《幽梦影》，一场草本的梦

◎葛亚夫

纸页是木本的，年轮里，镌刻着草木的情怀；文字是草本的，墨香里，研磨着花草的情调；内容是酱香的，行文里，窖藏着人世的情趣……没承想，熙熙攘攘里，会遇到浪漫得能描绘出幽梦影子的张潮，写出这样一本抽枝吐翠、回味无穷的书——《幽梦影》。

最熟悉草木的人是药圣李时珍。怀香、知母、当归、望江南、红娘子、王不留行……这些名字，听着就可人，清气提神。在他笔下，它们也是一味药，如同低眉的奴婢，待人接物无微不至，却也失去了灵性。对草木，“药圣”太职业，只懂药性不懂性情。张潮正好相反，他笔下的草木，通人情，解人意，更像一个个红袖添香的红粉知己。

芸芸众生间，人的优越感在于独立的精神世界和思想空间。这样说，有些虚无缥缈，于草木更甚。人尚能言，草木却不能语。风花雪月的美好，草木至多是个背影或背景。但草木有本心，也有着独特的情感、情调和情怀，甚至拥有自己的“宗教”。

“植物中有三教焉：竹梧兰蕙之属，近于儒者也；蟠桃老桂之属，近于仙者也；莲花薝卜之属，近于释者也。”桃李不言，下自成蹊。不言之言，通灵通魄。正因如此，张志和樵婢渔奴，林和靖梅妻鹤子，陶渊明菊邻桃友。“世人峥嵘，植物中荆棘而已。”草木的修行，是成为自己；人的修行，是成就自己。两相较之，与草木交往更简单、安全。

人有五伦：父子、君臣、夫妇、兄弟、朋友。落叶归根，乔木梁思，草木亦有人伦。“牡丹为王，芍药为相，其君臣也；南山之乔，北山之梓，其父子也；荆之闻分而枯，闻不分而活，其兄弟也；莲之并蒂，其夫妇也；兰之同心，其朋友也。”父子有亲，君臣有义，夫妇有别，长幼有叙，朋友有信。这般和谐、崇高的人道，草木却比人走得更稳健。父子、夫妇会反目成仇，君臣、朋友会割袍断义，草木不会！即使“野火烧不尽”，仍会“春风吹又生”。

就说说婚事吧。张潮说：物各有偶，必拟于伦。结偶须待花信，常伦是——

比如，梅品清高，棠姿妖艳，不可为夫妇。怀才和怀色，惧怕不遇。所以“不若梅聘梨花，海棠嫁杏，橼臣佛手，荔枝臣樱桃，秋海棠嫁雁来红，庶几相称耳。若以芥嫁笋……必受河东狮子之累矣”。试想，冯唐若逢明主，金莲若嫁良人，结果必定是另一番模样。无论如何沉浮，草木都会结果，而人却未必，只有结局——人生是一场局，不是一枚果。

人不能饮食雨露阳光，但可与草木为邻。一草一木皆菩提，一人一生皆因果。

张潮写道：梅令人高，兰令人幽，菊令人野，莲令人淡，春海棠令人艳，牡丹令人豪，蕉与竹令人韵，秋海棠令人媚，松令人逸，桐令人清，柳令人感。张潮是性情人，草木是性情草木，这样的人和草木相逢，正应了那句：金风玉露一相逢，便胜却人间无数。

人有情，择草木为友邻；草木有意，以人为知己。张潮如数家珍：菊以渊明为知己；梅以和靖为知己；竹以子猷为知己；莲以濂溪为知己；桃以避秦人为知己；杏以董奉为知己；荔枝以太真为知己；茶以卢仝、陆羽为知己；香草以灵均为知己……“天下有一人知己，可以不恨。”人如此，草木亦然，而且更有韧性和定力，“一与之订，千秋不移”。这也是草木的情调和情怀：死生契阔，与子成说；执子之手，与子偕老。

（作者单位：安徽省作协）

“绿荫树下养精神”

——评梁衡《树梢上的中国》

◎陈思雨

这是一部记录了梁衡走遍中国大地、汇集了以“树”为中心的人文故事的散文集，2021年，商务印书馆在原有版本的基础之上对它做了全新修订，形成了这本内容更为丰富的《树梢上的中国》。其中不仅增添了《济渎庙柏》《徐霞客的丛林》《万里黄河千里桑》等篇章，也对图文内容、排版方式进行了更为完善的修订。梁衡老师以独特的视角向读者呈现了他对于树与人文、生态与文明之间的观点，通过走访中国各地，挖掘二十多棵古树背后的故事，以年代的维度为目录顺序，记录古树承载的历史和对文明的所思所想，最终形成了这本图文并茂的《树梢上的中国》。

拨开浩如烟海的历史尘雾，人的鲜血浸润土地，树的生命却从未干涸。在这片蕴藏着无限生机的大地上，树木挣扎着向上生长，从一颗落到土里的种子，长成一株参天的大树。它经历过山河破碎，也见证过破败残缺，从始至终，树对这片土地的意义都是无可替代的。对于树木而言，春夏秋冬的四季更替，无非是落叶与嫩芽的往复，而隐藏于那无数圈年轮中的尘埃，则是人类文明的演进与更替。

人与森林的文化关系，是介于林业、历史和文学之间的一片空白的三角地。从不同的方向去理解，树的存在则会被赋予广泛的意义。站在纯粹的科学研究角度，树木无非是由一群专业名词所组成的物质；以艺术的角度进行俯瞰时，成群的树木是画笔追逐的对象，成为画布上浓墨重彩的林海之幕；如若以生态的视角考量它，往往又涉及自然平衡的颠覆与重塑。世界的呈现丰富多姿，看待世界的视角也固然不同，然而一旦透过历史的背影去衡量它的价值，唯一能与人对话的便只有经久不息的古树。人类亲手创造的对象在树木面前始终是不具备生命的物体，无法与人进行对话。基于对历史和树木的人文性思考，作者阐释了“人文森林学”的创建意义。

何以产生这样的“第三维度”，是当下身处生态文明建设的过程中值得思索的问题，换言之，重塑人与森林的文化关系，究竟有着什么样的现实意义？

河南三门峡七里村的古槐被作者称之为中华民族苦难的活物证。它经历了唐朝“安史之乱”，也见证了途经树下的杜甫写下“三吏”“三别”。在时空的纵横中，它成为当地一座特殊的地标。民国年间，它听见火车驶过铁路时的隆隆响声，后来李大钊组织铁路工人大罢工、鲁迅走黄河水道至西安讲学，它也都见证了。直到旱灾降临，生灵涂炭，民不聊生，人们不得不以它的树皮为食，勉强维持生命，老槐树历经沧桑巨变，沉浮煎熬。在难以承受的压迫与侵略之下，灾难将这片苦难的大地撕开一道又一道裂痕，战争深深犁过我们的故土，无数天灾与战乱的背后，是中华儿女数不尽的抗争史与血泪史。西风吹折，驿道苍凉，正如书中所言，七里古槐的“裂缝、枯洞、筋结、伤疤，逶迤起伏，如河川经地。历史就留存在这树皮的皱褶里。”

在陕西与内蒙古、山西交界处的高寒岭上，一棵柏树的背后是叛乱的平定、民族的融合；位于安徽和江西交界的浙岭，“徽饶古道”蜿蜒而过，被称为“坚强树”的古樟只剩下一张坚韧的树皮，虽风干老化，但仍保留原有的形状，成为一处令人惊叹的景观。将手伸至它空荡的树皮中，颇有一种“此地空余黄鹤楼”的追忆之情。追溯文明的过程正如树的形态之演变，它本是庄严而肃穆的。

去年二月，我与朋友一同去了孟获城，坐落于四川石棉县栗子坪的这片高山草甸风景秀美，相传诸葛亮曾在此地七擒孟获。孟获城的冬季难免有些荒芜，站在烽火台边俯视整片草甸，植被凋零，但矗立在中央的几棵大树却依然坚挺。“羽扇纶巾拥碧幢，七擒妙策制蛮王。”残破的烽火台上尚且遗留着燃烧后的痕迹，尽管故去的人们早已消失在长河里，但周围的古树却始终悄无声息地记录着每一寸历史，使人意识到，它是个实实在在的生命体——它用特有的方式叙述着岁月的流逝。

事实上，正如书名向我们所传达的，古树的树梢上承载着一部中国的历史。彼时，我们站在巨人的肩膀上遥望看不见的曾经，深觉想要追溯过去是如此困难。然而回望树木的枝干，树梢上满载的绿叶不仅象征着名垂青史的历史人物，也饱含着无数平凡百姓碌碌的一生，正是这些重叠的足迹，勾勒起了一幅横跨数千年的民族画卷。从树干至树梢，支撑着一个民族的历史，它与我们每一个人是休戚相关的。

在梁衡的叙事习惯中，他善于“打捞沉淀在历史底下的细节，发掘湮没于历史风尘的故事，再现消失在历史进程的人物”。他始终强调古树和森林是“有生命的”，这也是同单纯叙述形式形成区分的关键。即正是由于树的见证，人的故事才得以被记载和保存，即使它是以一种肉眼难以观测的方式，且唯一的象征是一圈接一圈的年轮。古树俨然是一系列活的书籍，不仅记载着人类千百年来的生死与迁徙，同时也蕴藏着大量值得挖掘的人文价值。不拘泥于表面，倾向于“大事、大情、大理”，这既是梁衡主张的散文理论，也是他心中的文学宣言。

毛泽东曾在《七绝·咏蛙》里写道，“独坐池塘如虎踞，绿荫树下养精神”，透过这句诗，仿佛能看见一个与劲枝青叶融为一体的乘凉的身影。我想，我们需要的某种精神，一定是基于源远流长的厚重文化的。不得不承认，工业的进步和城市的发展在一定程度上对生态环境产生了影响，然而，每当站在望不到尽头的苍穹下，我们总能看见逝去的人们化作的繁星在夜幕中摇晃着、闪耀着，依偎在树木身旁，我们听到的是历史和岁月无声的呼唤。

以史为鉴方知兴替，而以树为鉴，则可观得人文与历史的映照。生态文明建设关乎人类共同的绿色家园，是一项漫长而浩大的工程，悠长的历史文化和生态体系囊括着世间万物，如今，我们依旧行走于祖国广袤的大地中，至于如何将森林与人文相融，我们的未来会给出更多的答案。

参考文献：

[1] 张昌山. 作为世界观的生态学问题——兼谈梁衡的人文森林散文写作 [J]. 鄱阳湖学刊，2020（02）：80-88+127.

[2] 李景平. 人文森林：生态文学的这边风景——梁衡访谈录 [J]. 中国生态文明，2021（03）：9-20.

（作者单位：四川大学文学与新闻学院）

树梢上的眺望

◎梁佳琳

读《树梢上的中国》，以树梢上的人文见中国之魄力。

阅读此书间不觉愈发能看见身边的树，也愈发能欣赏树之静美。抬头见树是一种幸福，它站在那里，随风拂动枝桠，绿叶微摆，见证了这世间许多人走过的路，其间喜悦、沮丧、挣扎种种交织，形成树的视角下个人的诗歌，当这些诗歌汇集成册，就成了一本难以撼动的史书。

我很感恩树的存在，它是自然的发生，或许是某只鸟雀衔来一颗树种，而它恰好落在了某片土壤，自此这里多出了一棵树；它生长着，观望着来往的人群、小动物，这是同它一样又不太一样的生命。我有时想，树长久地站立于一方是否会感到不自由，答案自然无从考究，但树的根茎向人眼所不能及的土壤深处延伸，刺破一层层障壁深沉而静默地站立着，它的枝桠向四方延展，或指向天空，或贴近地面。树的一生很长，于是它就慢慢地生长，缓缓地塑造自己。纵然风吹雨打、人来人往，甚或遭遇恶意的征伐，但它还是在那里顽强地生长，抑或在被伐倒的根部长出新芽，重启漫漫一生。

作者梁衡先生在前言中提起超越树身上木材积蓄量的文化内容时，我还不甚理解，只是平静中带着一点探究意味地看着这句话，也期待着梁衡先生随后的叙述。我喜欢文字，喜欢它带来的震撼，喜欢它提供的出口。我想我是浅薄的，而书籍永远在提供某种思想，它闪着光照亮了许多人的痛苦与诉求。人时常浮动，实则是心的跳动或者说提醒。此时看看窗外的树，或许偶来两只鸟儿翩飞啼鸣，而后重回风的宁静和树的言语，顿觉平静许多。人群的喧闹中掺杂着人的色彩，那里是人群的声音、人的举动和由人铸就的历史，而树则是无言的见证者。它沉默着或者借叶的拂动诉说着人类听不懂的话语，然而人真的不懂树吗？或许其中不想懂者居多。

书中梁衡先生一步一步地去搜集、实地考察人文古树，一篇文章的背后或许是时隔几年的牵挂与再次寻访，我想这背后是某种对树木的尊重，也是对人文的热爱。他真诚地想与它们做朋友，于是他搜集资料、影像，或许先是在报纸上、与他人交谈的电话里认识这些朋友，而后是实地奔赴。他想进一步了解树木的故事，他也因它的故事而来，接着是道路上无言的行走，见面时充满感情的爱抚与丈量，以及与人的交谈。

在那次突然更改主题的座谈会上，梁衡先生讲了许多树的故事。我虽只是在文字里看到先生自叙其经历，但眼前仿佛看见了一个人对树的无尽热爱，他怀抱着许多与树的故事，一个一个地诉说，仿佛将整个自己拿出来，告诉台下的听者人与树的磨合，树木本身值得尊重。

我在先生的文字中看见了那些树木，也看到了树木陪伴的那些人群，不由深思。今天的我们是幸福的，我们看得见左公柳、沈公榕，亦有一些独属于我们成长记忆中的树木。我们有自己追逐的，亦被陪伴着前行。树给予人思索，在以物质为基础的生活中，树凝望着人群的追逐，看着有的人走着走着忘却了家乡的树，亦忘记了心中的树，摆摆枝桠表示惋惜。总有人行至穷途，倏尔望见周遭的树木，想起了那些生长在家乡亦生长在心里的树，一抹盈绿背后是重燃的希望与照亮的归途。

许多道路都有树的陪伴。宣武门外的草木见证了谭嗣同先生的就义，卢沟桥边的柳树见证了民族的苦难，而延安的白杨或许见证了无数同志的清苦与奋斗，总有些树见证了中华民族之崛起，而在此期间它们亦不断经历创伤与新生。鸭绿江的红松、枫桦陪伴着未归家的烈士们，中华大地上的树曾见过他们稚嫩的模样，也记得他们奔赴理想的笑容，或许也会渐渐看见那些守望后的回归祖国的、被刻在山河记忆里的中华同胞。树啊，你见过多少人的苦难，他们笑着而后又哭了，他们哭了而后又笑了。历史在书中被书写，亦在树木中被镌刻。旧日之中国行至今日，离不开人民，树见证了这一切，也为这群陆续往来或许某天便不会再见的人们遮挡些风雨。

我想我们需要如同思考人与人的关系般慎重地思考人与树的关系。此言有三义之解读。一是旨在说明人与树如同人与人一般是同伴，我们须彼此尊重、相互友爱，放诸自然亦如此。二为如人不能离开人群而孤立地存在般，我们应看到这世间无数树木的无声陪伴。它们烙刻在人的生活里，默默地吸取着人呼出的废气而后又馈赠给人清新的氧气；它们无声地照拂着此地的人民，避雨遮阳，又奉献出花果；树叶应季的凋零为或行走在路上或静坐在窗边的人们提供了绚烂的降落；人们念起家乡时，也不乏树的身影，那些景色与摇曳是人的守望，亦是无数棵树的守望。三为人与树的关系映射着对人类的思考，我们要追求什么，要在必然的取舍中保留什么，或许都可以在和树的相处中找到答案。

梁衡先生在行走与采访中记录下了二十多棵树木的故事，而我随着文字跟随着他的脚步，仿佛也听过那霸王岭的猿啼，见过那被伐倒的两棵腰果树之殇，也愈发喜欢树，喜欢它的静默、它的照拂。校园里的树大多偏清俊，而一教旁的柳树则常常在坐在三楼教室的我的注视下暗自生长，某天下课路过乒乓球场，有幸又见到了一棵深沉而翠绿分出两杈极具张力又和谐的树木。树存在于大道路旁，陪伴我们共同前行，而我期待着与更多人文古树、人文森林的遇见。

（作者单位：西南民族大学）

《双宝150》：让你爱上国宝大熊猫和金丝猴

◎李鸿梁

你知道吗？2019年是法国神父戴维首次科学发现大熊猫、金丝猴的150周年。大熊猫和金丝猴不仅是中国的国宝，也见证了中国在生态文明建设和自然资源保护方面所取得的巨大成就，展示了中国对世界和平与发展的贡献和责任。

为了纪念这一历史性的时刻，2019年四川大学出版社出版了一本精彩纷呈的图书——《双宝150：科学发现大熊猫、金丝猴150周年》（以下简称《双宝150》）。这本书由大熊猫文化全球推广大使周孟棋与金丝猴摄影家薛康联合撰写，他们分别精选出75张双宝的独家精彩图片，用精美绝伦的图片和生动有趣的语言，向我们展示了大熊猫和金丝猴从被发现到被保护的历史变迁，献礼科学发现大熊猫、金丝猴150周年。同时他们也讲述了自己对双宝的深厚情感和不懈追求，以及对中国文化和民族精神的理解和传递，展示了中国的生态文明和自然之美。

在这本书中，你不仅能看到大熊猫和金丝猴最新、最真实的生活状态，还能了解到它们所面临的威胁和挑战，以及人类为了保护它们所做出的努力和贡献。读完这本书后，你一定会对大熊猫和金丝猴有一个全新而深刻的认识，并对它们产生无限的爱意和敬意！

这本书以戴维神父科学发现大熊猫、金丝猴150周年为契机，回顾了他在中国的考察历程，展示了他对大熊猫和金丝猴等珍稀动物的发现和描述，以及他将这些动物的标本和知识带回法国后所引起的西方世界的关注和赞誉。

戴维神父是19世纪享誉世界的法国博物学家，1862年来到中国传教和考察自然。1869年春天，当他离开四川成都，向邛崃山深处走去，峰峦重叠、溪泉甘美、树木参天的邓池沟向他敞开了一座大自然的宝库。那是一只成年花熊，矫健俊逸；那是一只长尾巴猴，攀援如飞……生机勃勃的密林野兽吸引了戴维神父的目光。同年4月1日，他将憨态可掬的动物新品种称为“黑白熊”，后认证为“大猫熊”；同年5月4日，又给金线披身的珍稀物种取名为“仰鼻猴”，即“川金丝猴”。从此，古代典籍中貔貅猿狨一类的大熊猫与金丝猴迈入近现代文明，栖息于山林泉石的它们一出场，就轰动了全世界。

这一事件不仅为生物多样性保护奠定了基础，也为中法两国文化交流打开了一扇窗口。戴维神父用自己的行动和笔触向世界展示了中国的自然之美和文化之魅，促进了中华文化传播。这本书也由中国野生动物保护协会会长和法国国家自然历史博物馆馆长作序，从不同角度阐述了大熊猫和金丝猴对于中法两国文化交流和生物多样性保护的重要意义，弘扬了中法两国在野生动物保护方面的友好合作，献礼中法建交55周年。

《双宝150》不仅是一部关于戴维神父科学发现的历史回顾，也是一部关于大熊猫和金丝猴的生态介绍。

它让我们看到了大熊猫和金丝猴在自然界中的精彩生活。作者用专业的摄影技术、神奇的镜头捕捉到了它们各种有趣、可爱、温暖、壮观的画面：它们像孩子一样啃着竹子、玩耍打闹；它们像天使一样安静入睡、相互关爱；它们像运动员一样灵巧攀登、勇敢探索……或憨态可掬、或灵动机智、或亲密无间、或顽皮可爱，每一张图片都充满了活力和魅力，让人忍不住爱慕。通过多角度全方位地展示国宝大熊猫和金丝猴的每一个可爱瞬间，让读者近距离地接触到它们的魅力，对大熊猫和金丝猴有更深入的了解和感情。读者不仅能感受到这两种国宝动物的无限魅力，也能欣赏到山林、雪地、云海等美丽风光，仿佛置身于大自然之中。多么美妙的一本书啊！

不同于一般的摄影集，《双宝150》不仅展示了两种国宝动物的美丽风貌，还结合了大量的科普知识和有趣故事，让读者在欣赏图片的同时，也能对它们有更深入和全面的了解。作者从多个角度来介绍大熊猫和金丝猴，包括它们的生物分类、进化历史、分布地域、数量变化、遗传多样性等科学信息，也包括它们的身体结构、遗传变异、食物选择、交流方式等生活细节。

作者用通俗易懂的语言，配合精美写真，讲述了这两种国宝的生活习惯和社会关系，以及它们在中国文化中的地位和意义。比如大熊猫代表着平安、友谊、团结等；而金丝猴则代表着智慧、灵性、长寿等。通过本书，读者不仅可以对大熊猫和金丝猴有更多的了解和认识，也可以对自然界有更广泛和深刻的认识。

《双宝150》更是一本倡导环保意识和爱护动物理念的作品。它让读者看到了大熊猫和金丝猴作为地球上最珍贵的生命之一所面临的困境和挑战，比如栖息地破坏、食物减少、人为干扰等。书中对于大熊猫和金丝猴的保护和未来的展望，令人反省，提醒我们要关注这两种濒危物种的保护问题。《中国的生物多样性保护》白皮书显示，随着人工繁育大熊猫数量快速优质增长，40年间，大熊猫野外种群数量已经从1114只增加到1864只，大熊猫受威胁程度等级已从“濒危”降为“易危”。这些努力和成果体现了中国对自然与文化、传统与现代、发展与保护之间平衡与协调的追求，也体现了中国对全球生态安全和可持续发展的贡献和担当，让我们看到了中国文化中对生命和自然的尊重和敬畏，对历史和未来的承担和担当，对美好和理想的追求和实践。这本书正能让我们感受到中国的这种智慧与担当。

总体来说，《双宝150》是一本让人赞叹不已的图书。它不仅展示了大熊猫和金丝猴这两种国宝级动物的魅力和生态，还记录了中国在野生动物保护方面所取得的成就和进步。这本书的文字通俗易懂，图片精美细致，内容丰富有趣，无论是从科学、历史、文化还是艺术角度来看，都值得我们细细品味。它让我们见证一个历史性的时刻，欣赏到大熊猫和金丝猴的美丽风采，带给我们视觉上的享受和知识上的收获，让我们为拥有这样两种国宝级动物而感到自豪。

大熊猫和金丝猴，它们是自然界中神奇的创造物，它们是我们人类亲密的伙伴，它们是我们中华民族骄傲的象征。有谁能不爱它们呢？无论你是已经喜欢上了大熊猫和金丝猴，还是想要更多地了解它们，我都强烈推荐你打开这本书。相信我，这将是一次难忘而有意义的阅读之旅！

参考文献：

［1］毛雨寒. 中国双宝　四川名片——纪念“大熊猫、金丝猴科学发现150周年”［J］. 现代艺术，2019（04）：4-5.

（作者单位：武警警官学院，指导教师：陈皇丹）

树　灵

——读梁衡《树梢上的中国》

◎李玥

说来惭愧，因孤陋寡闻，对《树梢上的中国》这本书，我之前竟一无所知。第一次见到它，是在一份推荐书目中。当时，我对这本书的名字产生了好奇。它采用何种文体？树与中国会有怎样的联系？它是关于经济的、信息的，还是关于生物的？我猜想着，决定读一读。

《树梢上的中国》是2018年8月商务印书馆出版的一部散文集，作者是梁衡先生。在书中，梁衡先生将“人文森林”的理念和历史内涵融合在一起，记录了中国大地上二十多棵古树的历史兴衰。全书切入点新颖、巧妙，所载“事件”内涵丰富、发人深省。虽是讲史，却恰若出自古树之口，娓娓道来，讲述着一个个或凄美，或雄浑，或悲壮，或顽强的故事，如“霸王岭上听猿啼”“华表之木老银杏”“铁锅槐”“百年震柳”“难忘沙枣”。

凝视古树，人们难免会思索它的历史、现在与未来。恰巧，史与树，都是我所喜爱的。

这倒不仅仅是因为读史使人明智，更是因为身为中国人，我本能地想了解发生在神州大地上几千年的历史演变，这应该算是一种情怀。战争与毁灭、思想与文化、天子与百姓，这片土地上的兴亡与更替、是是与非非，无不牵动着我的心。对于我们的国家，我时常为之骄傲，全心全意爱着它，并一心一意建设它。我想，这应是真正读史之人的选择。在梁衡先生的书中，我也看到了这样的情怀。

树，常无言——应该说是我们不懂它的语言，但我一直相信它是有思想的，它的思想比人类的思想更加深邃。人类自诩为万物之灵，实则已败给了万物。树之灵自由安静，无私无争，用老子的话说就是“圣人终不为大，故能成其大”。

有人说，在浩瀚的宇宙中，某一颗遥远的星星就是你自己。那么我相信，在近处，在我们生存的星球上，总有一棵树守护着你，与你心灵相通，倾听着你的心声。我已找到我的树，它是我窗前的一棵大榆树。我常坐在窗前与它对话——是心灵的对话，它有时静默，有时微微摇曳，算是回答。我的这棵大树，与梁衡先生笔下的百年千年古树相比实在太年轻，但它已见证我的一切，容纳我的一切，也承受我的一切。或许未来的某一天，它成了合抱之木、百年古树，也会向后人讲述我和它的友情，讲述我的经历——一个普通人的故事。

你相信这一切会发生吗？我信！由此，我便确信《树梢上的中国》是一本好书。它引我思索，带我奇想，让我愿意去追随梁先生的脚步，去寻找中国大地上更多的古树，如梁先生的愿望，达到300棵，或400棵。我想去细听古树讲述中国历史故事，并将这些故事记录下来、传承下去，让更多的人读懂我们的国家，然后真诚地去护佑树木，正如树木护佑着我们。

万物皆有灵。谢谢《树梢上的中国》这本书，谢谢梁衡先生。

（作者单位：四川长江职业学院新闻宣传中心）

今古两见照　借取一段香

——读《成都物候记》杂感

◎李志强

花经木纬织锦城，
四时弥香一脉情。
千古文章江流水，
后人亦复更后人。

——偶得四句

一、花经木纬织锦城

前日，我路过宽窄巷子，只见各地的游客络绎不绝，把窄巷子挤得更加“窄”了。我没有进去凑热闹，只站在巷子口观看一些过年期间拉出的活动展板，上面写着“宽窄十五载”，还有一些可以作为成都城市符号的词语和诗句。我挑出来一个词，想着似乎可以作为我眼中成都的城市印象——“既丽且崇”。

离开宽窄巷子，我才后知后觉地想起这个印象是有文学出处的，原来晋朝的左太冲已经说得很透了：“既丽且崇，实号成都。”左思虽貌寝而口讷，但他的文章与外表却实在不相符，真是人不可貌相、海水不可斗量。魏蜀吴在你争我夺中鼎足而三，最终都不免折戟沉沙于历史的滚滚洪流之中。而左思的《三都赋》不仅能使洛阳纸贵，更使得三处已成过往的地灵人杰在文学的字里行间成就永恒、历久弥新。

“既丽且崇”，我的理解是“绮丽而典雅”。成都的别称、雅称有很多，比如蓉城、锦官城，可见成都历来的城市代表起码有两个：花卉和锦缎。蜀地的锦缎纺织业曾经支持着三国时期诸葛亮北伐的后勤补给与蜀国财政，成都的花卉四时绽放，弥漫着“花重锦官城”的大唐气象。花卉和锦缎同时又是互相成就的，繁盛的花草树木既为蜀锦织造提供了天然的图案与纹饰，也为这座城市披上了一匹四时不同、古今不绝的锦绣。

成都是如何做到绮丽而不艳媚、典雅而不和寡的呢？可以说，在从古至今的人为营造之外，自然的物候条件、地理格局和花卉草木起到了很重要的作用。阿来先生在《草木的理想国：成都物候记》这本小书中就从成都的四时花木入手，以中国的节气物候为时间轴线，并穿插着历史上的文脉线索与自己身体化的实践感知，借取一段花香诉说了这座城市的人文观止、古今流变。

本书凡二十章，每章篇幅不长，却处处充满细腻的情感与诗性。阿来先生生于西南，长于西南，久居成都，在2010年左右于成都探寻草木之间的城市气韵，用相机留下瞬息的光影，用文字记录物候的脚步。从“寒花绝品”的蜡梅、“春江颜色”的海棠到“丹山万里”的桐花、“新落蜀山”的芙蓉，阿来先生追寻着物候的足迹，写下了二十种花卉草木，遍历了成都的四时风光。诚然，要尽数成都的物候与景致，不仅阿来先生力所未逮，从古至今的文人墨客也殊难写尽。语言和文字的力量毕竟是有限的，风光景致需要我们每个人亲自去体验、去感知、去领悟。

二、四时弥香一脉情

在书中随处可见阿来先生对中国古代文学诗词的旁征博引，可谓信手拈来。这并非炫技，而是恰恰印证了此地文脉的延绵与蓬勃。书中所引诗词，皆是历朝历代文人墨客关于成都风物的记载与抒情。读罢，在咏叹的同时不禁又生出一种怅惘：原来我们现在想要抒发的很多情感、想要记录的很多文字已经被古人写尽说尽了，而且古人似乎表达得更加细腻、充分，我们竟不能再添一分、增一毫，只落得个转述引介而已。

怅惘之外，我们又不禁产生一种对历史记忆的亲近与熟识感：我们和古人的距离真的并不遥远，一轮明月照过古人也照过今人，一丛芳草古也留香今也留香。成都是一座园林城市，得益于得天独厚的自然地理条件，成都的花卉草木品种众多、兼及南北、自成一格。也许是因为蜀道艰难，在我看来，川中相对于外面更像是中国的一个“桃花源”：它保留着很多独树一帜的地域风貌与文化气质。在很多人就饮食、习俗等方面一争南北之时，以川中为代表的西南地区总能以某些方式陡然“出圈”，让南北两地的人们同时感到讶异与惊奇。

成都似乎也是这样。在现代化、城市化的潮流中，中国涌现出一批焕然一新的城市。但不得不说，其中的很多城市较为同质，它们拥有着相似的城际线和统一的一套现代化体系，但似乎总缺乏一些独特的城市气质。在现代化的潮流中，能同时做到弄潮而上与独树一帜是难能可贵的。易中天先生曾在《读城记》中尝试以不同城市的称谓剖析各自的文化气质，如“北京城”“天津卫”“上海滩”“武汉三镇”和“成都府”。我虽并非蜀地生长，但对于川渝名嘴李伯清先生还是久闻其名的，他在散打评书《成都梦》里也常说那首定场诗：石牛对石鼓，金银万万五。谁人识得破，买尽成都府。暂且不引申这背后张献忠藏宝的传说，看来“成都府”的称谓是深入人心的。一个“府”字，可大亦可小、可庙堂亦可江湖，不卑不亢、兼容并蓄，独成一种自尊的气息。

阿来先生书中的成都，四时花开各不同，让人目不暇接，阿来先生甚至觉得自己书写的速度跟不上花木变幻的脚步。于是，成都一年四季都被花香萦绕着，从南香到北、从李白香到目下。我读此书时正寓居成都，如果评价阿来先生此书为妙笔生花的话，那么并不仅指其文笔曼妙，更添了一缕可感的真实，这种可感包括视觉、触觉、嗅觉多个方面。就这样，书页和窗外贯通在了一起，共同构建出了一个我所能体验到的成都。

三、千古文章江流水

阿来先生在书写草木的时候，他书写的是什么？他指出，中国文学总弥散着一种“不欲及物”的哲学意味，古人留下的咏物诗歌似乎都不是在简单地描述客观事物，而是“寓情于物”“借物抒情”“借物言志”，也就是“齐物我”。比如，梅花的象征、丁香的气质、女贞的命名，都是各自的“情之所至”。将主观的情感体验融入到客观事物中，构建一些客观事物的“象”并赋之以“意”，形成了我们所说的“意象”。虽然，阿来先生似乎觉得这样的文学实践好像是对纯粹外物之“体”的一种“用”，有那么点从中取利的味道，但实际上阿来先生此书中也“未能免俗”。其实嘛，“物我为一”本来就是中国文学与哲学中长久以来的一种认识论与方法论，可以说就是中国人的一种精神观念，胡谓之“俗”？

阿来先生书中所书写的其实正是草木之间的人文、成都的历史文化脉络与他本人对于此地的个人情感。有些植物比人生短暂，你我的今年与去年也许相差无几，但很多一年生的植物则在此间经历了生死荣枯；可有些植物又比人生恒常，我看到一株唐代的银杏，它看尽了无数的人来人往、日落月升。我面前的桂花树，也许李白抚摸过它、杨慎在它脚下乘过凉，如今它又见到了我。我们“相看两不厌”，那缕香气从唐朝飘到今天，亦从今天飘到唐朝，以后还会一直飘散下去、经久不绝。“人生代代无穷已，江月年年望相似”，月如此，江水如此，花亦如此。

四、后人亦复更后人

此书我“读”了两遍，第一遍坐在桌边、第二遍走在外面。在第一遍读罢之后，我把此书当成了假期间于成都游玩的一本地理指南。沿着阿来先生的脚步，我去了散花楼、百花潭、合江亭、望江楼、塔子山公园、桂湖等地方。虽然此时与书中很多草木的物候时节有异，但并不妨碍我去欣赏另外一番风景。可以说，在游玩的过程中，我“见”到了唐朝的李杜、明代的杨慎、十多年前的阿来先生和目下的我自己。这是一种类似跨越平行时空的通感，而能够维系这种通感的正是面前一株株有生命的草木。草木无声，唯见心声。

五、尾声

附几首我在成都游玩途中有感而作的拙诗吧。学识微薄，词句浅陋。

游武侯祠

蜀帝蜀相蜀江水，秋月秋树秋气浓。
一入此门全忠义，红墙芳草皆赋同。
叹时不与豪杰便，遥使竹帛多英雄。
纵仗剑南牛斗聚，千载难得一卧龙。

青羊宫

尘壶乾坤大，松竹道人家。
炉香萦观宇，紫霭绕梅花。
老君讲高座，八仙戏分茶。
公孙九丈株，看尽日栖霞。

望散花楼

天女流芳古潭西，散花曾有太白诗。
湖石洞磊隔林望，天女流芳古潭西。

过薛涛墓

竹霭掩絮魂，梅云折为伊。
才情一江水，堪笑元微之。

初五夜安顺廊闻笛

花船江火织锦城，异客岁首观复行。
雁阵与钩成满月，云天共水一清明。

丝竹桥边客攒沓，合江亭上人弄影。

金鳞涌过东门渡，惟留廊柱绕笛声。

参考文献:

[1] 阿来. 成都物候记 [M]. 西安：陕西师范大学出版社，2019.

[2] 易中天. 读城记 [M]. 上海：上海文艺出版社，2003.

（作者单位：四川大学公共管理学院）

令人心跳的《虎啸》

◎朱应召

对爱书人而言，一本好书无异于兴奋剂，能让人心跳加快、血脉偾张，获得强烈的阅读快感并从中获益匪浅。北京十月文艺出版社出版的任林举老师的《虎啸——野生东北虎追踪与探秘》（以下简称《虎啸》），正是这样一本书。

作为一个从小生活在城市的人，我对于野生动植物的观感并不强烈，总觉得那是离我们很遥远的事物。我甚至觉得虎豹还可能伤人，最好永不出现。可是，从任林举老师的这本《虎啸》里，我认识到保护生态环境、保护野生动植物，尤其是保护野生动物中的王者——野生东北虎的紧要性与迫切性，顿觉自己以往的想法是多么肤浅与无知——地球并不是我们人类独有的家园，而是各种野生动植物和人类共有的家园，正是它们和人类一起，共同组成了色彩斑斓的自然生态环境，每一种野生动植物的存在都有其独特的价值与意义。

《虎啸》最大的特色是用丰富翔实的数据、真切感人的事例、扣人心弦的描述告诉了我们这样一个事实：不要以为我们人类拥有先进的杀伤性武器，就可以任意捕杀以野生东北虎为代表的各种野生动植物，如果这样做，最终受损害的必定还会是我们人类自己。所以，很多当年以捕猎为生的人最终都在政策的感召下转变为了野生动物保护者，利用自己熟悉野生动物的优势，和社会上一些利欲熏心的偷猎者展开了针锋相对的斗争，为改善生态环境做着自己力所能及的贡献。

阅读的时候仿佛在看一场有声电影，作者娓娓道来，跟着他的讲解，你会感觉面前出现了一片山林，山林中的树叶滴着清新的露珠，忽然，树下出现了一只吊睛白额大虎，它踩着厚厚的积雪，迈着威严的步伐向你走来，眉、眼、胡须都清晰如画，额头上的“王”字给人不怒自威的感觉。忽然，它纵身一跃，跳上路边的巨石，仰天长啸，声震寰宇……

书中写道：地球上的虎，只有唯一的一个本源，那就是中国。时至100年前，世界上老虎的种群还十分兴旺，可仅仅是100多年之后，一个生存了200万年的物种竟被摧残得支离破碎、奄奄一息——1887年一只老虎在伊拉克的摩苏尔附近被射杀，这是在伊拉克有记载的唯一一只老虎；1906年巴基斯坦最后一只老虎被射杀；1937年最后一只巴厘虎在巴厘岛西部的森林里被猎杀，宣告巴厘虎绝迹；20世纪50年代，朝鲜最后一只老虎死亡；1970年土耳其最后一只老虎死于猎枪，里海虎从此绝种；1983年最后一只爪哇虎在雅加达的动物园去世……

不知道别人读到这里会是什么样的感受，我是觉得：这是一串令人触目惊心的数字，也是一段引人深思的文字——虎类生存了200万年，但100多年便能令原本蓬勃兴旺、在自然界没有天敌的虎类陷于濒临灭绝的境地。人类文明的高速发展直接或间接导致了各种野生动物的灭绝或濒临灭绝。这看似是人类科技文明的胜利，实则是对人类赖以生存的自然环境过度的索取，这种胜利并不光彩，是典型的竭泽而渔。

作为地球上虎类族群的唯一本源，至2018年底，我国境内各亚种的野生虎加在一起也不足50只，而1956年，中国皮毛市场的不完全统计数字还显示，全年全国共收购虎皮1750张。如今，再打开华南虎的生存细目，很多省份的名字之下几乎都有一条标注："地区性灭绝"……作家经过多年关注、观察，并多次深入深山老林实地探寻老虎的足迹，书中写道：从早晨到现在，我们一行人已经跋涉近三个小时。除了郎建民，其余的人都露出了疲倦之态，有的大汗淋漓，有的扶腰喘息。我也感觉到腰部有些许的胀痛，稍稍下弯，便感觉到剧烈的疼痛。平时不经常运动的老李已经快支持不住了，只见他脸色发暗，手捂胸口，停在队伍的后边垂着头不停喘气。见此情景，大家决定扶着老李，快速转移到一个地势稍高一些的宽敞处，暂时停下来，歇一歇，恢复一下体力……可见每次进山要面对的困难和需要克服的生理极限是多么巨大。

这样实地考察、亲身体会得来的资料才是真实详细、令人信服的，而书中的每一个场景、每一个事例，作者都是这样实地考察、亲身采访得来的，这是《虎啸》这本书一个很难得的独到之处，也是最震撼人心的独特之处——古人用“明知山有虎，偏向虎山行”形容人的勇敢无畏，而任林举老师为了这本《虎啸》，不仅做到了“明知山有虎，偏向虎山行”，而且还做到“崇山峻岭中，不倦寻虎影”，为此付出劳累、承担危险也在所不惜，甚至以寻到虎踪、看到虎影、听到虎啸为幸，堪称是为《虎啸》拼了命、为闻虎啸长了一颗“虎胆”。

习近平总书记在《在部分省区市扶贫攻坚与“十三五”时期经济社会发展座谈会上的讲话》中讲道：“脚下沾有多少泥土，心中就沉淀多少真情！”对于扶贫攻坚干部而言如此，对于作家而言，也是如此——任林举老师通过实地考察、切身体会，用脚下沾满的泥土、心中沉淀的真情，加上其文采飞扬的构思、雄浑大气的文笔，共同凝聚成了这本令人心跳不已的《虎啸》。

任林举通过《虎啸》告诉我们他的思考：埋头于追逐既得利益的人类，不论为了国家也好，为了群体也好，为了个人也好，都需要有人在适当的时候敲响一下悬在头上的警钟——别再一意孤行啦，再走下去，后果很严重，会面临很大的危险或灭顶之灾！在人与自然的关系中，老虎就是那个警钟，它们是自然的使者。在人类不能自觉或无法做到自觉的前提下，它们时刻站在食物链的高端，警示着人类。一旦它们难以生存或无法生存时，就证明整个生态已经衰弱得无法支持野生动物生存了，也就是山、水、空气都出了我们能够看见或看不见的大问题。再不觉醒、停手，人类自身也将无法在自然中安身立命。

虎是一个昭然的象征，是一个深刻的隐喻，是人与自然之间关系的风向标。也许，人类并不需要爱老虎，但必须热爱和尊重我们赖以生存的自然，如果我们不想受到自然的惩罚，就有理由对老虎多存一份爱护和敬畏之心，把它们当作提醒我们，佑护我们，使我们不至于走向自我毁灭的道路。

为了《虎啸》，任林举还不辞劳苦，走访了很多老猎户。这些猎户以自己的亲身经历告诉我们保护生态环境是我们每个人都应该履行的职责，只有生态环境好了，野生动植物族群恢复了，食物链平衡了，人类才能过上好日子。于贵臣就是一个典型的例子，他曾经是个猎人，有三十多年的打猎生涯，小到野鸡、野兔，大到熊、野猪、狍子、鹿，打猎所获可谓丰厚，但日子却没有与之相对应的富足。随着野生动物数量的锐减，他的生活每况日下，逐渐贫困。后来，在禁猎的政策感召下，他卖掉猎枪，辗转承包了林业局的果树场，一年下来可净赚四万块钱左右。这对于贵臣来说，是三十多年前打猎时想都不敢想的。后来，于贵臣加入了爱虎小分队，当起了清山清套志愿者。从前于贵臣是下套子的高手，现在于贵臣是清套的高手，大家都管他叫“清套大王”。三年下来，他一个人清出来的套子差不多上千个。他说：“小动物没了，老虎没了，人也就没了，最后什么都会没有的。”

任林举在采访印度动物保护学家乌勒斯·卡伦斯时，特意向他请教、探讨了捕猎者的生存状态和命运的问题。乌勒斯·卡伦斯先生明确地告诉任林举，在他所认识的印度猎人中，没有一个人借助猎杀的野生动物使生活和命运得到过正向改善。他认为，任何一个国家的猎人，印度的也好，俄罗斯的也好，中国的也好，情况大致应该都是一样的，他们在猎物身上所获的利益，从来都只是微不足道的“附加”。虽然他们都曾经荣耀一时，但最终的结局，却都逃不出贫、病、伤、亡。

可喜的是，生态环境保护、野生动植物保护，尤其是野生虎保护已经在国际上形成广泛共识并付诸行动。早在2010年11月，包括中国在内的13个全球野生虎分布国通过了一项重大的联合行动计划——全球野生虎种群恢复计划，并联合发表了《全球野生虎分布国政府首脑宣言》，倡议共同努力促进野生虎及栖息地的保护，并将每年的7月29日定为“全球老虎日”。从此，每年的这个日子老虎都成为一个世界性共同话题；每年的这个日子，人们都在认真地思考着人与老虎、人与自然的关系。

因为，为老虎做点事情，从另一个层面来讲，就是为大自然做点事情；而为大自然做的事情，最终的福报必然会惠及人类——作为动物中除了人类没有天敌的“王者”，如果生态环境恶化到连老虎都无法生存的地步，那么，还有什么动物能够生存繁衍、顺利发展呢？难道到最后，地球上只剩下人类这一物种，才是人类文明发展的初衷和愿景吗？

答案一定是否定的，因为真到了那时，人类一定也不能够完好地生存，也一定会受到来自大自然和生态环境的打击，甚至陷入灭绝也有可能。在这个意义上来说，“保护野生动物、保护野生动物生存的环境，就是保护人类自己”，绝不是一个口号、一句空话，而更是一句振聋发聩、发人深省的警言，应该时刻鸣响在每一个现代人的心头。

任林举老师的《虎啸》，正是基于这个朴实而又堪称伟大的理念展开创作的。为了创作这本书，任林举老师花费了大量时间、精力，先是想尽办法与相关部门、相关人员取得联系，争取支持和配合，后又冒着被野生动物包括东北虎袭击的危险，跟随野生动物保护工作者到山林深处追寻虎豹的踪迹，探访黑熊、棕熊的秘密，并采访了大量曾经以打猎为生的猎人。他把这一年多跟踪采访的所思所悟整理成文，为人们敲响生态环境保护的警钟。

之前我对于任林举老师也有关注，他的作品大都带有心怀苍生、悲天悯人的情怀。尤其是这部《虎啸》用大量真实而丰富的细节、翔实而丰满的故事、大气而雄浑的笔法展示了环境文学带来的强烈震撼，让人不仅为虎啸心跳加速，更为环境保护与生态生存产生一种紧迫感与使命感，让我觉得，这不是一本简简单单的书，而是一本用心血和热爱、以才华与担当凝聚而成的力作，既是一本令人心跳加速的《虎啸》，又是一声能警醒世人的当头虎喝——野生动植物保护关系着我们的生态环境和经济社会的可持续发展，为了人类共同的生存环境，赶紧停止侵害野生动植物们的恶行，加入到保护它们的行列中吧，这样，不仅是对野生动植物们负责，也是对我们自己、我们的子孙以及对人类的未来负责！

（作者单位：河南省郸城县融媒体中心）

乡土·文明

XIANGTU WENMING

乡土·文明

XIANGTU WENMING

有别与无别：乡土与中国家庭

◎赵家仪

费孝通先生的《乡土中国》一书是乡村、乡土研究的重要著作。在这本书中，费先生从乡土本色说起，以宏观的视角剖析了乡土社会中的结构框架，阐释了乡土社会存在和维系的逻辑。他认为，从基层上看，中国社会是乡土性的。“乡土中国”是一种中国基层社会的独特体系，支配着社会生活的方方面面，与其他体系一起影响着中国社会。其中，作为乡土社会中极为重要的社群，家庭在乡土社会中发挥着不可忽视的作用，令我印象深刻。

一、乡土观念下的家庭：有别的家庭

人类学将家庭定义为：“亲子所构成的生育社群。”其中，亲子构成代表了家庭的结构性，而生育则表示了它的功能是繁衍生息。在结构上，费先生在书中讨论的是乡土社会中的基本社群，即普遍被称为“大家庭”的社群，更准确的说法是“小家族”。家庭大小的区别并不在于规模的大小和人数的多少，而在于组织的层次性。家庭结构中要包含祖父、祖母、父亲、母亲、儿女等多个辈分和层级才能称之为大家庭。

然而这种结构性并不是一成不变的，而是因家庭功能的变动而灵活游移。因为在大多数社会中，家庭总被赋予生育以外的功能，并不会在抚育儿女长大成人后结束家庭的使命和功能。在乡土社会中，家庭还带有一定的经营性的事业功能。在农耕文明中，乡土社会形成了“男主外，女主内”的社会分工；男性从事耕种等体力劳动，女性也会纺纱补贴家用或换取生活资料。在小农生产模式下，一个家庭就成为一个生产单位，维系一家人的生活。但随着事业规模的扩大，夫妇二人已经不能从容担负生产任务，就会依据父系的血缘关系扩大家庭的规模，将兄弟叔伯全集合在一个大家庭的框架下，形成适应事业生产的新家庭。这种家庭往往也被称为“氏族”或“家族”。

由此，费孝通先生将乡土的家庭和西方的家庭进行了对比：西方的家庭中夫妇是主轴，夫妇共同经营生育事务，子女在这个团体中是配角，他们长大后就离开这个团体。在这一类家庭中，生育是家庭负担的主要功能，其他的经营性功能则由其他组织专门承担。而在乡土的家庭中主轴在父子之间，在婆媳之间，夫妇成了配轴。配轴虽和主轴一样并不是临时性的，但是这两轴都被事业的需要而排斥了普通的感情。

在西方的家庭中，两性之间的感情是他们凝聚的核心，而在乡土的家庭中，感情成为排斥的因素，规矩、礼俗、纪律取而代之成为维系家庭的规则。这些规则纲纪通过社会教化的方式融入其中，包括夫妻之间相敬如宾，父子之间的教育与服从等。这些纲纪将情感因素约束起来，维系了乡土社会存续的稳定性。

对两性感情加以约束的原因是恋爱的发展会不断推陈出新，跨越阻碍，有可能动摇社会的根基。而在乡土社会中，这种新的社会关系并不被需要。为了进一步限制两性感情发展，在乡土社会中，男女有别的教化还成为一种共识，如将男女严格分开教育，削弱彼此之间的感情联系。在男女有别的教化中，男女之间不必产生激情性的感情，不必求同，以有形的方式隔离，强调“授受不亲”，在婚后也大多只会按照经营事业的需要分工开展经济、生育两项工作，缺乏心理和感情的联系。男女之间缺乏了解，而同性之间却更为了解彼此的内心，进而形成同性之间的互助组合。同性组合对家庭中男女关系的团结有所影响，导致家族代替了家庭。因此，费先生认为，家族是以同性为主、异性为辅的单系组合。在中国乡土社会里，以家族为基本社群，是同性原则较异性原则更为重要的表示。

由此，乡土观念下的家庭不仅是生育的单位，还是事业的组织。在这一组织中男女有别，两性情感淡薄，形成了同性为主、异性为辅，父子婆媳为主，夫妇为辅的关系结构，凸显了家庭观念中有别的教化。这种“有别”，既维系着家庭内部的稳定，又促成家庭内外的区分，塑造了乡土社会中的家庭形象。

二、乡土社会中的家庭：无别的规则

仅仅孤立地审视乡土社会中的家庭和男女关系是不够的，还需要将家庭与男女有别的界限设定与乡土社会的特征结合起来。乡土社会的特征是鲜明的，与乡土家庭的特点并无差别，主要包括三个特点：差序社会、礼治社会、熟人社会。

首先，乡土社会是一种差序格局，其中成员之间的界限并不分明。以“家”为例，自家人的范围是因时因地可伸缩的。费先生将乡土社会中的人际结构比作“一块石头丢在水面上所发生的一圈圈推出去的波纹”。每个人都是其社会影响所推出去的圈子的中心。被圈子的波纹所推及的就发生联系。每个人在某一时间某一地点所动用的圈子是不一定相同的。在差序格局中，社会关系是人们私人联系的增加，再将私人联系构成新的社会范围网络。因社会结构格局的差别导致的不同的、私人化的道德观念，成为判定人与人之间行为准则的方式。在差序格局中，一切普遍的标准都是游移的。一定要问清对象是谁，和自己是什么关系之后，才能决定拿出什么标准来。差序的原则让家庭的结构流动游移，并且界定了家庭内部成员的行为逻辑。

其次，乡土社会还是一个礼治社会。经过界定后的道德标准和行事准则，成为乡土社会中成员约束自身的工具。这种礼的力量不依靠强制性的国家权力而实现，通过传统传承的方式代代相传。传统是社会经验的积累，从而形成适应社会的行为规范。在乡土社会中，社会流动性低，长期变动不大，因而对于传统的推崇更胜一筹。礼作为一种行事规范，以其自身应付生活的有效性和教化性劝服人们跟着做，由此让人主动地服从。费先生说："礼是合式的路子，是经教化过程而成为主动性的服膺于传统的习惯。"家庭的组织和结构形式中，礼也发挥了作用。家庭内部形成的家规家法和男女有别的区分都是"礼"的表现，帮助乡土社会中的人们建立家庭，维系家庭内部的稳定与和谐。

最后，乡土社会也是一个熟人社会。回顾乡土社会的诞生，农业生产在其中发挥着重要的作用。农业和游牧业或工业不同，它是直接取资于土地的。农业生产出于耕地相连、水利共用、便于防卫和祖代相传的原因聚集定居，以农田为中心生成村落，不再参与流动和迁徙。这种不流动的定居逐步使村落在空间上与外界隔绝，在地方性的限制下成了生于斯、死于斯的社会。常态的生活是终老还乡。生活在这片土地的人们对周遭的一切都是熟悉的：熟悉每一个人，熟悉每一种物，熟悉每一种约定俗成的社会经验和礼仪道德，对一切规矩行为具有信任。可谓，日光之下，并无新事。这种社会是一种"熟人社会"，带着一种与生俱来的"土气"，即用带着一方水土的规矩对待一切事物，应对问题。其中，一代又一代的人秉承男女有别的观念，稳定地沿袭着乡土社会的传统，遵守礼治的规则，延续了乡土社会中家庭的特色。

乡土中家庭的观念与乡土社会的规则是一致的。通过礼治、差序格局的界定，小范围、低流动性的乡土社会中家庭的观念建立起来，对同性之间、异性之间的关系加以有别的教化和规制，维系了乡土社会的稳定性和持续性。

三、现代与乡土：农村家庭与男女关系

今天，中国的城市化进程不断加快。城市“包围”乡村后，人们对乡土的“土气”印象似乎已经成为过去式，取而代之的是对远古乡土文化中陶渊明式的“悠然见南山”的田园生活的追寻和美好想象。

伴随着媒介技术的发展，乡土的文化也受到了来自现代文明的冲击，过去稳定不变的观念和生活习惯也受到现代化道德观念和生活习俗的影响，产生了变化。市场经济体制建立后，自由平等的观念逐步扩散到了乡村之中，扩散到农村家庭生活的日常中，影响了当代乡村的家庭结构和代际关系。传统的父系权威和伦理规范不断瓦解，追求个人权力的现象出现，如“两头婚”，女性不再像从夫居模式下女性依托丈夫与儿子这一血缘中轴将自己与祖先联系在一起从而获得超验的人生意义与归属。子女与父母之间的代际占有资源不平衡进一步瓦解了固有的差序格局，从而将乡土中的家庭观念进一步瓦解。在媒

介技术和基础设施不断发展中，乡村变得与城市越来越接近，隔阂变得越来越小。这种隔阂不再是文化性的，反而更多地体现为经济层面的压力。城市生活的压力越来越大，进入城市的农村子弟如何求学、如何定居、如何实现阶层跨越成为新的隔阂。此外，在婚恋方面，子女的婚恋成为个人自由选择，父辈只充当经济开销的担负者。这些都与乡土社会中重视男女有别的情感排斥有巨大的不同。

与此同时，在城市中的一些现象似乎还昭示着乡土社会中的家庭观念并未远去，仍然是现代中国社会中如影随形的一部分。小区展示的家规家风，婚恋过程中对“好嫁”“好婚”形象的话语塑造，都是远古乡土社会家庭观念的重现。乡土的家庭似乎已经完全消亡，但又似乎无处不在。它似乎已经与过去有所差别，但似乎又并无差异，仍然保留了核心的内容，以另一种面貌出现在现代社会中。在我看来，乡土社会中的家庭与婚恋观念已经成为中国家庭观念中无形的一部分，隐藏在现代化的话语中，呼应着乡土中属于民族的基因和文化观念。阅读《乡土中国》，不仅能够了解过去乡土社会中家庭、男女关系的故事，还能从中窥见中国现代社会中那些未曾抹去的文化印记，理解中国家庭的内部逻辑。

参考文献：

[1] 费孝通. 乡土中国［M］. 北京：人民出版社，2012.

［2］班涛. 年轻夫妇“两头走”——乡村家庭权力结构变迁的新现象［J］. 西北农林科技大学学报（社会科学版），2016，16（02）：87-92.

［3］张婷婷. 社会转型与乡村代际关系研究：基于文献的述评［J］. 中国农业大学学报（社会科学版），2011（03）：42-48.

［4］李涛. 底层社会与教育：一个中国西部农业县的底层教育真相［D］. 长春：东北师范大学，2014.

［5］何倩倩. 从“婚配”到“婚恋”：婚姻模式变迁与农村光棍形成——基于关中L村的实地调查［J］. 华中农业大学学报（社会科学版），2019（01）：130-136+169.

（作者单位：四川大学文学与新闻学院，指导教师：侯宏虹）

读《平凡的世界》有感

◎毛莉敏

平凡的世界，平凡的我们，努力活出不平凡的人生。《平凡的世界》以低起点的主人公为叙事视角，讲述他们历尽磨难却从未放弃，用自己的逆袭给外部环境给予响亮回答的故事。这种视角极具辨识度。

路遥笔下的世界是多么的平凡，没有改写历史的伟人，也没有惊天动地的英雄，有的只是最平凡不过的生活，和在生活中不断艰难前行着的普通人们。这个世界里有人成功，也有人失败；有人出生，也有人死去。生活本就不易，在时代的洪流中，人们迷惘、彷徨，可从未消散的是面对生活的勇气和好好生活的决心。这样的世界是那样的真实鲜活，感人至深，这就是《平凡的世界》。

孙少安作为农民家庭的长子，从小便深知家里的窘困与艰难。在只有12岁的时候，他就开始扛起养家的重任。稚嫩的他并没有被饥饿与贫穷压垮，而是在困难中紧紧把握着生活的车辕，成长为一个顶天立地的男子汉。孙少安遗传了父亲的倔强与魄力，却比父亲更加精明干练，生活的历练又使他不会在任何困难面前轻易低头，这样的人在那个时代大潮中势必会有所作为。在孙少安身上我读出的是与命运对抗的勇气：他可以白手起家还清债务，积攒创业资本；可以大胆借贷万元，开办砖厂为乡人谋取利益；更可以在欠下万余元欠款时重头来过，东山再起，最终成为远近驰名的农民企业家。孙少平也是一个平凡而普通的人，他没有过人的本领或超群的智慧，他也有世俗的攀比心和青年人的迷茫。他凭什么成为一部文学巨著的主角呢？我想正是他对真正理想的执着追求和在爱情上复杂的心灵历程。孙少平的人生是饱满充实的，他的爱情之路也十分复杂曲折。他在高中时与郝红梅的那一段经历也许并不能算作爱情，而只是两个饱受现实与精神双重折磨的年轻人相互寻求精神的温暖所产生的懵懂的好感而已。而孙少平与田晓霞的爱情故事是这部现实主义小说中最为浪漫的一道彩虹，他们让我们知道真正的爱情是超越门第、超越贫富，甚至超越生死的。即使他们的社会身份有着巨大的差异，在思想上却可以达到完美的融合。

此书将时代风貌展现得淋漓尽致。路遥先生着笔的1975—1985这十年，中国虽已走向改革开放，但经济发展水平仍然落后，农民生活困苦。然而在偏远贫穷的乡村，却有着这样一群不甘于命运、不屈于现实的年轻人。孙少安心中有着一份带领全队人摆脱贫困、让日子好起来的抱负，他甘愿像土地一样奉献。他乘着改革的春风，凭着一股冲劲拉砖、开砖厂。在挫折中，他咬牙坚持，在多次的失败后，终于成功致富，并成功当选新一任的村委会主任。这是国家发展和个人奋斗结合的产物。孙少平获得读书的机会，在贫困的生活中追求理想，追求自己的白月光，后来进城当了煤矿工人，为家里箍了新窑。孙家女儿兰香读了大学。从少安、少平再到兰香，他们接受的知识逐渐增加，这是改革开放后人民思想的解放与教育的进步。透过小人物的奋斗，路遥先生为我们展示了宏大背景下中国人民的生活，由小见大地展示了中国的时代风貌。

路遥先生从细微处下笔，从人物生活的一衣一食、一言一行，细致而生动地刻画了20世纪七八十年代的时代风貌。他通过《平凡的世界》告诉我们，苦难带给人的不幸会吞噬人的身体，但同时又给人以涅槃重生的机会。即使我们渺小如宇宙中的一粒微尘，可是同一个太阳，照耀着他人的宫殿，却也不曾避过我们的草屋。希望从不抛弃弱者，而希望就是我们自己。最最可贵的不是成功，而是继续前行的勇气。

最好的世界，正是平凡的世界；这最好的时代，正是由同样平凡的我们共同奋斗来的新时代！让我们以无畏的心去面对生活的困苦，在时代的潮流中奋勇前进。拼尽全力方才不枉此生。带着读完此书后所获的勇气，以故事铭刻时代，勇敢前行。

（作者单位：四川长江职业学院）

《平凡的世界》中的平凡与不平凡

◎罗亦宸

《平凡的世界》是路遥以20世纪七八十年代为背景，描写孙家兄弟的爱情故事和生活经历，以及时代变迁中人们的生活变化的长篇小说，从双水村开始，视角逐渐放大，具有时代意义。

一、平凡的爱情故事

孙少安和孙少平两兄弟各有曲折的爱情经历，从哥哥孙少安讲起，身为家中长子的他，为减轻家庭负担同时为帮助父亲，主动放弃学业出山劳作，此时的他心态已发生了转变，对于青梅竹马、两小无猜的田润叶的感情，他也有了清晰的认识，尤其是认识到了其中的差距，更不用说润叶的父亲田福堂后来担任村委书记以及最后搬了家，种种落差使他在润叶几次拐弯抹角的暗示中充傻装愣，在二人感情中一直退缩，落得遗憾收场。孙少安后与山西姑娘贺秀莲结为夫妻，二人虽贫困但门当户对，还算幸福美满。

孙少安的两段感情深刻贴切地反映了农村的实际情况，没有轰轰烈烈的海誓山盟，有的只是经济鸿沟的现实和平平淡淡的贫困，真实而平凡。

弟弟孙少平在青春期懵懂的爱恋是无论哪个时代的青少年都会有的爱情启蒙，而后的灵魂爱恋才是孙少平最值得珍惜的爱情，被誉为“灵魂导师”的田晓霞给予了孙少平许多无私的帮助，让他接触到了更大更广阔的世界，更告诫他：“不管怎样，千万不能放弃读书！”她在物质、精神上的帮助直接铸就了孙少平充裕的精神世界。和哥哥在处理经济差距过大的爱情时一样，孙少平一开始断绝了自己和田晓霞的联系，但田晓霞敢于追求自己所爱的人，几经波折，二人终成眷属。但命运的不幸还是使这对灵魂伴侣阴阳两隔、终成遗憾。后孙少平与同样痛失所爱的惠英嫂结为夫妻，相互扶持到老。

孙少平的爱情故事更具现代气息，这与他自身的思想觉悟息息相关，但也更具悲剧气息，戏剧性的命运大起大落，最后回归平静和平凡。

二、平凡的生活场景

本书人物生活场景贴近现实，在描述日常场景时，常通过大量的环境描写让读者身临其境，同时深刻地反映了旧时代人们的生活即一个时代的剪影。如孙少平的学校时光，正值青春的半大小伙正是急需营养、能吃能喝的时候，但因为贫穷，五分钱的饭菜无力负担，更吃不起黄面馍和白面馍，只能吃两个黑面馍，每天固定的劳动需要孙少平从前坡挑一担垃圾土到山的后面，从下午一直干到晚上，书中是这么描写的："只感到两眼冒花，天旋地转，思维完全不存在了，只是吃力而机械地蠕动着两条打颤的腿一步步在山路上爬蜒。"这不仅展现出了孙少平的窘迫，更反映了当时的时代境况，黑白黄三色面馍和雷打不动的劳动仿佛离现在的生活已非常遥远，但对20世纪七八十年代的学生来说，这是很寻常的生活场景。

书中还有对那时交通的描写："从出县城起，路面比较宽阔，以后就越走越狭窄。约莫到五十华里外，川道完全消失了。西山夹峙的深沟，刚刚能摆下一条公路。接着，便到了分水岭。壁立的横断山脉陡然间堵住了南北通道。"天险般的地理环境阻塞了交通，导致山区人民十分闭塞，经济也受此影响，然而这并不是少数，在那个经济不发达的年代这是无可奈何的，当然现在已几乎不存在这种情况，国家1994年发布的"八七"扶贫攻坚计划，2016年发布的"十三五"脱贫攻坚规划等，无一不显示出了国家正在一步步发展，一步步变得更强大。

时代变迁下的农村变化也是本书重点描绘的对象，书中描述了农村人民公社化、生产小组到生产责任制，再到分产到户，这是大时代变化下落实到每个普通人真切感受到的变化，制度的变化是改革再进步的过程，有的人跟不上时代的步伐，如田福堂抵制生产小组制度，一直抱着“看热闹”的态度，把权力看得过于重，以至于没有一个幸福的结局。再如田福军努力配合上层下达的改革思路，为改善农村的生活条件一直默默坚持，顺理成章地做出成绩后被调往县城和省城，尽心尽力地在岗位上奋斗着，对社会做出了非常大的贡献，他的人生是完整的。

全书无论是学校生活、交通变化还是制度改革都反映出了时代变迁的主题，时代不断进步，书中的角色也根据自己的选择走向了不同的结局。

三、平凡中的不平凡精神

书中主角孙少安和孙少平无疑是小人物，是普通人，但是作者通过他们平凡的外在赋予了他们不平凡的人格魅力，具体表现在超前的现代自我觉醒意识，即百折不挠，永不言弃，对抗生活的斗争精神。

哥哥孙少安是一个典型的黄土高原农民形象，吃苦耐劳，踏实肯干，但他并不拘泥于时代带给他的狭隘眼界，有着现代意识，不断自我追求，如放弃了学业但仍坚持参加中考，证明自己并不比别人差。弟弟孙少平有着更清晰的自我觉醒意识，表现在与田晓霞冲破世俗观念的恋爱和走出家乡去大城市看一看，这分别代表了敢于反抗传统阶级观念和传统守旧思想。

兄弟二人都不屈从于命运和现实，对美好生活保持了坚定的希望与追求，在悲剧性的人物命运中始终贯穿着坚持理想、不畏艰险、积极进取的精神，把时代赋予人的苦难化为人生前进的动力。

对于我们自己，我们应该从此书中知道，大部分的人都是平凡的人，但是平凡不等于随波逐流，我们不应该没有理想，不去奋斗，而是应该拥有自己的思想和目标，自强不息。在时代的潮流中紧跟时代的脚步，不断更新思想，以免被时代淘汰，正如有人所说："人生就是永不休止的奋斗！只有选定目标并在奋斗中感到自己的努力没有虚掷，这样的生活才是充实的，精神也会永远年轻。"

参考文献：

［1］史厚猛.《平凡的世界》中的不平凡［J］. 中学语文教学参考，2022（15）：86-87.

（作者单位：西华师范大学，指导教师：朱力）

《平凡的世界》书评

◎赵蓉

顾城有句诗“人可以生如蚁，而美如神”，也许平凡永远是生命的主流，但在平凡的世界中，苦难和抗争永远不会缺席。我们可以平凡，却可以不平庸，就像一束长在高山之上的格桑花，虽然不艳丽，却灿烂明媚。

路遥的《平凡的世界》为我们展示了中国20世纪70年代中期到20世纪80年代中期人们的生活奋斗史，体现了社会各阶层普通人的劳动与爱情、挫折与追求、痛苦与欢乐，日常生活与巨大社会冲突的反复交错，深刻动情地展示了普通人在时代大背景下走过的艰难曲折的道路，不禁让人感叹，虽然时代不同，但是面对生活给予人类的亘古不变的题目时，人们的心路历程、选择大体相同。《平凡的世界》是路遥的呕心沥血之作，全书共三部，获得第三届茅盾文学奖。路遥是一个值得我们和时代铭记的作家，他出生于农村，写作素材也大多来源于农村。他说自己是农民的儿子，是既带着农村味又带着城市味的人。他坚信，自己此生最大的幸福也许是在于创作的过程。

小说完成后，路遥有一段时间甚至不能从小说世界回到现实世界来，连过马路也要弟弟搀扶，不久后他就患上了肝癌，42岁英年早逝。

书里充满贫穷和苦难，因为这个世界是平凡的，平凡到连苦难也如此频繁地在每个人身上发生。读者可能会问：为什么必须有苦难？因为这本书想向我们传达的是苦难本身就是一件平凡的事情。

正如路遥在书中所说："每个人的生活同样也是一个世界，即使最平凡的人，也得要为他那个世界的存在而战斗。从这个意义上说，在这些平凡的世界里，也没有一天是平静的。"

当我们把视线从主人公孙少平身上移开放到书中其他角色上，会发现所有平凡得不能再平凡的人物，那些生命中相互交织却位于不同轨道的个体，全都充满苦难。当孙少平在食堂"慌张得如同偷窃一般"把混合着雨水的剩菜汤舀进自己的碗里时，大哥孙少安却不知道在不久的未来自己的爱情会被不可跨越的身份和阶级鸿沟碾碎；金波再也寻找不到自己期盼的声音，而晓霞再也无法在世界上发出声音……似乎作者只有在这种如此宏大而连续的时间线叙述中，才能站在全局纵观所有人的苦难，才能理解在这个平凡的世界里，如此多平凡的生命都必须经历的苦难是如此平凡。

而作者通过苦难想向我们传达的是一种面对苦难的永恒价值观。这一点在孙少安的烧窑事业上有深刻的体现。从拉砖净赚2000元决定投资创办烧砖窑到“孙少安在短短一个多月里烧了四窑砖，一下子赚了700多块钱，真让人眼红”的心潮澎湃；从刚起步的成功到卖瓦盆的河南师傅把砖烧砸了，导致损失在五六千元以上而即将破产的晴天霹雳；从第二次贷款成功准备东山再起到碰见胡永合朋友要求在五天内归还一大笔钱；从东山再起到为扩大规模而再次破产；从烧窑大火最后又一次熊熊燃烧，孙少安当上厂长准备建小学到突然得知妻子秀莲患了肺癌……这一次又一次的翻来覆去，一次又一次地不满足于苦难的抗争，何其典型和真实地反映了现代社会人们普遍感受到的压力。孙少安四处寻求帮助贷款无果，面对沉重的负债和村民的信任危机，他还承担着此时妻子秀莲怀孕的家庭负担。此情此景，是否让我们想起某一个黑暗的过去、某一段生命里曾经黯然无光的日子、某一个即将被生活吞没的时刻，那个同样苦苦挣扎的自己？

然而，恰恰是苦难，才让每一种平凡都变得不平凡。

正如冯骥才所言：“大风可以吹起一张白纸，却无法吹走一只蝴蝶，因为生命的力量在于不顺从。”

这也是作者想要传达给我们的永恒的人生观和价值观。当孙少安赚了第一笔钱跟妻子秀莲在窑洞里窃喜、激动相拥时，我们看到的不是物质匮乏的年代里，底层劳动人民对金钱的单纯崇拜，而是对劳动的一种礼赞，是对不屈的生命的一种礼赞。当孙少平在结束教师生涯后不顾家人反对毅然决定离家去黄原选择未知而更广阔的人生时，我们看到的是一种不满足于简单的劳动生活、不满足于简单的物质需要，而转身义无反顾寻找精神富裕的灵魂。

我不禁思考，这本书到底在追求什么。在那个物质匮乏的年代，劳动人民显然有对物质的追求。物质匮乏的小人物为什么也要苦苦追求精神财富？贫穷是什么？有什么是贫穷阻止不了的？而能让一个物质匮乏的家庭拥有如此巨大精神力量的是什么？是即便在物质匮乏的生活中，也坚持实现自我价值，永不放弃对精神伊甸园的追求。而这样的精神富裕，和苦难一样，让平凡的人变得不平凡。即便外部因素让孙少平在当揽工汉时习惯了说话粗俗、行为粗鲁，几乎要被其他的揽工汉同化的时候，让他在平凡人之中熠熠闪光的是他读过的书、做过的思考。正是这样，他“晚上常常失眠”，他“正裸露着伤痕累累的脊背，趴在麦秸秆上的一堆破烂被褥里，在豆大的烛光里聚精会神地看书呢”。又比如，身体有缺陷的李向前，其人格是完整的。他自卑、敏感，却自强、自尊；他害怕人们异样的目光，不愿跟妻子出门逛街，却愿意在街边摆摊钉鞋。钉鞋对他而言不是追求钱或物质，而是为了证明自我价值。路遥在书中所言：“生活包含着更广阔的意义，而不在于我们实际得到了什么；关键是我们的心灵是否充实。”孙少安失去了和润叶的爱情，孙少平失去了精神伴侣田晓霞，金波失去了他永远在寻找的姑娘……“在这个世界上，不是所有合理的和美好的事物都能按照自己的愿望存在或实现”，得不到可能会痛苦，但是对待遗憾的态度更加珍贵。

路遥的笔如刀片一样撕破生活的表象：一个物质富裕、身份显赫的人也许内心脆弱无比，一个底层小人物却可能在精神上拥有无穷的力量。

作者似乎只有用如此浩大的长篇巨著和宏大的历史感来拉长时间线才能缩小每一个生命，你会发现当这些生命缩小成历史长河中的一个质点时，几乎都如此平凡；而当目光聚焦在生命的每一次抗争时，这一个个平凡的质点又如此夺目，如此伟大。平凡，的确是每个人大部分时间的存在方式，抗争和苦难使生命获得平衡，而时间缓缓前行，不为谁而停留，不为谁而改变。

当生命交织在一起——“每个人的生活同样也是一个世界，即使最平凡的人，也得要为他那个世界的存在而战斗”。平凡和伟大，不是永远对立的，伟大是相对的。你也许平凡，但正因为你有对人类永恒精神的追求，你，就变得不再平凡。

（作者单位：四川大学锦江学院）

阅《平凡的世界》有感

◎李思琪

第一次看到《平凡的世界》是在电视上。当时剧中的男主人公孙少平正站在一间平房楼顶掏烟筒。这是我在现实生活中看不到的场景，所以很有感触，我甚至担心他下一秒会不会摔下来。也因为这一个画面，我追完了整部剧。

后来有一次去书店，原计划是买学习资料的，结果看到《平凡的世界》这本书，我的脑海里立马就浮现出孙少平掏烟筒的画面。我就想，作者是怎么用文字来描述这个场景的呢？为了得到答案，我用买学习资料的钱买下了《平凡的世界》。我甚至等不及回家，付了钱便坐在书店门口的石头凳上看了起来。看书和看电视是完全不同的感受，虽然电视里演员们说的那种可爱的方言在书里找不到，但诙谐、幽默的文字更引人入胜。书里面的世界离我是如此之远，就好似打开了另一个时空，是如此地吸引我。

《平凡的世界》这本书的时间跨度从1975年到1985年，全景式地反映了20世纪七八十年代中国城乡社会生活的巨大历史性变迁。陕西黄原地区原西县石圪节公社双水村是故事主要的发生地。故事以孙少安和孙少平两兄弟为中心，从整个社会的变迁、思想的转型方面，真实而细腻地描绘出黄土高原人民古朴的道德风尚和生活习俗，成功塑造了孙少安和孙少平这些为生活默默承受着人生苦难的形象。在这里有国家大事、政治形势、家族矛盾以及艰苦的农村生活，还有人性的自尊、自强与自信，人生的苦难与拼搏，挫折与追求，痛苦与欢乐，纷繁交织，读来令人荡气回肠，不忍释卷。

《平凡的世界》讲述的是贫农出身的孙玉厚的两个儿子——孙少安和孙少平兄弟二人坚守梦想、执着爱情的故事。20世纪70年代，双水村孙家日子穷苦，二儿子孙少平上学只吃得起黑面馍，且顿顿吃不饱，只能用菜汤充饥。就是在这样的环境下，孙少平也一直在积极自强，努力学习。他不想让同学们瞧不起自己，他立志要通过学习来改变自己的命运，甚至是全家的命运。

地主出身却因“文化大革命”导致日子穷困潦倒的郝红梅和孙少平是同班同学，二人同病相怜互生好感，这是孙少平当时感受到的少有的温情。可郝红梅为了过上好日子，弃孙少平而去，和家境优越的班长顾养民谈起了恋爱。孙少平的好友田润生替孙少平不值，动手打了顾养民一顿。倔强的孙少平不肯承认自己失恋了，却因此更加自卑，将难过咽回肚子里。他不想让别人可怜他，就积极参加汇演排练。孙少平积极上进和自强不息的精神，吸引了县领导的女儿田晓霞的关注。可是孙少平并不喜欢田晓霞，他认为他们不是同一个世界的人，屡次拒绝她的靠近和帮助。孙少平高考落榜回家种地，依旧拒绝了侯玉英结婚的要求，不愿为进城放弃尊严。

少平对于前途的不懈奋斗也是那代人的闪光点，是留给后代人学习的珍贵财富。贯穿他思想的主线就是奋斗不息、坚韧不拔，无论面对怎样的挫折，他都能平静接受，而且始终对生活充满希望。虽然最后他和田晓霞的爱情以悲剧结束了，但是他仍然咬牙承受一切打击，勇敢真诚地面对生活。其实在现实中又何尝不是如此，在逆境中努力成长，积极进取，才能更好地磨炼自己，才能有与苦难抗衡的底气，以后的路也才能越走越好。孙少平的哥哥孙少安上学时考试总是班上第一名，学校的老师都说他将来有出息。可是孙家家境贫寒，少安勉强读完高小就回队里参加农业生产劳动，和父亲一起，挑起了养家糊口的担子。但孙少安绝不是平庸之辈，他有他的打算和抱负，他要通过他健壮的体魄和机敏的心智，使全村父老乡亲都摆脱世代的贫困。这样积极努力的他，爱情之路也不平坦。他和村支书田福堂的女儿田润叶青梅竹马，可是田福堂不肯把润叶嫁给贫穷的孙少安。孙少安最后娶了勤劳朴实的山西姑娘贺秀莲，夫妻二人齐心协力，创业致富，并在村里办起了学校。

这本书的结尾，让我深感遗憾。在书中，我最喜欢的人便是孙少安，我觉得他非常有主见、坚强及善良，遇到任何事总是会优先考虑他人。他的执着和努力也渐渐有了回报，可好不容易日子好起来了，他的妻子却患上了肺癌，生活中的苦辣酸甜都让少安感受到了。或许这就是作者想要告诉我们，生活中总是有这样或那样的不如意，而我们只能用坚强面对生活带来的各种考验。

诙谐、幽默的语言是这本书的一大特色，我喜欢作者用简洁的语言、形象的比喻，生动地展现形形色色的人物，让他们一个个都变得鲜活起来，感觉就是一个个真实的人物出现在我们面前那般。在阅读这本书的时候，我甚至常常会停下来，想一想作者在写这些话时的样子。通过这些文字，也总能感受到作者那颗温暖文心和对生活的热爱。

看完这本书，我又去了解作者路遥创作这本书的历程，从而得知他为了创作这部经典名著付出了巨大心血。他苦心准备三年，阅读了很多领域的专业书籍，堆积如山的书和报纸给路遥带来巨大的工作量。他阅读了这么多文字后，又用三年时间去精心创作。为了更精准地表现主人公孙少平在矿上的生活，他甚至搬到矿上居住。就这样，他前后用六年时间写了三部书，共六卷，上百万字。1988年5月25日是他铭记一生的日子，在这天他写下了《平凡的世界》最后一个字，画上了最后一个标点符号。之后，他做的第一件事，就是把笔从窗口扔了出去。路遥的经历让我震撼和敬佩，我想不到，一个人为了完成一件事，可以做到这种地步，这是极少人可以做到的，他的精神值得所有人学习。

我想，世人都应该向书中的孙家兄弟学习，要自强自立，勇敢地面对生活给我们的考验。不要怕苦难，如果能深刻理解苦难，苦难就会给人带来动力。如果生活需要我们忍受痛苦，那我们一定要咬紧牙关坚持下去，这样苦难就会退却。平凡是生活的本色。我们每一个人对于这个世界来说，都十分渺小、脆弱，甚至微不足道。这个世界是平凡的，悲与欢、生与死、穷与富、世事的变更，于历史的长河来说，无非是些平凡事。我们生活在一个幸福的时代，没有经受太多的苦难，然而我们的世界也是平凡的。我们每一天过着平凡的生活，做着平凡的事情，这何尝不是一种幸福？意志坚强的中国百姓，自有一套生活上的哲学，从来不向命运低头，再深重的苦难都能够承受下来，这种高贵的品格才是我们的民族精神。

（作者单位：深圳科学高中）

不平凡的世界

——谈路遥长篇小说《平凡的世界》

◎胡荣锦

一

30年前我写散文《龙舟鼓》时，曾用“上帝的视角”扫描过黄土高原：

我们咀嚼着太阳的香味。这是来自天国的芬芳气息，一如从疾病的瘴气飞脱，到崇高的大气中洗净，一杯清醇神明的美酒。

灵感鸽子样飞起来，在折断太阳光芒的云层上，瞰视那黄皮肤的加工场。

在加工场上，生命原有的色彩在加深，摇晃跳动，从山峦、河流、树木、花枝、乡村、都市逐一化解而出。

昊苍无边无涯。黄土地的肌肉胖墩墩地皱着叠在一起，辽远而深沉。

“黄土地的肌肉胖墩墩地皱着叠在一起”，在很长的一段时间里，我都觉得它是一种好有趣的艺术意象。这些形象，也在很多绘画中、影视中看到过。这种看上去很美的“胖墩墩”形象，其实并不可爱。我去西安行走，满眼是风尘、黄土，汉唐的风度、威仪，只能在古籍中看到。

二

以前，这种满眼是风尘、黄土的感觉，对我的触动是很浅的，真正触动我的，是看了《平凡的世界》。

1975—1985年的西北，人们都挣扎在贫困线上，那时物质严重缺乏，人们精神涣散，算着工分度日……大家都安贫乐道，似乎听天由命是正常的人生。

《平凡的世界》包含着两个紧密联系的生活系列：一是并不平凡的1975年以后十年中国社会重大政治事件的历史场景，二是在这个背景下普通人的生活和命运。路遥用这两个生活系列构成了一幅特殊时代下中国社会生活的广阔深邃的历史图景。

三

有很多人在谈起自己不如意的生活感受时，可能会说：

“生活并不会因为一个人的坚强而一帆风顺。可是我越来越看不到希望，我的勇气被残酷的现实磨蚀得所剩无几，我能对谁诉说？我不知道自己最终的命运如何？更不知道自己怎样面对今后的人生。真的好累！”

但这些朋友如果看了《平凡的世界》，可能就有不同的感受。

《平凡的世界》描述的恶劣生存环境中仍然有一批以孙少平为代表的年轻人，希望通过自身的努力改变命运。

如果中国没有1978年开始的“改革开放”，我相信，即使孙少平们再努力也是徒劳的。但所幸的是，他们遇上了一个伟大的时代。

《平凡的世界》有三条线：一条是主人公之一孙少安，以其来反映当代农民在变革时期的思想、心态和生活；一条写主人公之一孙少平，作者刻意塑造了这一青年形象，写他的自尊、自重和独立思考，他的不安于现状，为理想拼搏的实干精神，这正是当时社会希望青年人要有的素质，它关系到国家的兴衰和前途，这是非常重要的内容；第三条线是以田福军这一干部形象来反映当代历史背景下的干部队伍状况。

四

《平凡的世界》引起了一种奇特的现象，就是普通老百姓如打工者、生活不如意的人会很喜欢它，但却不太受文学评论界的待见，尽管它获得了中国长篇小说的最高奖“茅盾文学奖”。

喜欢它是因为它“土”：里面的人物、景物、语言，都很有陕西彼时彼地的特色，非常“接地气”，特别是北方的读者对此感到熟悉和亲切，仿佛自己就生活在这些人当中，能感受到他们的喜怒哀乐。

不喜欢它的，也是因为它“土”：文字质朴，没有太多当时流行的西方文学技巧的呈现，缺乏新鲜感。

路遥写这部百万字的长篇小说，是做了充足准备的。在写作前，他阅读了近百部长篇名著，翻阅了小说所写的十年间的各种主要报刊。他说“我从小就想在我40岁的时候，一定要写出一部长篇小说，要写我的家乡”。

正是有在当地生活的丰富经历，从孤独寂寞、困苦艰辛中走过来的路遥才选择了为农民写，写农民，写周围的普通人，用中国普通民众都能读得懂的文字来表达。

这样，他用笔下的平凡人物构成了当时中国的政治、历史的主体，以他们的情感和追求，揭示了历史和人生的意义。这种艺术表达，是他刻意追求的。

五

作为畅销书，《平凡的世界》自然有过人之处。

路遥认为：人生是痛苦的，能感觉到痛苦的才是活的现实和完全的人生。人生就是追求和拼搏，只有有追求、敢拼搏的人才是幸福的人。

《平凡的世界》，其实是极不平凡的世界，他是用人物的经历来诠释这些道理的。

众多人物中，最出彩的要数孙少平。这个农村的知识青年有热情、有追求，很希望改变贫困的命运。这是作者用力塑造的青年形象：他爱读书，爱助人；因为招工成了挖煤工人，并因为“能打架”成为“小头目”……他身上那种“急公好义”的特点，是中国人最欣赏的美德，也是当时社会急剧转变中最需要的素质。作者在他身上花了大量笔墨，刻意写出其自尊、自重和独立思考，他的不安于现状和为理想拼搏的实干精神。

但如果只是这么写孙少平，就显得“高大全”了，路遥非常明智地当他是人，减少了“神”性，强调了“人”性。这样，我们就看到了美丽的惠英嫂与孙少平胜似亲人的亲情故事、省报记者田晓霞与他让人唏嘘的爱情故事、金秀对他毫无保留的爱慕……可以说，孙少平是一个积极向上且非常有“桃花运”的完美青年，有血有肉，是作者心目中的理想人物。

这个人物有着非凡的认识价值和审美价值，很多读者就是冲着要“做孙少平”的梦想而欣赏《平凡的世界》。他们都希望能像孙少平一样，不被不幸压垮，通过努力改变命运，拥有幸福的人生和爱情。孙少平这个人物形象的榜样作用，在《平凡的世界》得到了极致的表现，使它能一纸风行，这就是文学的力量。

在《平凡的世界》里，路遥以雄健的笔力，创造了一个不平凡的世界：塑造了一批栩栩如生地活在我们中间的人物，也为我们推开了一扇了解中国农村人精神世界的大门，显示了他生活积累的广博和理解当代中国社会的深刻。这也告诉我们，要更好地为人民写作，作家必须接地气。《创业史》《平凡的世界》等佳作的出现，都充分说明了这个道理。

2018年7月24日，云南省曲靖市会泽县者海镇五里牌村绿荫塘小组17岁的崔庆涛接到快递员电话时，他正和父母在一建筑工地上拌砂浆，全身脏兮兮的，而快递员带来了好消息，高考中崔庆涛考了669分，被北京大学新闻与传播学院专业录取。崔庆涛说："学习迷茫、痛苦时，我爱看路遥名著《平凡的世界》，这会让我心里豁然开朗。"这就是《平凡的世界》带来的巨大社会意义、巨大的文学力量。

路遥创作的《平凡的世界》，是一个不平凡的世界，它充盈着巨大的精神力量，至今仍有着重要的影响，是激励亿万读者的不朽文学经典。

（作者单位：广东省作家协会）